分野別

日本語
重要
VOCABULARY

변은숙 著

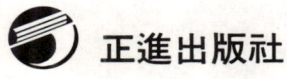
正進出版社

머리말

　지구상에는 각기 다른 언어, 생활 습관을 갖는 수많은 나라가 존재하고 있으나 우리들은 흔히 '지구촌'이라는 말을 합니다. 이 말은 국제화, 세계화라는 말과 함께 그 의미를 더하여 이제 국가의 경계가 가시적인 의미로 존재될 수 없다는 것을 뜻하고 있습니다. 이렇게 세계적인 추세가 폐쇄적이 아닌 개방적이면서도 서로 상호관련되어 발전됨에 따라서 모국어 이외에 제2외국어를 능숙하게 구사할 수 있는 능력이 상당히 강조되었습니다. 이런 조류를 타고 가장 먼저 등장한 것은 영어와 일본어였습니다. 이는 미국과 일본이 갖고 있는 정치적, 경제적인 국제적 위치에 관련되어 나타난 추세였습니다. 그러나 영어가 제2외국어의 수준을 넘어서려 하고 있는 반면에 일본어는 우리가 갖고 있는 역사적 감정의 묵은 잔재로 인해서 상당히 외면당하고 있습니다. 그러나 이제는 그런 과거 역사의 굴레를 벗어나 그들의 언어를 알고 문화를 이해하여 변화와 발전이 거듭되는 국제조류에 함께 동참하는 동반자이자, 경쟁자로 일본을 인지해야 할 것입니다.

　현재 외국어의 교육 확대로 인해서 일본어를 구사하는 사람의 수가 상당수에 달하고 있습니다. 그러나 언어라는 것은 끊임없이 변해가는 것인만큼 현지 일본인들이 자주 쓰고 있는 용어에 대해 관심을 갖도록 해야 합니다. 다양한 문화적 교류나 정치적인 교류에 있어서 상황에 맞는 어휘를 선택할 수 있는 것은 의사소통에 큰 도움이 될 것입니다. 이런 추세에 발맞추어 펴낸 〈日本語 重要 VOCABULARY〉는 사회·생활, 정치·외교, 경제·산업, 문화·교양, 환경·과학, 기타의 여섯 개의 분야별로 어휘들을 나누어 지면이 허락하는 최대한의 어휘를 수록하였으며, 의미를 빠르게 습득할 수 있도록 간략하게 예문을 제시하고 반복학습을 통해 어휘를 완전히 익힐 수 있도록 확인 테스트란을 구성해 놓았습니다. 그리고 상황별 기초 어휘를 부록으로 마련하여 미비한 부분을 좀더 보강하려고 노력했습니다.

제나름으로는 그동안의 일본어 교육에서의 경험을 통하여 최선을 다하여 원고를 작성했지만 부족한 부분이 없지 않으리라 생각됩니다. 이런 부족한 점은 판을 거듭하면서 완벽을 기할 수 있도록 계속적인 연구를 통해 개선해 나갈 것을 약속드리며, 아무쪼록 이 책을 통해 일본어를 배우는 학생들이나 국제 무대를 향해 바쁘게 뛰는 비지니스맨들에게 많은 도움이 되었으면 하는 마음 간절합니다.

끝으로 이 책이 나오기까지 물심양면으로 도와주신 박해성 사장님, 김양섭 상무님, 그리고 편집부 직원 여러분께 감사의 뜻을 전합니다.

저자 변은숙

分野別

日本語

重要
VOCABULARY

❇️이 책에 쓰인 약어 및 기호표❇️

☐…암기 체크란 名…名詞 自…自動詞 他…他動詞 形…形容詞

形動…形容動詞 ＝…同義語 ↔…反義語

(名詞의 표제어에 붙은 自他는 그 말에 する를 붙여 動詞로 사용한다는 뜻이다.)

1. 사회 · 생활

☑ **いりょう（医療）** ㊂ 의료
　┃ 社会保障制度の 一つとして 医療を 施す。
　┃ 사회보장제도의 하나로서 의료를 베풀다.

☑ **いこい（憩い）** ㊂ 쉼, 휴식
　┃ 社員の休憩のため 憩いの場所を 設ける。
　┃ 사원의 휴식을 위해 휴식처를 설치하다.

☑ **いさん（遺産）** ㊂ 유산
　┃ 父の 遺産を 食いつぶす。
　┃ 아버지의 유산을 탕진하다.

☑ **おんけい（恩恵）** ㊂ 은혜　　　　　　　¶ ＝恵み(めぐみ)
　┃ あらゆる人間は 自然の 恩恵に 浴する。
　┃ 모든 인간은 자연의 은혜를 입는다.

☑ **おかす（犯す）** ㊖ 범하다, 어기다
　┃ 犯人は 法を 犯して 逃げてしまった。
　┃ 범인은 법을 어기고 도망쳤다.

☑ **あんらくし（安楽死）** ㊂ 안락사
　┃ 末期 がん患者の家族が 患者の安楽死を 希望した。
　┃ 말기 암환자 가족이 환자의 안락사를 희망했다.

☑ **いやくひん（医薬品）** ㊂ 의약품
　┃ 被災地に 自動車で 医薬品が 渡された。
　┃ 이재 지역에 자동차로 의약품이 전달되었다.

☑ **おうきゅうてあて（応急手当）** ㊂ 응급치료
　┃ 命を 助けるために 適切な 応急手当を 受けた。
　┃ 생명을 구하기 위해 적절한 **응급치료**를 받았다.

확인 테스트

1. 다음 한자의 히라가나와 뜻을 쓰시오.
   (1) 憩い _____ _____
   (2) 恩恵 _____ _____
   (3) 安楽死 _____ _____
   (4) 医薬品 _____ _____

2. 다음 낱말의 독음이 다른 것을 고르시오.
   (1) 医療   ① 遺留   ② 衣料   ③ 衣糧
   (2) 犯す   ① 試す   ② 冒す   ③ 侵す
   (3) 遺産   ① 胃酸   ② 意志   ③ 違算

3. 다음 빈칸에 알맞은 말을 보기에서 골라 써보시오.
   (1) 社会保障制度の 一つとして _____ を 施す。
   (2) 父の _____ を 食いつぶす。
   (3) 犯人は 法を _____ 逃げてしまった。
   (4) 被災地に 自動車で _____ が 渡された。

   【보기】 いりょう、おんけい、いさん、いやくひん、
            おうきゅうてあて、あんらくし、おかす

4. 다음 문장을 해석하시오.
   (1) 社員の 休憩のため 憩いの 場所を 設ける。
   (2) あらゆる 人間は 自然の 恩恵に 浴する。
   (3) 末期 がん患者の 家族が 患者の 安楽死を 希望した。
   (4) 命を 助けるために 適切な 応急手当を 受けた。

● 문제 풀이

2. (1) 遺留(いりゅう) 유류／衣料(いりょう) 의료／衣糧(いりょう) 의복과 식량
   (2) 試す(ためす) 시험하다／冒す(おかす) 무릅쓰다／侵す(おかす) 침범하다
   (3) 胃酸(いさん) 위산／意志(いし) 의지／違算(いさん) 잘못 짚음

☑ **おうしゅう（押収）** 名他 압수

検察は 証拠物件として 書類を 押収する。

검찰은 증거물로써 서류를 압수하다.

☑ **けいかい（軽快）** 形動 경쾌하다

舞踊手は 音楽に合わせて 軽快に踊る。

무용수는 음악에 맞춰 경쾌하게 춤춘다.

☑ **けいかく（計画）** 名他 계획

この会社は 新事業を 計画している。

이 회사는 새 사업을 계획하고 있다.

☑ **こうち（耕地）** 名 경지, 경작지

農作物の収穫を 増やすため 耕地面積を 広げる。

농작물의 수확을 늘리기 위해 경지 면적을 넓힌다.

☑ **こうれい（高齢）** 名 고령

最近、 老齢人口が 増え、高齢化社会となってきた。

최근에 노령 인구가 늘어나서, 고령화 사회가 되었다.

☑ **くらし（暮らし）** 名 생활, 생계, 살림   ¶ ＝生活(せいかつ)

戦前の人々の暮らしは 貧しかった。

전쟁 전의 사람들의 생활은 가난했다.

☑ **こくせいちょうさ（国勢調査）** 名 국세 조사, 센서스

政府の大切な資料として 国勢調査が 行われた。

정부의 중요한 자료로서 국세 조사가 실시되었다.

☑ **かくかぞく（核家族）** 名 핵가족

核家族が 増え、一世帯当たりの人数が 減った。

핵가족이 늘어서, 한 세대당의 사람 수가 줄었다.

☑ **こそだて（子育て）** 名 자녀 교육

最近、大学卒業までの子育て費用が増えている。

최근에 대학 졸업까지의 자녀 교육 비용이 늘고 있다.

확인 테스트

1. 다음 한자의 히라가나와 뜻을 쓰시오.

   (1) 核家族 ＿＿＿＿＿＿＿＿＿＿ ＿＿＿＿＿＿＿＿＿＿

   (2) 暮らし ＿＿＿＿＿＿＿＿＿＿ ＿＿＿＿＿＿＿＿＿＿

   (3) 子育て ＿＿＿＿＿＿＿＿＿＿ ＿＿＿＿＿＿＿＿＿＿

   (4) 国勢調査 ＿＿＿＿＿＿＿＿＿ ＿＿＿＿＿＿＿＿＿＿

2. 다음 낱말의 독음이 다른 것을 고르시오.

   (1) 押収   ① 応酬   ② 欧州   ③ 往生

   (2) 耕地   ① 拘置   ② 構築   ③ 公知

   (3) 高齢   ① 好例   ② 恒例   ③ 号令

3. 다음 낱말의 독음이 같은 것을 고르시오.

   (1) 軽快   ① 形骸   ② 警戒   ③ 芸界

   (2) 計画   ① 経学   ② 企画   ③ 圭角

4. 다음 빈칸에 알맞은 말을 보기에서 골라 써보시오.

   (1) 検察は 証拠物件として 書類を ＿＿＿＿＿＿ する。

   (2) 戦前の人々の＿＿＿＿＿＿ は 貧しかった。

   【보기】　おうしゅう、こうち、くらし、けいかい

5. 다음 문장을 해석하시오.

   (1) 最近、老齢人口が 増え、高齢化社会となってきた。

   (2) 政府の大切な資料として 国勢調査が 行われた。

● **문제 풀이**

2. (1) 応酬 (おうしゅう) 응수／欧州 (おうしゅう) 구주／往生 (おうじょう) 왕생

   (2) 拘置 (こうち) 구치／構築 (こうちく) 구축／公知 (こうち) 공지

   (3) 好例 (こうれい) 호례, 좋은 예／恒例 (こうれい) 항례／号令 (ごうれい) 호령

3. (1) 形骸 (けいがい) 형해, 뼈대／警戒 (けいかい) 경계／芸界 (げいかい) 연예계

   (2) 経学 (けいがく) 경학／企画 (きかく) 기획／圭角 (けいかく) 규각

☑ **ごうりか （合理化）** 名他 합리화

　経営の合理化を 進める。

　경영의 합리화를 추진하다.

☑ **こよう （雇用）** 名他 고용

　れんが 一枚 積むのにも 熟練工を 雇用する。

　벽돌 한 장을 쌓는 데도 숙련공을 고용한다.

☑ **きゅうじん （求人）** 名自 구인　　　　　¶↔求職(きゅうしょく)

　求人広告を 出して、広く 人材を 集める。

　구인 광고를 내어 폭넓게 인재를 모으다.

☑ **かくさ （格差）** 名 격차

　企業の規模によって 賃金の格差が ある。

　기업의 규모에 따라 임금의 격차가 있다.

☑ **かんりしょく （管理職）** 名 관리직

　企業の中で 中間管理職は 最も 忙しいといわれている。

　기업 안에서 중간 관리직은 가장 바쁘다고 알려졌다.

☑ **かんじゃ （患者）** 名 환자　　　　　　¶=病人(びょうにん)

　患者は 医者に 診察してもらったほうが いい。

　환자는 의사에게 진찰받는 것이 좋다.

☑ **かんご （看護）** 名他 간호

　寝食を 忘れて 負傷者を 手厚く 看護する。

　침식을 잊고 부상자에게 극진히 간호한다.

☑ **かろう （過労）** 名 과로

　事件の現場で 新聞記者が 過労のため 病気になった。

　사건 현장에서 신문기자가 과로 때문에 병이 났다.

☑ **けんこう （健康）** 名 건강

　勉強より 健康に 注意するのが 大切だ。

　공부보다 건강에 주의하는 것이 소중하다.

확인 테스트

1. 다음 한자의 히라가나와 뜻을 쓰시오.

    (1) 健康 ＿＿＿＿＿＿＿＿　　　＿＿＿＿＿＿＿＿

    (2) 合理化 ＿＿＿＿＿＿＿　　　＿＿＿＿＿＿＿＿

2. 다음 낱말의 독음이 다른 것을 고르시오.

    (1) 雇用　　　① 御用　　　② 小用　　　③ 古謡

    (2) 求人　　　① 旧人　　　② 急進　　　③ 球人

    (3) 患者　　　① 感謝　　　② 冠者　　　③ 間者

    (4) 看護　　　① 漢語　　　② 韓語　　　③ 頑固

3. 다음 낱말의 독음이 같은 것을 고르시오.

    (1) 格差　　　① 攔座　　　② 客死　　　③ 較差

    (2) 過労　　　① 火炉　　　② 家老　　　③ 画廊

4. 다음 빈칸에 알맞은 말을 보기에서 골라 써보시오.

    (1) ＿＿＿＿＿広告を 出して、広く 人材を 集める。

    (2) ＿＿＿＿＿は 医者に 診察してもらったほうが いい。

    【보기】　きゅうじん、こよう、ごうりか、かんじゃ

5. 다음 문장을 해석하시오.

    (1) 経営の 合理化を 進める。

    (2) 勉強より 健康に 注意するのが 大切だ。

● **문제 풀이**

2. (1) 御用 (ごよう) 어용／小用 (こよう) 소용／古謡 (こよう) 전해오는 가요

    (2) 旧人 (きゅうじん) 구인／急進 (きゅうしん) 급진／球人 (きゅうじん) 야구선수

    (3) 感謝 (かんしゃ) 감사／冠者 (かんじゃ) 젊은이／間者 (かんじゃ) 간첩

    (4) 漢語 (かんご) 한어／韓語 (かんご) 한어／頑固 (がんこ) 완고

3 (1) 攔座 (かくざ) 각좌／客死 (かくし) 객사／較差 (かくさ) 교차

    (2) 火炉 (かろ) 화로／家老 (かろう) 가로／画廊 (がろう) 화랑

☑ **ごうとう （強盗）** ㊝ 강도

強盗が 入り、家人に 金を 出せと 脅した。

강도가 들어와서 가족에게 돈을 꺼내라고 위협했다.

☑ **かち （価値）** ㊝ 가치   ¶ ＝値打ち(ねうち)

宗教家は 真理に 至上価値を 置く。

종교인은 진리에 지상의 가치를 둔다.

☑ **ぎりにんじょう （義理人情）** ㊝ 의리와 인정

日本には 義理人情を テーマとした映画や小説が 多い。

일본에는 의리와 인정을 주제로 한 영화나 소설이 많다.

☑ **かんこんそうさい （冠婚葬祭）** ㊝ 관혼상제

冠婚葬祭には いろいろな しきたりや規則が ある。

관혼상제에는 여러 가지 관례나 규칙이 있다.

☑ **こうけいしゃ （後継者）** ㊝ 후계자

会長が 死んで、その息子が 後継者になった。

회장이 죽어서 그의 아들이 후계자가 되었다.

☑ **こんだん （懇談）** ㊝ 간담

社長は 社員の便宜を 図るため 懇談会を 開いた。

사장은 사원 편의를 도모하기 위해 간담회를 열었다.

☑ **くじょう （苦情）** ㊝ 불만, 불평

労働の被害に 関する苦情を 訴える。

노동 피해에 관한 불만을 호소하다.

☑ **かいご （介護）** ㊝㊩ 간호, 개호

老人の介護に 巡回サービスが 行われる。

노인의 간호에 순회 서비스가 실시된다.

☑ **かみつ （過密）** ㊝㊫ 과밀

大都市では 人口の過密化が 進んでいる。

대도시에서는 인구의 과밀화가 진행되고 있다.

확인 테스트

1. 다음 한자의 히라가나와 뜻을 쓰시오.

   (1) 過密 _____ _____

   (2) 価値 _____ _____

   (3) 懇談 _____ _____

   (4) 苦情 _____ _____

   (5) 後継者 _____ _____

2. 다음 낱말의 독음이 다른 것을 고르시오.

   介護   ① 懐古   ② 悔悟   ③ 戒護

3. 다음 낱말의 독음이 같은 것을 고르시오.

   強盗   ① 行動   ② 講堂   ③ 豪宕

4. 다음 빈칸에 알맞은 말을 보기에서 골라 써보시오.

   (1) 労働の被害に 関する _____ を 訴える。

   (2) 大都市では 人口の _____ 化が 進んでいる。

   (3) _____ が 入り、家人に 金を 出せと 脅した。

   (4) 社長は 社員の便宜を 図るため _____ 会を 開いた。

   【보기】 ごうとう、かみつ、こんだん、しんり、くじょう

5. 다음 문장을 해석하시오.

   (1) 宗教家は 真理に 至上価値を 置く。

   (2) 老人の介護に 巡回サービスが 行われる。

   (3) 冠婚葬祭には いろいろな しきたりや規則が ある。

   (4) 日本には 義理人情を テーマとした映画や小説が 多い。

● **문제 풀이**

2. 懐古 (かいこ) 회고, 회구 / 悔悟 (かいご) 회오, 회개 / 戒護 (かいご) 계호

3. 行動 (こうどう) 행동 / 講堂 (こうどう) 강당 / 豪宕 (ごうとう) 호탕

☐ **きょうだい（兄弟）** 名 형제

財産の問題で 兄弟どうしで争う。

재산 문제로 형제끼리 싸우다.

☐ **きんろう（勤労）** 名自 근로

韓国人は 勤労意欲が 高く 勤勉だと いわれている。

한국인은 근로 의욕이 높고 근면하다고 알려져 있다.

☐ **きゅうりょう（給料）** 名 급료, 봉급　　　　　¶ ＝給与(きゅうよ)

社員の給料は 毎月30日に 銀行に 振り込まれる。

사원의 월급은 매월 30일에 은행에 불입한다.

☐ **きゅうか（休暇）** 名 휴가

企業では 長期休暇が しだいに 一般化してきた。

기업에서는 장기 휴가가 점점 **일반화되고 있다.**

☐ **かいこ（解雇）** 名他 해고　　　　　¶ ↔雇用(こよう)

会社の経営が 悪化して、従業員を 解雇した。

회사의 경영이 악화되어 종업원을 해고했다.

☐ **かたがき（肩書き）** 名 직함, 칭호

名刺に 新聞記者の肩書きを 並べる。

명함에 신문기자의 직함을 열기하다.

☐ **けつえきがた（血液型）** 名 혈액형

血を 少し 採って 血液型を 検査する。

피를 조금 뽑아서 혈액형을 검사하다.

☐ **きつえん（喫煙）** 名自 끽연, 흡연

空港には 愛煙家のため 喫煙室を 設けた。

공항에는 애연가를 위해 끽연실을 만들었다.

☐ **げんりょう（減量）** 名自他 감량　　　　　¶ ↔増量(ぞうりょう)

近頃の若い 女性は 節食して 体重を 減量する。

요즘 젊은 여성은 절식해서 체중을 줄인다.

확인 테스트

1. 다음 한자의 히라가나와 뜻을 쓰시오.

   (1) 給料 _____ _____

   (2) 解雇 _____ _____

   (3) 勤労 _____ _____

   (4) 喫煙 _____ _____

2. 다음 낱말의 독음이 다른 것을 고르시오.

   (1) 兄弟 　　① 強大 　　② 鏡台 　　③ 業態

   (2) 休暇 　　① 旧家 　　② 急火 　　③ 旧懐

   (3) 解雇 　　① 回顧 　　② 悔悟 　　③ 懐古

3. 다음 낱말의 독음이 같은 것을 고르시오.

   減量 　　　① 検量 　　　② 原料 　　　③ 賢慮

4. 다음 빈칸에 알맞은 말을 보기에서 골라 써보시오.

   (1) 血を 少し 採って _____ を 検査する。

   (2) 社員の _____ は 毎月30日に 銀行に 振り込まれる。

   【보기】　きゅうりょう、かたがき、けつえきがた

다음 문장을 해석하시오.

   (1) 名刺に 新聞記者の 肩書きを 並べる。

   (2) 空港には 愛煙家のため 喫煙室を 設けた。

   (3) 韓国人は 勤労意欲が 高く 勤勉だと いわれている。

● **문제 풀이**

2. (1) 強大(きょうだい) 강대／鏡台(きょうだい) 경대／業態(ぎょうたい) 업태

   (2) 旧家(きゅうか) 구가／急火(きゅうか) 급화／旧懐(きゅうかい) 구회

   (3) 回顧(かいこ) 회고／悔悟(かいご) 회오, 회개／懐古(かいこ) 회고

3. 検量(けんりょう) 검량／原料(げんりょう) 원료／賢慮(けんりょ) 현명한 생각

☑ **けんけつ（献血）** 名自 헌혈

> 献血_{うんどう}運動が 全国的_{ぜんこくてき}に 広_{ひろ}がっている。
> 헌혈 운동을 전국적으로 넓혀가고 있다.

☑ **こういしょう（後遺症）** 名 후유증

> この入院患者_{にゅういんかんじゃ}は 交通事故_{こうつうじこ}の後遺症が 残_{のこ}っている。
> 이 입원 환자는 교통사고의 후유증이 남아 있다.

☑ **けんたい（献体）** 名 헌체(자기가 죽은 후 유체를 제공함)

> 不治_{ふじ}の病_{やまい}に かかった人が 献体を 申_{もう}し出_でた。
> 불치의 병에 걸린 사람이 헌체를 자청했다.

☑ **けんこうしんだん（健康診断）** 名 건강 진단

> 健康診断の結果_{けっか}、全_{まった}く 異常_{いじょう}が なかった。
> 건강 진단 결과, 전혀 이상이 없었다.

☑ **かんぽうやく（漢方薬）** 名 한방약

> 漢方薬による 治療_{ちりょう}も 見直_{みなお}されている。
> 한방약에 따른 치료도 호전되고 있다.

☑ **ごしん（誤診）** 名自他 오진

> いくら 名医_{めいい}でも 誤診することが ある。
> 아무리 명의라도 오진하는 일이 있다.

☑ **げか（外科）** 名 외과 　　　　　　　　　　　¶↔内科(ないか)

> 患者_{かんじゃ}が 病院_{びょういん}で 外科手術_{しゅじゅつ}を 受_うける。
> 환자가 병원에서 외과 수술을 받다.

☑ **けんもん（検問）** 名他 검문

> 反乱軍_{はんらんぐん}は 検問所_{じょ}で 所持品_{しょじひん}を 検査_{けんさ}された。
> 반란군은 검문소에서 소지품을 검사받았다.

☑ **けんきょ（検挙）** 名他 검거

> 虞犯地帯_{ぐはんちたい}で 殺人_{さつじん}の容疑者_{ようぎしゃ}を 検挙する。
> 우범 지대에서 살인 용의자를 검거하다.

확인 테스트

1. 다음 한자의 히라가나와 뜻을 쓰시오.

(1) 外科 _____   _____

(2) 献血 _____   _____

(3) 漢方薬 _____   _____

(4) 後遺症 _____   _____

2. 다음 낱말의 독음이 다른 것을 고르시오.

誤診   ① 個人   ② 護身   ③ 誤審

3. 다음 낱말의 독음이 같은 것을 고르시오.

(1) 献体   ① 兼帯   ② 見台   ③ 兼題

(2) 検問   ① 原文   ② 見聞   ③ 舷門

(3) 検挙   ① 原拠   ② 謙虚   ③ 牽強

4. 다음 빈칸에 알맞은 말을 보기에서 골라 써보시오.

(1) いくら 名医でも _____ することが ある。

(2) _____ 運動が 全国的に 広がっている。

【보기】　けんもん、けんけつ、ごしん、けんたい

5. 다음 문장을 해석하시오.

(1) 反乱軍は 検問所で 所持品を 検査された。

(2) 健康診断の結果、全く 異常が なかった。

(3) 不治の病に かかった人が 献体を 申し出た。

● 문제 풀이

2. 個人 (こじん) 개인／護身 (ごしん) 호신／誤審 (ごしん) 오심

3. (1) 兼帯 (けんたい) 겸대／見台 (けんだい) 독서대／兼題 (けんだい) 겸제

(2) 原文 (げんぶん) 원문／見聞 (けんもん) 견문／舷門 (げんもん) 현문

(3) 原拠 (げんきょ) 원거／謙虚 (けんきょ) 겸허／牽強 (けんきょう) 견강

☑ **ごうもん （拷問）** 名他 고문

在野の人物に 自供を 強要して 拷問する。
재야 인사에게 자백을 강요하여 고문하다.

☑ **かいほう （解放）** 名他 해방 ¶ ↔束縛(そくばく)

冬休みは 試験地獄から 解放される。
겨울 방학에는 시험 지옥으로부터 해방된다.

☑ **きょうき （凶器）** 名 흉기

今や凶器と 化した 自動車が 道路を 疾走する。
이제는 흉기로 변한 자동차가 도로를 질주한다.

☑ **しゃかい （社会）** 名 사회

その労働者は 学校を 出て 早くから 社会人となった。
그 노동자는 학교를 졸업하고 일찍이 사회인이 되었다.

☑ **せいかつすいじゅん （生活水準）** 名 생활 수준

産業の発展は 生活水準を 向上させた。
산업 발전은 생활 수준을 향상시켰다.

☑ **せたい （世帯）** 名 세대 ¶ ＝所帯(しょたい)

田舎では 世帯数が 減少している。
시골에서는 세대수가 감소하고 있다.

☑ **じょうほう （情報）** 名 정보

通信技術の進歩で 情報化社会になった。
통신 기술의 진보로 정보화 사회가 되었다.

☑ **しょうがいしゃ （障害者）** 名 장애자

身体障害者のための福祉が 遅れている。
신체 장애자를 위한 복지가 늦어지고 있다.

☑ **そしき （組織）** 名他 조직

政府は 麻薬密売 組織を 瓦解させた。
정부는 마약 밀매 조직을 와해시켰다.

확인 테스트

1. 다음 한자의 히라가나와 뜻을 쓰시오.

(1) 拷問　　_____　　_____

(2) 世帯　　_____　　_____

(3) 組織　　_____　　_____

(4) 障害者　_____　　_____

2. 다음 낱말의 독음이 다른 것을 고르시오.

(1) 解放　　① 快報　　　② 開放　　　③ 解剖

(2) 凶器　　① 狂気　　　② 狂喜　　　③ 競技

(3) 情報　　① 定法　　　② 乗法　　　③ 消防

3. 다음 빈칸에 알맞은 말을 보기에서 골라 써보시오.

(1) 田舎では _____ 数が 減少している。

(2) 産業の発展は _____ を 向上させた。

(3) 身体 _____ のための福祉が 遅れている。

(4) 冬休みは 試験地獄から _____ される。

> 【보기】　　しょうがいしゃ、せいかつすいじゅん、せたい、
> 　　　　　　かいほう、じょうほう

4. 다음 문장을 해석하시오.

(1) 政府は 麻薬密売 組織を 瓦解させた。

(2) 通信技術の進歩で 情報化社会になった。

(3) 在野の人物に 自供を 強要して 拷問する。

● **문제 풀이**

2. (1) 快報(かいほう) 쾌보／開放(かいほう) 개방／解剖(かいぼう) 해부

(2) 狂気(きょうき) 광기／狂喜(きょうき) 광희／競技(きょうぎ) 경기

(3) 定法(じょうほう) 정법／乗法(じょうほう) 곱셈／消防(しょうぼう) 소방

☑ **しつぎょう（失業）** 名自 실업   ¶ ↔ 就業(しゅうぎょう)

　失業問題が 深刻に なってきた。

　실업 문제가 심각해졌다.

☑ **しょとく（所得）** 名 소득   ¶ ＝収入(しゅうにゅう)

　わが国の国民所得は 年ごとに 増加している。

　우리나라 국민 소득은 해마다 증가하고 있다.

☑ **しょにんきゅう（初任給）** 名 초임금

　年ごとに 大卒の初任給が 上がっている。

　해마다 대졸의 초임금이 오르고 있다.

☑ **しゅうしょく（就職）** 名自 취직   ¶ ↔ 退職(たいしょく)

　一流企業には、就職を 希望する者が 多い。

　일류 기업에는 취직을 희망하는 사람이 많다.

☑ **さいよう（採用）** 名他 채용, 채택

　新入社員の面接の結果、採用が 決まった。

　신입사원 면접 결과, 채용이 결정되었다.

☑ **じゅみょう（寿命）** 名 수명   ¶ ＝命(いのち)

　大抵 寿命が 長ければ 恥多い。

　대체로 수명이 길면 욕되는 일이 많다.

☑ **しんりょう（診療）** 名他 진료

　行きだおれは 病院では 無料で 診療を 受ける。

　행려병자는 병원에서 무료로 진료를 받는다.

☑ **じゅうしょう（重傷）** 名 중상   ¶ ↔ 軽傷(けいしょう)

　その年寄りは 大型火事で やけどを 負って 重傷だ。

　그 노인은 대형화재로 화상을 입고 중상이다.

☑ **そうさ（捜査）** 名他 수사

　刑事が 校内 暴力事件の捜査に 当たる。

　형사가 학교내 폭력사건 수사를 담당하다.

확인 테스트

1. 다음 한자의 히라가나와 뜻을 쓰시오.

　(1) 就職　　_____　　　　　_____

　(2) 寿命　　_____　　　　　_____

　(3) 失業　　_____　　　　　_____

2. 다음 낱말의 독음이 다른 것을 고르시오.

　(1) 診療　　① 深慮　　　② 新涼　　　③ 神領

　(2) 重傷　　① 重症　　　② 銃傷　　　③ 醜状

　(3) 捜査　　① 走査　　　② 操作　　　③ 造作

3. 다음 낱말의 독음이 같은 것을 고르시오.

　(1) 所得　　① 諸島　　　② 書牘　　　③ 諸道

　(2) 採用　　① 細腰　　　② 財用　　　③ 静養

4. 다음 빈칸에 알맞은 말을 보기에서 골라 써보시오.

　(1) 大抵 _____ が 長ければ 恥多い。

　(2) 一流企業には、_____ を 希望する者が 多い。

　　【보기】　けいしょう、しゅうしょく、じゅみょう

5. 다음 문장을 해석하시오.

　(1) 失業問題が 深刻に なってきた。

　(2) 年ごとに 大卒の初任給が 上がっている。

● **문제 풀이**

2. (1) 深慮(しんりょ) 심려／新涼(しんりょう) 신량／神領(しんりょう) 신령
　(2) 重症(じゅうしょう) 중증／銃傷(じゅうしょう) 총상／醜状(しゅうじょう) 추태
　(3) 走査(そうさ) 주사／操作(そうさ) 조작／造作(ぞうさ) 번거로움

3. (1) 諸島(しょとう) 제도／書牘(しょとく) 편지／諸道(しょどう) 제도
　(2) 細腰(さいよう) 세요／財用(ざいよう) 재용／静養(せいよう) 정양

☑ **せいかつくうかん（生活空間）** 名 생활 공간

> 生活空間が 広がり ライフスタイルも 変わってきた。
> 생활 공간이 넓어져 라이프스타일도 바뀌었다.

☑ **しせいかつ（私生活）** 名 사생활　　　　　¶=プライバシー

> 芸能部の記者は 芸人の私生活に 立ち入る。
> 연예부 기자는 연예인의 사생활에 개입한다.

☑ **せいぼ（歳暮）** 名 세모, 세밑, 연말　　　　¶↔歳旦(せいたん)

> 歳暮 助け合い 運動に 参与してください。
> 세밑 이웃 돕기 운동에 참여해 주세요.

☑ **しゅくじ（祝辞）** 名 축사　　¶=祝詞(しゅくし)、↔弔辞(ちょうじ)

> 会社創立10周年に 来賓が 祝辞を 述べた。
> 회사 창립 10주년에 내빈이 축사를 했다.

☑ **そうぎ（葬儀）** 名 장의

> 義務的に 社長の葬儀に 社員全員が 参列する。
> 의무적으로 사장의 장의에 사원 전원이 참렬하다.

☑ **しょうきゃく（焼却）** 名他 소각

> 収集された 生ゴミは ごみ焼却場で 焼却される。
> 수집된 쓰레기는 쓰레기 소각장에서 소각시킨다.

☑ **しゅっしょう（出生）** 名自 출생, 탄생　　¶=誕生(たんじょう)

> 履歴書を 通して 出生と経歴を 調べる。
> 이력서를 통해서 출생과 경력을 조사한다.

☑ **せいかつえんじょ（生活援助）** 名 생활 원조

> 孤児院は 生活援助を 受ける。
> 고아원은 생활 원조를 받는다.

☑ **せだいこうたい（世代交代）** 名 세대 교체

> 世代交代のため 人事の若返りを 進めている。
> 세대 교체를 위해 인사가 젊은 층으로 바뀌어 가고 있다.

확인 테스트

1. 다음 한자의 히라가나와 뜻을 쓰시오.

(1) 祝辞   _____   _____

(2) 出生   _____   _____

(3) 援助   _____   _____

(4) 交代   _____   _____

2. 다음 낱말의 독음이 다른 것을 고르시오.

(1) 歳暮   ① 聖母   ② 生捕   ③ 生母

(2) 焼却   ① 上客   ② 消却   ③ 償却

3. 다음 낱말의 독음이 같은 것을 고르시오.

葬儀   ① 想起   ② 総記   ③ 争議

4. 다음 빈칸에 알맞은 말을 보기에서 골라 써보시오.

(1) _____ 助け合い 運動に 参与してください。

(2) 芸能部の記者は 芸人の _____ に 立ち入る。

(3) 義務的に 社長の _____ に 社員全員が 参列する。

> 【보기】   しせいかつ、せいぼ、しゅくじ、そうぎ

5. 다음 문장을 해석하시오.

(1) 履歴書を 通して 出生と経歴を 調べる。

(2) 世代交代のため 人事の若返りを 進めている。

(3) 生活空間が 広がり ライフスタイルも 変わってきた。

● **문제 풀이**

2. (1) 聖母(せいぼ) 성모／生捕(せいほ) 생포／生母(せいぼ) 생모
   (2) 上客(じょうきゃく) 상객 ／ 消却(しょうきゃく) 소각 ／ 償却(しょうきゃく) 상각

3. 想起(そうき) 상기／総記(そうき) 총기／争議(そうぎ) 쟁의

☐ **しょうよ（賞与）** 图 상여, 보너스　　　　　　　　　¶ ＝ボーナス

┃ 大企業では 一年に 六回 賞与が 出る。
┃ 대기업에서는 일년에 여섯 번 상여가 나온다.

☐ **ざんぎょう（残業）** 图自 잔업　　　　¶ ＝超過勤務(ちょうかきんむ)

┃ 残業手当は 給料と一緒に 支払われる。
┃ 잔업 수당은 급료와 함께 지불된다.

☐ **じんざいはけん（人材派遣）** 图 인재 파견

┃ 人材派遣会社は 臨時の社員を あっせんする。
┃ 인재 파견 회사는 임시 사원을 알선한다.

☐ **しんよう（信用）** 图他 신용

┃ 彼は 財界に 信用を 得ているし、民間にも 信用が 厚い。
┃ 그는 재계에 신용을 얻고 있고, 민간에게도 신용이 두텁다.

☐ **しゅうしんこよう（終身雇用）** 图 종신 고용

┃ 終身雇用制の会社では 定年まで 勤める。
┃ 종신 고용제 회사에서는 정년까지 근무한다.

☐ **せんざいろうどうりょく（潜在労働力）** 图 잠재 노동력

┃ 高齢者と女性が、潜在労働力として 注目されている。
┃ 고령자와 여성이 잠재 노동력으로 주목되고 있다.

☐ **しゅっさんりつ（出産率）** 图 출산율

┃ 産児制限により 出産率は いちじるしく 減じた。
┃ 산아 제한에 의하여 출산율은 현저히 줄었다.

☐ **しんしんしょう（心身症）** 图 심신증

┃ 仕事のストレスから 心身症に かかる人が いる。
┃ 일의 스트레스로 심신증에 걸린 사람이 있다.

☐ **そんげんし（尊厳死）** 图 존엄사 (안락사)

┃ 祖父は、尊厳死を 選ぶと 表明していた。
┃ 할아버지는 존엄사를 선택하겠다고 표명했었다.

확인 테스트

1. 다음 한자의 히라가나와 뜻을 쓰시오.

(1) 心身症　　_____　　_____

(2) 労働力　　_____　　_____

(3) 尊厳死　　_____　　_____

(4) 出産率　　_____　　_____

2. 다음 낱말의 독음이 같은 것을 고르시오.

(1) 賞与　　　① 剰余　　　② 称誉　　　③ 乗輿

(2) 心身　　　① 信心　　　② 人身　　　③ 新進

3. 다음 빈칸에 알맞은 말을 보기에서 골라 써보시오.

(1) 大企業では 一年に 六回 _____ が 出る。

(2) _____ 会社は 臨時の 社員を あっせんする。

(3) 産児制限により _____ は いちじるしく 減じた。

(4) 彼は 財界に 信用を 得ているし、民間にも _____ が 厚
い。

> 【보기】　しょうよ、しゅっさんりつ、しはら、
> 　　　　　しんよう、じんざいはけん、そんげんし

4. 다음 문장을 해석하시오.

(1) 残業手当は 給料と一緒に 支払われる。

(2) 終身雇用制の会社では 定年まで 勤める。

(3) 高齢者と女性が、潜在労働力として 注目されている。

(4) 祖父は、尊厳死を 選ぶと 表明していた。

● 문제 풀이

2. (1) 剰余(じょうよ) 잉여／称誉(しょうよ) 칭찬／乗輿(じょうよ) 승여
　 (2) 信心(しんじん) 신심／人身(じんしん) 인신／新進(しんしん) 신진

☑ **せいみつけんさ （精密検査）** 名 정밀 검사

新しい 機器の導入で、精密検査は より正確に なった。

새 기기의 도입으로, 정밀 검사는 보다 정확하게 되었다.

☑ **しか （歯科）** 名 치과

歯科医に虫歯の治療を してもらう。

치과의에게 충치 치료를 받는다.

☑ **しょうにか （小児科）** 名 소아과

子供が 発熱したので 小児科へ 連れて行った。

아이가 발열이 있어서 소아과에 데려갔다.

☑ **しっぺい （疾病）** 名 질병   ¶ ＝病気(びょうき)

会社に 疾病のため 欠勤する。

회사에 질병 때문에 결근한다.

☑ **じきょう （自供）** 名自他 자백, 자공   ¶ ＝自白(じはく)

共犯の自供によって 捜査の方針を 立てる。

공범의 자백에 의해 수사 방침을 세우다.

☑ **じゅんしょく （殉職）** 名自 순직

間諜の発砲事件で 警官が 殉職した。

간첩의 발포 사건으로 경관이 순직했다.

☑ **しゅんとう （春闘）** 名 임금 투쟁

4月になると 春闘が 始まる。

4월이 되면 임금 투쟁이 시작된다.

☑ **じんさい （人災）** 名 인재   ¶ ↔天災(てんさい)

その土砂くずれは 天災では なく人災だ。

그 산사태는 천재가 아니라 인재이다.

☑ **ちんぎん （賃金）** 名 임금, 보수, 품삯   ¶ ＝報酬(ほうしゅう)

物価と賃金の不均衡で くらしにくい。

물가와 임금의 불균형으로 살기 어렵다.

확인 테스트

1. 다음 한자의 히라가나와 뜻을 쓰시오.

(1) 人災 _____   _____

(2) 小児科 _____

2. 다음 낱말의 독음이 다른 것을 고르시오.

(1) 歯科   ① 私家   ② 詩家   ③ 歯牙

(2) 疾病   ① 執柄   ② 疾風   ③ 竹箆

(3) 自彊   ① 自彊   ② 滋強   ③ 地形

3. 다음 낱말의 독음이 같은 것을 고르시오.

(1) 殉職   ① 潤色   ② 春色   ③ 殉情

(2) 春闘   ① 純度   ② 春灯   ③ 順当

4. 다음 빈칸에 알맞은 말을 보기에서 골라 써보시오.

(1) _____ 医に 虫歯の 治療を してもらう。

(2) その 土砂くずれは 天災では なく _____ だ。

【보기】   しょうにか、しか、しゅんとう、じんさい

5. 다음 문장을 해석하시오.

(1) 会社に 疾病のため 欠勤する。

(2) 新しい 機器の導入で、精密検査は より正確に なった。

● **문제 풀이** ▬▬▬▬▬▬▬▬▬▬▬▬▬▬▬▬▬▬▬

2. (1) 私家(しか) 사가／詩家(しか) 시가／歯牙(しが) 치아

(2) 執柄(しっぺい) 권력을 잡음／疾風(しっぷう) 질풍／竹箆(しっぺい) 죽비

(3) 自彊(じきょう) 자강／滋強(じきょう) 자강／地形(じぎょう) 지형

3. (1) 潤色(じゅんしょく) 윤색 ／ 春色(しゅんしょく) 춘색／殉情(じゅんじょう) 순정

(2) 純度(じゅんど) 순도／春灯(しゅんとう) 춘등. 봄밤의 등불／順当(じゅんとう) 순당

☑ **つく（就く）** 他 취임하다

　この度は 民選市長が その座に 就く。

　이번에는 민선 시장이 그 자리에 취임한다.

☑ **たんしゅく（短縮）** 名他 단축　　　　　¶↔延長(えんちょう)

　学園紛争に よって 授業が 短縮された。

　학원 소요로 인하여 수업이 단축되었다.

☑ **ていねん（定年）** 名 정년

　定年退職を 70歳に 延長する。

　정년 퇴직을 70세로 연장한다.

☑ **ちりょう（治療）** 名他 치료

　現代医学では 癌治療薬の開発が 進んでいる。

　현대 의학에서는 암 치료약의 개발이 진행되고 있다.

☑ **てはい（手配）** 名自 수배

　若者が 殺人の疑いで 指名手配された。

　젊은이가 살인 혐의로 지명 수배당했다.

☑ **たいほ（逮捕）** 名他 체포

　数名の反乱軍が 光州の良民を 虐殺したかどで逮捕された。

　수명의 반란군이 광주 양민을 학살한 혐의로 체포되었다.

☑ **とらえる（捕える）** 他 잡다, 붙들다

　レーダーが 敵機を 捕える。

　레이더가 적기를 잡다〔포착하다〕.

☑ **とりしらべ（取り調べ）** 名 조사, 수사, 신문

　犯罪容疑者の取り調べに 当たる。

　범죄 용의자의 신문을 맡다.

☑ **ちゅうげん（中元）** 名 중원, 백중 선물

　夏は お中元の贈り物を 贈る。

　여름에는 백중 선물을 보낸다.

확인 테스트

1. 다음 한자의 히라가나와 뜻을 쓰시오.

(1) 治療　　　_____　　　　　　　_____

(2) 短縮　　　_____　　　　　　　_____

(3) 手配　　　_____　　　　　　　_____

(4) 捕える　_____　　　　　　　_____

2. 다음 낱말의 독음이 다른 것을 고르시오.

(1) 就く　　　① 付く　　　② 吐く　　　③ 退く

(2) 定年　　　① 丁年　　　② 諦念　　　③ 丁寧

(3) 中元　　　① 中原　　　② 中堅　　　③ 中間

3. 다음 낱말의 독음이 같은 것을 고르시오.

逮捕　　　　① 拿捕　　　② 退歩　　　③ 大砲

4. 다음 빈칸에 알맞은 말을 보기에서 골라 써보시오.

(1) 犯罪容疑者の_____に 当たる。

(2) 学園紛争に よって 授業が_____された。

【보기】　とらえる、たんしゅく、とりしらべ、てはい

5. 다음 문장을 해석하시오.

(1) この度は 民選市長がその座に 就く。

(2) 現代医学では 癌治療薬の開発が 進んでいる。

(3) 数名の反乱軍が 光州の良民を虐殺したかどで逮捕された。

● **문제 풀이**

2. (1) 付く (つく) 붙다／吐く (つく) 숨쉬다／退く (どく) 물러나다

(2) 丁年 (ていねん) 정년／諦念 (ていねん) 체념／丁寧 (ていねい) 공손함

(3) 中原 (ちゅうげん) 중원／中堅 (ちゅうけん) 중견／中間 (ちゅうげん) 중간

3. 拿捕 (だほ) 나포／退歩 (たいほ) 퇴보／大砲 (たいほう) 대포

☑ **たてまえ（建て前）** 名 방침, 원칙   ¶↔本音(ほんね)
 今度の捜査は　建て前と本音が　違う。
 이번 수사는 (표면상의) 방침과 본심과는 다르다.

☑ **ちか（地価）** 名 지가, 땅값
 電車が　開通し、周辺の地価が　あがる。
 전철이 개통되어 주변의 지가가 오르다.

☑ **つとめる（勤める）** 他 종사하다, 근무하다
 職務を　忠実に　勤める。
 직무를 충실하게 수행하다.

☑ **でかせぎ（出稼ぎ）** 名自 타관 노동
 冬には　出稼ぎに　行く　農民たちが　多い。
 겨울에는 타향에 돈벌이하러 가는 농민들이 많다.

☑ **てんか（添加）** 名自他 첨가
 片口鰯には、カルシウムが　添加されている。
 멸치에는 칼슘이 첨가되어 있다.

☑ **ちゅうどく（中毒）** 名自 중독   ¶＝毒あたり(どくあたり)
 夏には　食中毒が　発生しやすい。
 여름에는 식중독이 발생하기 쉽다.

☑ **でんせん（伝染）** 名自 전염
 コレラなどの伝染病が　はやる。
 콜레라 등의 전염병이 유행하다.

☑ **ちゆ（治癒）** 名自 치유
 糖尿病の治癒に　専念するために　病院に　通っている。
 당뇨병의 치유에 전념하기 위해 병원에 다니고 있다.

☑ **てんい（転移）** 名自他 전이
 末期患者は　胃癌が　腸に　転移した。
 말기 환자는 위암이 장으로 전이되었다.

확인 테스트

1. 다음 한자의 히라가나와 뜻을 쓰시오.

(1) 治癒 _____   _____

(2) 建て前 _____   _____

(3) 出稼ぎ _____   _____

(4) 勤める _____   _____

2. 다음 낱말의 독음이 다른 것을 고르시오.

(1) 地価   ① 地下   ② 地界   ③ 治下

(2) 勤める   ① 努める   ② 止める   ③ 務める

(3) 添加   ① 天下   ② 転化   ③ 殿下

(4) 伝染   ① 電線   ② 点線   ③ 電閃

(5) 転移   ① 転位   ② 天位   ③ 電位

3. 다음 낱말의 독음이 같은 것을 고르시오.

中毒   ① 駐独   ② 駐屯   ③ 中道

4. 다음 문장을 해석하시오.

(1) 夏には 食中毒が 発生しやすい。

(2) 電車が 開通し、周辺の 地価が あがる。

(3) 冬には 出稼ぎに 行く 農民たちが 多い。

(4) 片口鰯には、カルシウムが 添加されている。

● **문제 풀이**

2. (1) 地下 (ちか) 지하／地界 (ちかい) 지계／治下 (ちか) 치하

(2) 努める (つとめる) 힘쓰다／止める (とどめる) 멈추다／務める (つとめる) 근무하다

(3) 天下 (てんか) 천하／転化 (てんか) 전화／殿下 (でんか) 전하

(4) 電線 (でんせん) 전선／点線 (てんせん) 점선／電閃 (でんせん) 전섬

(5) 転位 (てんい) 전위／天位 (てんい) 천위／電位 (でんい) 전위

3. 駐独 (ちゅうどく) 주독／駐屯 (ちゅうとん) 주둔／中道 (ちゅうどう) 중도

☑ **とうなん（盗難）** 图 도난

> すこし目を 離したすきに 盗難に 遭った。
>
> 잠깐 눈을 뗀 사이에 도난당했다.

☑ **てきしょく（適職）** 图 알맞은 직업

> 文筆業は 彼女には 適職だ。
>
> 문필업은 그녀에게는 알맞은 직업이다.

☑ **てきれい（適齢）** 图 적령

> あの男は 結婚適齢期を 過ぎている。
>
> 저 남자는 결혼 적령기를 넘어서고 있다.

☑ **てっき（摘記）** 图他 적기 (개요와 요점만 뽑아 기록함)

> 回答の大要を 摘記する。
>
> 회답의 대요를 적기하다.

☑ **ねまわし（根回し）** 图自 사전 교섭   ¶ ＝下工作(したこうさく)

> 韓国の社会は 根回しと 人間関係を 重視する。
>
> 한국 사회는 사전 교섭과 인간 관계를 중시한다.

☑ **のうし（脳死）** 图 뇌사

> 心臓が 動いている 状態の死を 脳死という。
>
> 심장이 움직이고 있는 상태의 죽음을 뇌사라고 한다.

☑ **にんげんそがい（人間疎外）** 图 인간 소외

> 人間疎外は 現代社会の問題である。
>
> 인간 소외는 현대 사회의 문제이다.

☑ **ねんこうじょれつ（年功序列）** 图 연공 서열

> 年功序列で 賃金や 地位が 決まる。
>
> 연공 서열로 임금이나 지위가 결정된다.

☑ **ねんきん（年金）** 图 연금

> 公的な年金だけでは 老後の生活が 不安だ。
>
> 공적인 연금만으로는 노후 생활이 불안하다.

확인 테스트

1. 다음 한자의 히라가나와 뜻을 쓰시오.

(1) 年金 _____   _____

(2) 適職 _____   _____

(3) 疎外 _____   _____

(4) 根回し _____   _____

2. 다음 낱말의 독음이 다른 것을 고르시오.

(1) 摘記   ① 適期   ② 鉄騎   ③ 鉄火

(2) 脳死   ① 直衣   ② 能士   ③ 農事

3. 다음 낱말의 독음이 같은 것을 고르시오.

(1) 盗難   ① 多難   ② 東南   ③ 遭難

(2) 適齢   ① 敵塁   ② 年齢   ③ 適例

4. 다음 빈칸에 알맞은 말을 보기에서 골라 써보시오.

(1) 文筆業は 彼女には _____だ。

(2) 韓国の社会は _____と 人間関係を 重視する。

> 【보기】 ねまわし、とうなん、にんげんそがい、てきしょく

5. 다음 문장을 해석하시오.

(1) 人間疎外は 現代社会の 問題である。

(2) あの男は 結婚適齢期を 過ぎている。

(3) 公的な年金だけでは 老後の生活が 不安だ。

● **문제 풀이**

2. (1) 適期 (てっき) 적기／鉄騎 (てっき) 철기／鉄火 (てっか) 새빨갛게 달군 쇠
    (2) 直衣 (のうし) 옛 귀족의 평복／能士 (のうし) 능사／農事 (のうじ) 농사

3. (1) 多難 (たなん) 다난／東南 (とうなん) 동남／遭難 (そうなん) 조난
    (2) 敵塁 (てきるい) 적루／年齢 (ねんれい) 연령／適例 (てきれい) 적례

☑ **なんびょう（難病）** 名 난치병

高血圧という 難病を 克服する。

고혈압이라는 난치병을 극복하다.

☑ **ぬすむ（盗む）** 他 훔치다, 속이다

詐欺師は 人の目を 盗んで逃げてしまった。

사기꾼은 남의 눈을 속이고 도망쳤다.

☑ **なすりつける（擦り付ける）** 他 문질러대다 　¶ ＝こすりつける

パレットに絵の具を 擦り付ける。

팔레트에 그림물감을 문지르다.

☑ **なんてん（難点）** 名 난점, 결점 　　　　　　　¶ ＝欠点(けってん)

気が短いのが 彼の難点だ。

성질이 급한 것이 그의 결점이다.

☑ **にっしょう（日照）** 名 일조

そのビルが 建つと日照権を 脅かされる おそれが ある。

그 빌딩이 서면 일조권이 위협받을 염려가 있다.

☑ **ふくし（福祉）** 名 복지

民主主義の国家は 国民の福祉と 繁栄を 図っている。

민주주의 국가는 국민의 복지와 번영을 꾀하고 있다.

☑ **ほしょう（保証）** 名他 보증

この男の人格は 僕が 保証する。

이 남자 인격은 내가 보증한다.

☑ **ひんこん（貧困）** 名形動 빈곤 　　　　　　¶ ＝貧窮(ひんきゅう)

彼は 貧困の味を 知っている。

그는 가난의 〈쓰라린〉 맛을 알고 있다.

☑ **ほけん（保険）** 名 보험

毎月 保険料を 払えないので 解約しようと 思う。

매월 보험료를 지불하지 못해서 해약하려고 생각한다.

확인 테스트

1. 다음 한자의 히라가나와 뜻을 쓰시오.

(1) 盗む _____   _____

(2) 貧困 _____   _____

(3) 難病 _____   _____

2. 다음 낱말의 독음이 다른 것을 고르시오.

(1) 日照   ① 日収   ② 入声   ③ 日商

(2) 福祉   ① 副使   ② 副詞   ③ 服地

(3) 保証   ① 捕縄   ② 補償   ③ 保障

3. 다음 낱말의 독음이 같은 것을 고르시오.

(1) 難点   ① 南天   ② 南殿   ③ 得点

(2) 保険   ① 母権   ② 冒険   ③ 保健

4. 다음 빈칸에 알맞은 말을 보기에서 골라 써보시오.

(1) 彼は _____ の味を 知っている。

(2) 詐欺師は 人の目を _____ 逃げてしまった。

【보기】   ほしょう、ぬすんで、にっしょう、ひんこん

5. 다음 문장을 해석하시오.

(1) 高血圧という 難病を 克服する。

(2) パレットに 絵の具を 擦り付ける。

● **문제 풀이**

2. (1) 日収 (にっしゅう) 일수／入声 (にっしょう) 입성／日商 (にっしょう) 일상
    (2) 副使 (ふくし) 부사／副詞 (ふくし) 부사／服地 (ふくじ) 복지
    (3) 捕縄 (ほじょう) 포승／補償 (ほしょう) 보상／保障 (ほしょう) 보장

3. (1) 南天 (なんてん) 남천 ／ 南殿 (なんでん) 남전(궁전의 하나) ／ 得点 (とくてん) 득점
    (2) 母権 (ぼけん) 모권／冒険 (ぼうけん) 모험／保健 (ほけん) 보건

☑ **ほっさ　（発作）** 名自 발작

てんかん かんじゃ ふ い お
癲癇の患者は 不意に 発作を 起こした。
간질 환자는 갑자기 발작을 일으켰다.

☑ **はんざい　（犯罪）** 名 범죄

ひんこん まち ぼうりょく
この貧困な 町には 犯罪や 暴力が はびこる。
이 빈곤한 거리에는 범죄와 폭력이 판친다.

☑ **ほうか　（放火）** 名自 방화　　　　　¶ ＝つけび、↔失火(しっか)

しょ どう じ じ けん はっせい
2カ所で 同時に 放火事件が 発生した。
두 곳에서 동시에 방화 사건이 발생했다.

☑ **ひろうえん　（披露宴）** 名 피로연

けっこんしき ねんねん は で
結婚式の披露宴は 年々 派手になっている。
결혼식의 피로연은 해마다 화려해지고 있다.

☑ **ほんね　（本音）** 名 본심　　　　　¶ ↔建て前(たてまえ)

とうろん た まえ しょう
この討論は 本音と 建て前のギャップが 生じている。
이 토론은 본심과 표면적 주장과의 갭이 생기고 있다.

☑ **はいぐうしゃ　（配偶者）** 名 배우자　　　¶ ＝連れ合い(つれあい)

おっと たい つま
夫に対して妻を、妻に対して夫を 配偶者という。
남편에 대해 아내를, 아내에 대해 남편을 배우자라 한다.

☑ **ふぼ　（父母）** 名 부모　　　　　¶ ＝両親(りょうしん)

かく か ぞく しゃかい けっこん しっ か はな
核家族の社会では 結婚をすると 父母の膝下を 離れる。
핵가족 사회에서는 결혼하게 되면 부모의 슬하를 떠난다.

☑ **ひんぷ　（貧富）** 名 빈부

さ
インドは 貧富の差が はげしい。
인도는 빈부의 차가 심하다.

☑ **へきち　（僻地）** 名 벽지　　　　　¶ ＝辺地(へんち)

はたら きょうし ふ そく
僻地で 働く 教師が 不足している。
벽지에서 일하는 교사가 부족하다.

확인 테스트

1. 다음 한자의 히라가나와 뜻을 쓰시오.

(1) 本音 _____   _____

(2) 父母 _____   _____

(3) 僻地 _____   _____

(4) 披露宴 _____   _____

(5) 配偶者 _____   _____

2. 다음 낱말의 독음이 다른 것을 고르시오.

放火   ① 砲火   ② 防火   ③ 放課

3. 다음 빈칸에 알맞은 말을 보기에서 골라 써보시오.

(1) インドは _____ の差が はげしい。

(2) 2カ所で 同時に _____ 事件が 発生した。

(3) 癲癇の患者は 不意に _____ を 起こした。

(4) この討論は _____ と 建て前のギャップが 生じている。

(5) 核家族の社会では 結婚なると _____ の膝下を 離れる。

> 【보기】　はんざい、ほっさ、ひんぷ、ひろうえん、
> 　　　　　ほうか、ほんね、りょうしん、ふぼ

4. 다음 문장을 해석하시오.

(1) 僻地で 働く 教師が 不足している。

(2) **この貧困な 町には 犯罪や 暴力が はびこる。**

(3) 結婚式の披露宴は 年々 派手になっている。

(4) 夫に対して妻を、妻に対して夫を 配偶者という。

● **문제 풀이**

2. 砲火（ほうか）포화／防火（ぼうか）방화／放課（ほうか）방과

☑ **ふどうさん （不動産）** 図 부동산   ¶↔動産(どうさん)
> 不動産屋は 土地や建物などを あっせんする。
> 부동산 업자는 토지나 건물 등을 알선한다.

☑ **はいちてんかん （配置転換）** 図 배치 전환   ¶＝配転(はいてん)
> 李氏は 配置転換で 人事課から 経理課に 移った。
> 이씨는 배치 전환으로 인사과에서 경리과로 옮겼다.

☑ **ふにん （赴任）** 図自 부임
> 新しく 赴任して 来た 先生だ。
> 새로 부임하여 온 선생님이다.

☑ **ひまん （肥満）** 図自 비만
> 肥満は いろいろな 病気の原因になる。
> 비만은 여러 가지 병의 원인이 된다.

☑ **ふくさよう （副作用）** 図 부작용
> 薬の副作用で、吐き気やめまいが 起こる。
> 약의 부작용으로 구역질이나 현기증이 생긴다.

☑ **ひふ （皮膚）** 図 피부   ¶＝肌(はだ)
> 手に やけどを 負って 皮膚が 赤くはれた。
> 손에 화상을 입어서 피부가 빨갛게 부었다.

☑ **ひょうしき （標識）** 図 표지
> 交差点に 右折禁止の標識が 出ている。
> 교착점에 우회전 금지의 표지가 세워져 있다.

☑ **ひとじち （人質）** 図 인질, 볼모
> 誘拐犯が 子供を 人質に 取る。
> 유괴범이 아이를 인질로 잡다.

☑ **ぶっけん （物件）** 図 물건   ¶＝品物(しなもの)
> 検察は 家宅捜索を して 証拠物件を 押収した。
> 검찰은 가택 수색을 해서 증거 물건을 압수했다.

확인 테스트

1. 다음 한자의 히라가나와 뜻을 쓰시오.

(1) 肥満 _____   _____

(2) 人質 _____   _____

(3) 不動産 _____   _____

(4) 副作用 _____   _____

2. 다음 낱말의 독음이 같은 것을 고르시오.

(1) 赴任   ① 不任   ② 無人   ③ 補任

(2) 皮膚   ① 日歩   ② 被布   ③ 肌膚

(3) 標識   ① 標示   ② 病識   ③ 表式

(4) 物件   ① 物権   ② 復権   ③ 保健

3. 다음 빈칸에 알맞은 말을 보기에서 골라 써보시오.

(1) _____ は いろいろな 病気の 原因になる。

(2) _____ 屋は 土地や 建物などを あっせんする。

(3) 検察は 家宅捜索を して 証拠 _____ を 押収した。

> 【보기】 ひょうしき、 ぶっけん、 ひまん、
>   ふくさよう、 ふどうさん、 ひょう

4. 다음 문장을 해석하시오.

(1) 新しく 赴任して 来た 先生だ。

(2) 薬の 副作用で、 吐き気やめまいが 起こる。

(3) 交差点に 右折禁止の 標識が 出ている。

● **문제 풀이**

2. (1) 不任 (ふにん) 불임／無人 (ぶにん) 무인／補任 (ほにん) 보임

(2) 日歩 (ひぶ) 일보／被布 (ひふ) 겉옷／肌膚 (きふ) 피부. 살갗

(3) 標示 (ひょうし) 표시／病識 (びょうしき) 병식／表式 (ひょうしき) 표식

(4) 物権 (ぶっけん) 물권／復権 (ふっけん) 복권／保健 (ほけん) 보건

☑ **ぼうがい（妨害）** 名他 방해 　　　　　　　　　¶ ＝じゃま

工作員は　公務執行妨害で　逮捕された。

공작원은 공무 집행 방해로 체포당했다.

☑ **ほうげん（放言）** 名自他 방언, 함부로 지껄임

彼は　記者会見で　うっかり　放言してしまった。

그는 기자 회견에서 무심코 방언하고 말았다.

☑ **みつど（密度）** 名 밀도

ソウルは　人口密度が　わが国で　いちばん　高い。

서울은 인구 밀도가 우리나라에서 가장 높다.

☑ **みつゆ（密輸）** 名他 밀수

密売業者は　税関職員と　結託して　麻薬を　密輸した。

밀매업자는 세관원과 결탁해서 마약을 밀수했다.

☑ **めいき（明記）** 名他 명기

信仰の自由は　憲法に　明記されている。

신앙의 자유는 헌법에 명기되어 있다.

☑ **よか（余暇）** 名 여가, 틈, 겨를

彼は　勤務の余暇に　夜学に　通っている。

그는 근무의 틈을 내서 야학에 다니고 있다.

☑ **ゆうせん（優先）** 名自 우선

人命尊重は　何よりも　優先されねば　ならない。

인명 존중은 무엇보다도 우선되지 않으면 안된다.

☑ **やとう（雇う）** 他 고용하다

正社員が　足りず、パートタイマーを　雇う。

정사원이 부족하여 시간제 근무자를 고용한다.

☑ **ゆうぐう（優遇）** 名他 우대 ¶ ＝厚遇(こうぐう)、↔冷遇(れいぐう)

わが国は　経験者を　優遇する　社会である。

우리나라는 경험자를 우대하는 사회이다.

확인 테스트

1. 다음 한자의 히라가나와 뜻을 쓰시오.

(1) 密度 ＿＿＿＿＿＿　　　＿＿＿＿＿＿

(2) 雇う ＿＿＿＿＿＿　　　＿＿＿＿＿＿

(3) 密輸 ＿＿＿＿＿＿　　　＿＿＿＿＿＿

(4) 優遇 ＿＿＿＿＿＿　　　＿＿＿＿＿＿

2. 다음 낱말의 독음이 다른 것을 고르시오.

(1) 放言　　　① 方言　　　② 妄言　　　③ 法眼

(2) 明記　　　① 銘記　　　② 名器　　　③ 名妓

(3) 優先　　　① 悠然　　　② 郵船　　　③ 有線

3. 다음 낱말의 독음이 같은 것을 고르시오.

妨害　　　　① 抱懐　　　② 望外　　　③ 被害

4. 다음 빈칸에 알맞은 말을 보기에서 골라 써보시오.

(1) 彼は 勤務の ＿＿＿＿＿＿ に 夜学に 通っている。

(2) 正社員が 足りず、パートタイマーを ＿＿＿＿＿＿。

【보기】　じゃま、よか、こうくう、やとう

5. 다음 문장을 해석하시오.

(1) わが国は 経験者を 優遇する 社会である。

(2) 密売業者は 税関職員と 結託して 麻薬を 密輸した。

(3) 人命尊重は 何よりも 優先されねば ならない。

● **문제 풀이**

2. (1) 方言(ほうげん) 방언／妄言(ぼうげん) 망언／法眼(ほうげん) 법안

(2) 銘記(めいき) 명기／名器(めいき) 명기／名妓(めいぎ) 명기

(3) 悠然(ゆうぜん) 유연／郵船(ゆうせん) 우편선／有線(ゆうせん) 유선

3. 抱懐(ほうかい) 포회／望外(ぼうがい) 기대 이상／被害(ひがい) 피해

☑ **よっきゅうふまん（欲求不満）**　⒜ 욕구 불만

　欲求不満を 解消^{かいしょう}するのには スポーツが いい。

　욕구 불만을 해소하는 데는 운동이 좋다.

☑ **ゆうかい（誘拐）**　⒜他 유괴

　子供を 誘拐する 事件^{じけん}が 頻繁^{ひんぱん}に 起^{おこ}っている。

　아이를 유괴하는 사건이 빈번하게 일어나고 있다.

☑ **ゆうぜい（遊説）**　⒜自 유세

　全国遊説^{ぜんこく}の旅^{たび}に 赴^{おもむ}く。

　전국 유세의 여행길에 오르다.

☑ **よこすべり（横滑り）**　⒜自 수평 이동

　系列会社^{けいれつがいしゃ}の部長^{ぶちょう}に 横滑りする。

　계열 회사의 부장으로 수평 이동하다.

☑ **ようぼう（要望）**　⒜他 요망　　　　　　¶＝切望(せつぼう)

　学長^{がくちょう}は 学生^{がくせい}の要望に 添^そうよう 努力^{どりょく}した。

　학장은 학생의 요망에 따르도록 노력했다.

☑ **ようけん（要件）**　⒜ 요건, 필요 조건　　　¶＝用事(ようじ)

　寛容^{かんよう}は 平和^{へいわ}の第一要件^{だいいち}である。

　관용은 평화의 첫째 필요 조건이다.

☑ **ろうどう（労働）**　⒜自 노동

　貧民街^{ひんみんがい}であればあるほど 肉体労働^{にくたい}によって 生活^{せいかつ}する。

　빈민 거리일수록 육체 노동으로 생활한다.

☑ **れんたい（連帯）**　⒜自他 연대

　マスコミは 社会^{しゃかい}に 対^{たい}して 連帯責任^{せきにん}が ある。

　매스컴은 사회에 대하여 연대 책임이 있다.

☑ **ろうきゅう（老朽）**　⒜自 노후　　　　¶↔若朽(じゃっきゅう)

　老朽社員^{しゃいん}を 解雇^{かいこ}する。

　쓸모없게 된 사원을 해고하다.

확인 테스트

1. 다음 한자의 히라가나와 뜻을 쓰시오.

(1) 連帯 _____   _____

(2) 欲求不満_____   _____

2. 다음 낱말의 독음이 다른 것을 고르시오.

(1) 誘拐   ① 幽界   ② 融解   ③ 有蓋

(2) 遊説   ① 郵政   ② 郵税   ③ 有税

(3) 要件   ① 用件   ② 洋犬   ③ 用言

3. 다음 낱말의 독음이 같은 것을 고르시오.

(1) 要望   ① 容貌   ② 養蜂   ③ 用法

(2) 労働   ① 実働   ② 郎等   ③ 郎読

(3) 老朽   ① 籠球   ② 籠居   ③ 老眼

4. 다음 빈칸에 알맞은 말을 보기에서 골라 써보시오.

(1) マスコミは 社会に 対して _____責任が ある。

(2) 学長は 学生の_____ に 添うよう 努力した。

【보기】　 ようぼう、 よこすべり、 れんたい、 ろうきゅう

5. 다음 문장을 해석하시오.

(1) 系列会社の部長に 横滑りする。

(2) 貧民街であればあるほど 肉体労働によって 生活する。

● 문제 풀이 ▬▬▬▬

2. (1) 幽界 (ゆうかい) 유계／融解 (ゆうかい) 융해／有蓋 (ゆうがい) 유개
(2) 郵政 (ゆうせい) 우정／郵税 (ゆうぜい) 우편요금／有税 (ゆうぜい) 유세
(3) 用件 (ようけん) 용건／洋犬 (ようけん) 양견／用言 (ようげん) 용언

3. (1) 容貌 (ようぼう) 용모／養蜂 (ようほう) 양봉／用法 (ようほう) 용법
(2) 実働 (じつどう) 실동／郎等 (ろうどう) 가신／郎読 (ろうどく) 낭독
(3) 籠球 (ろうきゅう) 농구／籠居 (ろうきょ) 칩거／老眼 (ろうがん) 노안

☑ **ろうさい（労災）** 图 노동 재해

> 労災は 労働災害という。
>
> 노재는 노동 재해라고 한다.

☑ **りれきしょ（履歴書）** 图 이력서   ¶＝経歴書(けいれきしょ)

> 面接は 履歴書を 基にして 進められる。
>
> 면접은 이력서를 바탕으로 들어갈 수 있다.

☑ **りゅうこう（流行）** 图自 유행

> 今年の流行の色は、わりあい 地味な 色だ。
>
> 올해 유행하는 색은 비교적 수수한 색이다.

☑ **わかもの（若者）** 图 젊은이   ¶＝青年(せいねん)

> 若者は とかく 血気にはやりやすい。
>
> 젊은 사람은 자칫 혈기에 치우치기 쉽다.

확인 테스트

1. 다음 한자의 히라가나와 뜻을 쓰시오.

(1) 若者　_____　_____

(2) 流行　_____　_____

(3) 履歴書 _____　_____

2. 다음 낱말의 독음이 같은 것을 고르시오.

労災　　　　① 労作　　　　② 労使　　　　③ 老妻

3. 다음 빈칸에 알맞은 말을 보기에서 골라 써보시오.

(1) 面接は _____ を 基にして 進められる。

(2) 今年の_____の色は、わりあい 地味な 色だ。

【보기】　りれきしょ、せいねん、りゅうこう、ろうさい

4. 다음 문장을 해석하시오.

(1) 労災は 労働災害という。

(2) 若者は とかく 血気にはやりやすい。

● **문제 풀이**

2. 労作（ろうさく）노작／労使（ろうし）노사／老妻（ろうさい）노처, 늙은 아내

2. 정치 · 외교

☑ **あまくだり （天下り）** 名 강압적 명령

高級官吏が 退職後、天下り人事で 民間企業に 就職する。

고급 관리가 퇴직 후, 낙하산 인사로 사기업에 취직한다.

☑ **えんじょ （援助）** 名他 원조

後進国であるほどに 経済的援助を 仰ぐ。

후진국일수록 경제적 원조를 바란다.

☑ **うよく （右翼）** 名 우익　　　　　　　　　　　¶↔左翼(さよく)

その将軍は 右翼政党に 入党する。

그 장군은 우익 정당에 입당한다.

☑ **おしょく （汚職）** 名 오직, 독직

政治家の汚職事件が テレビを 通して 報道される。

정치가의 독직 사건이 TV를 통해서 보도되다.

☑ **けんぽう （憲法）** 名 헌법

憲法は 国の基本法である。

헌법은 나라의 기본법이다.

☑ **ぎょうせい （行政）** 名 행정　　¶↔立法(りっぽう)、司法(しほう)

この度の市長は 行政的手腕が 優れているといわれた。

이번 시장은 행정적 수완이 뛰어나다고 알려졌다.

☑ **こっかい （国会）** 名 국회

議事堂で 今度の定期国会が 開かれている。

의사당에서 이번 정기 국회가 열리고 있다.

☑ **ぎいん （議員）** 名 의원

地方選挙で 自村出身の議員が 選出される。

지방 선거에서 자기 마을 출신의 의원이 선출되다.

확인 테스트

1. 다음 한자의 히라가나와 뜻을 쓰시오.

(1) 右翼 _____   _____

(2) 援助 _____   _____

2. 다음 낱말의 독음이 다른 것을 고르시오.

(1) 憲法   ① 劍法   ② 絹紡   ③ 險峰

(2) 議員   ① 基因   ② 偽印   ③ 議院

3. 다음 낱말의 독음이 같은 것을 고르시오.

(1) 汚職   ① 汚辱   ② 御職   ③ 汚濁

(2) 行政   ① 曉星   ② 強制   ③ 共生

4. 다음 빈칸에 알맞은 말을 보기에서 골라 써보시오.

(1) _____ は 国の基本法である。

(2) 後進国であるほどに 経済的 _____ を 仰ぐ。

(3) 軍隊を 率いる 将軍は _____ 政党に 入党する。

> 【보기】   えんじょ、こっかい、ぎいん、うよく、けんぽう

5. 다음 문장을 해석하시오.

(1) この度の市長は 行政的手腕が 優れているといわれた。

(2) 高級官吏が 退職後、天下り人事で 民間企業に 就職する。

(3) 議事堂で 今度の定期国会が 開かれている。

● **문제 풀이**

2. (1) 劍法 (けんぽう) 검법／絹紡 (けんぼう) 견방／險峰 (けんぽう) 검봉

(2) 基因 (きいん) 기인／偽印 (ぎいん) 가짜 도장／議院 (ぎいん) 의원

3. (1) 汚辱 (おじょく) 오욕／御職 (おしょく) 江戸시대에. 동배중에서 상석인 사람
／汚濁 (おじょく) 오탁

(2) 曉星 (ぎょうせい) 효성／強制 (きょうせい) 강제／共生 (きょうせい) 공생

☑ **きけん （棄権）** 名他 기권

投票の結果は 賛成 25、反対 3、棄権 2であった。

투표 결과는 찬성 25, 반대 3, 기권 2였다.

☑ **こうほしゃ （候補者）** 名 후보자

候補者は 選挙演説で 公約を 発表した。

후보자는 선거 연설에서 공약을 발표했다.

☑ **かけつ （可決）** 名他 가결   ¶ ↔否決(ひけつ)

議決機関で その案を 満場一致で 可決する。

의결기관에서 그 안을 만장 일치로 가결하다.

☑ **かくりょう （閣僚）** 名 각료   ¶ =閣員(かくいん)

新しい 経済閣僚が きまる。

새로운 경제 각료가 결정되다.

☑ **ぎせき （議席）** 名 의석

民主党は 過半数の議席を 獲得した。

민주당은 과반수의 의석을 획득했다.

☑ **こうむ （公務）** 名 공무   ¶ =公用(こうよう)

公務員は 政治的には 中立の立場を とる。

공무원은 정치적으로는 중립 입장을 취한다.

☑ **かんりょう （官僚）** 名 관료

官僚にも 国際感覚が 求められる。

관료에게도 국제 감각이 요구된다.

☑ **きそ （起訴）** 名他 기소   ¶ ↔不起訴(ふきそ)

その国会議員を 不正選挙の疑いで 起訴する。

그 국회의원을 부정 선거 혐의로 기소하다.

☑ **こっこう （国交）** 名 국교

韓国と中国は 国交を 正常化した。

한국과 중국은 국교를 정상화했다.

확인 테스트

1. 다음 한자의 히라가나와 뜻을 쓰시오.

　(1) 可決　　_____　　　　_____

　(2) 閣僚　　_____　　　　_____

　(3) 議席　　_____　　　　_____

2. 다음 낱말의 독음이 다른 것을 고르시오.

　(1) 棄権　　　① 危険　　　　② 気圏　　　　③ 期限

　(2) 公務　　　① 工務　　　　② 校務　　　　③ 総務

　(3) 官僚　　　① 含量　　　　② 完了　　　　③ 感量

　(4) 起訴　　　① 基礎　　　　② 義疏　　　　③ 木曾

3. 다음 낱말의 독음이 같은 것을 고르시오.

　　国交　　　　① 外交　　　　② 国光　　　　③ 国権

4. 다음 빈칸에 알맞은 말을 보기에서 골라 써보시오.

　(1) _____ は 選挙演説で 公約を 発表した。

　(2) _____ 員は 政治的には 中立の立場を とる。

　【보기】　こうむ、かくりょう、こうほしゃ、きけん

5. 다음 문장을 해석하시오.

　(1) 官僚にも 国際感覚が 求められる。

　(2) その国会議員を 不正選挙の疑いで 起訴する。

● 문제 풀이

2. (1) 危険 (きけん) 위험／気圏 (きけん) 기권／期限 (きげん) 기한
　 (2) 工務 (こうむ) 공무／校務 (こうむ) 교무／総務 (そうむ) 총무
　 (3) 含量 (がんりょう) 함량／完了 (かんりょう) 완료／感量 (かんりょう) 감량
　 (4) 基礎 (きそ) 기초／義疏 (ぎそ) 의소／木曾 (きそ) 일본 지명
3. 外交 (がいこう) 외교／国光 (こっこう) 국광／国権 (こっけん) 국권

☑ **きょうどうせいめい（共同声明）** 名 공동 성명

南北会談の後、共同声明が 発表される。

남북 회담 후, 공동 성명이 발표되다.

☑ **こくさいれんごう（国際連合）** 名 국제 연합

国際連合で 平和宣言が 採択された。

국제 연합에서 평화 선언이 채택되었다.

☑ **きょひ（拒否）** 名他 거부

理事会では 常任理事が 拒否権を 行使する。

이사회에서는 상임이사가 거부권을 행사한다.

☑ **きんこう（均衡）** 名自 균형   ¶＝バランス

左翼と右翼の均衡状態が 崩れる。

좌익과 우익의 균형 상태가 무너지다.

☑ **こくえき（国益）** 名 국익   ¶↔国損(こくそん)

国営企業は 国益を 優先する。

국영 기업은 국익을 우선한다.

☑ **こくひん（国賓）** 名 국빈

韓国の大統領は 国賓として 来日する。

한국의 대통령은 국빈으로서 일본에 오다.

☑ **ごうい（合意）** 名自 합의   ¶＝同意(どうい)

韓米両国は 首脳会談を 開くことに 合意した。

한미 양국은 수뇌 회담을 열기로 합의했다.

☑ **こうろん（公論）** 名 공론   ¶＝世論(せろん)

万機公論に 決すべし。

나라의 정치는 공론에 따라 결정할 것.

☑ **かんしょう（干渉）** 名自 간섭

他国に 対して 不干渉主義を 主張する。

타국에 대하여 불간섭 주의를 주장하다.

확인 테스트

1. 다음 한자의 히라가나와 뜻을 쓰시오.

(1) 国益　＿＿＿＿＿＿＿＿　＿＿＿＿＿＿＿＿

(2) 合意　＿＿＿＿＿＿＿＿　＿＿＿＿＿＿＿＿

(3) 国賓　＿＿＿＿＿＿＿＿　＿＿＿＿＿＿＿＿

(4) 声明　＿＿＿＿＿＿＿＿　＿＿＿＿＿＿＿＿

2. 다음 낱말의 독음이 다른 것을 고르시오.

(1) 拒否　　① 巨費　　② 許否　　③ 魚肥

(2) 均衡　　① 金庫　　② 近郊　　③ 金鉱

(3) 公論　　① 抗論　　② 硬論　　③ 空論

(4) 干渉　　① 観照　　② 感情　　③ 感傷

3. 다음 빈칸에 알맞은 말을 보기에서 골라 써보시오.

(1) 国営企業は ＿＿＿＿＿＿ を 優先する。

(2) 他国に 対して 不＿＿＿＿＿＿ 主義を 主張する。

(3) 理事会では 常任理事が ＿＿＿＿＿＿ 権を 行使する。

【보기】　かんしょう、こくそん、こくえき、ごうい、きょひ

4. 다음 문장을 해석하시오.

(1) 国際連合で 平和宣言が 採択された。

(2) 南北会談の後、共同声明が 発表される。

(3) 韓米両国は 首脳会談を 開くことに 合意した。

● **문제 풀이**

2. (1) 巨費 (きょひ) 거액의 비용／許否 (きょひ) 허락 여부／魚肥 (ぎょひ) 어비

(2) 金庫 (きんこ) 금고／近郊 (きんこう) 근교／金鉱 (きんこう) 금광

(3) 抗論 (こうろん) 항론／硬論 (こうろん) 경론／空論 (くうろん) 공론

(4) 観照 (かんしょう) 관조／感情 (かんじょう) 감정／感傷 (かんしょう) 감상

☑ **こうけん （貢献）** 名自 공헌, 이바지   ¶ =寄与(きよ)

だいとうりょう とういつ
大統領は 統一するのに 貢献しなければならない。

대통령은 통일하는 데 공헌해야 한다.

☑ **ぐんびしゅくしょう （軍備縮小）** 名 군비 축소

へいわ まも きょうだいこく
平和を守るために 強大国は 軍備縮小しなければならない。

평화를 지키기 위해 강대국은 군비 축소해야만 한다.

☑ **かくへいき （核兵器）** 名 핵무기

しよう じんるい はめつ
核兵器の使用は 人類の破滅に つながる。

핵무기의 사용은 인류의 파멸에 연결된다.

☑ **きんちょうかんわ （緊張緩和）** 名 긴장 완화

れいせんしゅうけつ ご べいろかん すす
冷戦終結 後、米ロ間の緊張緩和が 進んでいる。

냉전 종결 후, 미러 간의 긴장 완화가 진행되고 있다.

☑ **けんあん （懸案）** 名 현안

こくれんそうかい たねん かいけつ どりょく
国連総会は 多年の懸案を 解決するために 努力する。

유엔 총회는 다년간의 현안을 해결하기 위해 노력한다.

☑ **ぎかいせいじ （議会政治）** 名 의회 정치

みんしゅしゅぎ こんぽん
議会政治は 民主主義の根本である。

의회 정치는 민주주의의 근본이다.

☑ **かはんすう （過半数）** 名 과반수

ぎちょう しゅっせきしゃ さんせい ひつよう
議長は 出席者の過半数の賛成を 必要とする。

의장은 출석자 과반수의 찬성이 필요하다.

☑ **かいさん （解散）** 名自他 해산   ¶ ↔集合(しゅうごう)

こんど りんじこっかい ろくじ
今度の臨時国会は 六時に 解散する。

이번 임시 국회는 6시에 해산한다.

☑ **こうてつ （更迭）** 名自他 경질   ¶ =いれかわり

ちか しょうらい ちょうかん
大統領は 近い 将来 長官を 更迭するだろう。

대통령은 가까운 장래에 장관을 경질할 것이다.

확인 테스트

1. 다음 한자의 히라가나와 뜻을 쓰시오.

(1) 緊張 　＿＿＿＿＿＿＿　　　　　＿＿＿＿＿＿＿

(2) 軍備 　＿＿＿＿＿＿＿　　　　　＿＿＿＿＿＿＿

(3) 過半数 ＿＿＿＿＿＿＿　　　　　＿＿＿＿＿＿＿

(4) 核兵器 ＿＿＿＿＿＿＿　　　　　＿＿＿＿＿＿＿

2. 다음 낱말의 독음이 다른 것을 고르시오.

(1) 貢献　　① 高原　　　② 後見　　　③ 高見

(2) 解散　　① 海産　　　② 開山　　　③ 概算

3. 다음 낱말의 독음이 같은 것을 고르시오.

(1) 懸案　　① 原案　　　② 検案　　　③ 公案

(2) 更迭　　① 好転　　　② 好適　　　③ 鋼鉄

4. 다음 빈칸에 알맞은 말을 보기에서 골라 써보시오.

(1) ＿＿＿＿＿は 民主主義の 根本である。

(2) 議長は 出席者の＿＿＿＿＿の 賛成を 必要とする。

> 【보기】　かはんすう、 かいさん、 ぎかいせいじ

5. 다음 문장을 해석하시오.

(1) 議長は 出席者の過半数の賛成を 必要とする。

(2) 冷戦終結 後、 米ロ間の緊張緩和が 進んでいる。

(3) 国連総会は 多年の懸案を 解決するために 努力する。

● **문제 풀이** ━━━━

2. (1) 高原 (こうげん) 고원／後見 (こうけん) 후견／高見 (こうけん) 고견

　　(2) 海産 (かいさん) 해산／開山 (かいさん) 개산／概算 (がいさん) 개산

3. (1) 原案 (げんあん) 원안／検案 (けんあん) 검안／公案 (こうあん) 공안

　　(2) 好転 (こうてん) 호전／好適 (こうてき) 호적／鋼鉄 (こうてつ) 강철

☐ **けんげん（権限）** 名 권한

法に 基づいて 権限を 行使する。

법에 기초해서 권한을 행사하다.

☐ **かぜい（課税）** 名自 과세

年金は 非課税所得として 取り扱われる。

연금은 비과세 소득으로서 취급된다.

☐ **かいけいねんど（会計年度）** 名 회계 연도

会計年度は 4月から 翌年の3月までである。

회계 연도는 4월부터 다음해 3월까지이다.

☐ **こうようご（公用語）** 名 공용어

英語は 国際的に 使われている 公用語である。

영어는 국제적으로 사용되고 있는 공용어이다.

☐ **こうしょう（交渉）** 名自 교섭

国際間で 団体交渉が まとまる。

국제간에 단체 교섭이 성립되다.

☐ **こくさいじょうせい（国際情勢）** 名 국제 정세

現代人は 国際情勢に 敏感でなければならない。

현대인은 국제 정세에 민감해야 한다.

☐ **こうわ（講和）** 名自 강화

交戦国は 講和条約を 結んで、平和を 回復する。

교전국은 강화 조약을 맺고 평화를 회복하다.

☐ **かいにゅう（介入）** 名自 개입

紛争に 第三者の武力介入を 禁ずる。

분쟁에 제3자의 무력 개입을 금하다.

☐ **きみつ（機密）** 名 기밀

保安司令部では 軍事機密の文書を 探り出す。

보안사령부에서는 군사 기밀의 문서를 탐지한다.

확인 테스트

1. 다음 한자의 히라가나와 뜻을 쓰시오.

(1) 介入 _____   _____

(2) 情勢 _____   _____

(3) 会計 _____   _____

2. 다음 낱말의 독음이 다른 것을 고르시오.

(1) 権限   ① 建言   ② 喧喧   ③ 権原

(2) 課税   ① 加勢   ② 苛税   ③ 寡勢

(3) 交渉   ① 公証   ② 口承   ③ 厚情

(4) 講和   ① 講話   ② 共和   ③ 口話

(5) 機密   ① 気短   ② 気密   ③ 生蜜

3. 다음 빈칸에 알맞은 말을 보기에서 골라 써보시오.

(1) 紛争に 第三者の武力 _____ を 禁ずる。

(2) 年金は 非 _____ 所得として 取り扱われる。

【보기】   けんげん、かいにゅう、かぜい、きみつ

4. 다음 문장을 해석하시오.

(1) 会計年度は 4月から 翌年の3月までである。

(2) 英語は 国際的に 使われている 公用語である。

(3) 現代人は 国際情勢に 敏感でなければならない。

(4) 交戦国は 講和条約を 結んで、平和を 回復する。

● 문제 풀이 ▬▬▬▬▬

2. (1) 建言 (けんげん) 건의／喧喧 (けんけん) 왁자함／権原 (けんげん) 권원

(2) 加勢 (かせい) 가세／苛税 (かぜい) 가세(가혹한 세금)／寡勢 (かぜい) 과세

(3) 公証 (こうしょう) 공증／口承 (こうしょう) 구승／厚情 (こうじょう) 후정

(4) 講話 (こうわ) 강화／共和 (きょうわ) 공화／口話 (こうわ) 구화

(5) 気短 (きみじか) 조급함／気密 (きみつ) 기밀／生蜜 (きみつ) 생밀

☑ **こうぎ （抗議）** 名自 항의

　遺家族は 証拠を 突き付けて 正面から 抗議する。

　유가족은 증거를 들이대고 정면에서 항의하다.

☑ **かげき （過激）** 名形動 과격　　　　　　　　　¶↔穏健(おんけん)

　過激な点では 極左も 極右も 等しい。

　과격한 점에서는 극좌나 극우도 매일반이다.

☑ **きち （基地）** 名 기지

　横須賀には アメリカ軍の基地が ある。

　요코스카에는 미군 기지가 있다.

☑ **かいげんれい （戒厳令）** 名 계엄령

　政府は デモ隊を 鎮圧するために 全国に 戒厳令を 敷いた。

　정부는 시위대를 진압하기 위해 전국에 계엄령을 내렸다.

☑ **ぐんじゅ （軍需）** 名 군수　　　　　　　　　　¶↔民儒(みんじゅ)

　軍需工場で 弾薬を 製造する。

　군수 공장에서 탄약을 제조한다.

☑ **こうげき （攻撃）** 名他 공격　　　　　　　　　　¶↔守備(しゅび)

　最善の防御は 攻撃にある。

　최선의 방어는 공격에 있다.

☑ **けんえき （権益）** 名 권익

　大企業は 権益を 得るために 政府にロビーする。

　대기업은 권익을 얻기 위해 정부에 로비한다.

☑ **ぐんし （軍使）** 名 군사

　休戦交渉のため 軍使を 派遣する。

　휴전 교섭을 위해 군사를 파견하다.

☑ **かいごう （会合）** 名自 회합　　　　　　　　　¶＝集会(しゅうかい)

　南北 双方の代表が 統一のため 会合する。

　남북 쌍방의 대표가 통일을 위해 회합하다.

확인 테스트

1. 다음 한자의 히라가나와 뜻을 쓰시오.

   (1) 権益   _____   _____

   (2) 軍需   _____   _____

2. 다음 낱말의 독음이 다른 것을 고르시오.

   (1) 抗議   ① 高貴   ② 公議   ③ 講義

   (2) 過激   ① 歌劇   ② 画劇   ③ 打撃

   (3) 基地   ① 危地   ② 窮地   ③ 機知

3. 다음 낱말의 독음이 같은 것을 고르시오.

   (1) 攻撃   ① 狙撃   ② 追撃   ③ 好劇

   (2) 軍使   ① 訓辞   ② 軍事   ③ 軍師

   (3) 会合   ① 改号   ② 開講   ③ 外交

4. 다음 빈칸에 알맞은 말을 보기에서 골라 써보시오.

   (1) 遺家族は 証拠を 突き付けて 正面から _____する。

   (2) 政府は デモ隊を 鎮圧するために 全国に _____を 敷いた。

> 【보기】   かいげんれい、 しゅうかい、 きち、 こうぎ

5. 다음 문장을 해석하시오.

   (1) 南北 双方の 代表が 統一のため 会合する。

   (2) 大企業は 権益を 得るために 政府にロビーする。

● **문제 풀이**

2. (1) 高貴(こうき) 고귀／公議(こうぎ) 공의／講義(こうぎ) 강의

   (2) 歌劇(かげき) 가극／画劇(かげき) 그림 연극／打撃(だげき) 타격

   (3) 危地(きち) 위지／窮地(きゅうち) 궁지／機知(きち) 기지

3. (1) 狙撃(そげき) 저격／追撃(ついげき) 추격／好劇(こうげき) 연극 애호가

   (2) 訓辞(くんじ) 훈사／軍事(ぐんじ) 군사／軍師(ぐんし) 군사

   (3) 改号(かいごう) 개호／開講(かいこう) 개강／外交(がいこう) 외교

☑ **こうたい（後退）** 名自 후퇴   ¶ ↔前進(ぜんしん)

敵に 圧倒されて 後退する。

적에게 압도되어 후퇴하다.

☑ **こうちく（構築）** 名他 구축

敵の攻撃を 防ぐために 味方の陣地を 構築する。

적의 공격을 막기 위해 아군의 진지를 구축한다.

☑ **こうちゃく（膠着）** 名自 교착

前方で 戦闘が あった後、戦線が 膠着状態に 陥る。

전방에서 전투가 있은 후, 전선이 교착 상태에 빠지다.

☑ **じょうり（条理）** 名 조리   ¶ ＝筋道(すじみち)

その条項は 法律の条理に 反する。

그 조항은 법률의 조리에 위배되다.

☑ **ぜんせん（善戦）** 名自 선전   ¶ ＝健闘(けんとう)

相手の候補者が 予想外に 善戦した。

상대방의 후보자가 예상 외로 선전했다.

☑ **しんこう（進功）** 名他 진격   ¶ ＝進撃(しんげき)

敵地の奥深く 進功する。

적지 깊숙이까지 진격하다.

☑ **しんもん（審問）** 名他 심문

大統領の暗殺 事件の審問は 十日に 開かれる。

대통령 암살 사건의 심문은 10일에 열린다.

☑ **せいじ（政治）** 名 정치

選挙は 国民が 政治に 参加する 機会である。

선거는 국민이 정치에 참가하는 기회이다.

☑ **しほう（司法）** 名 사법   ¶ ↔立法(りっぽう)、行政(ぎょうせい)

司法は 国民の権利、社会の法秩序を 維持する。

사법은 국민의 권리, 사회의 법 질서를 유지한다.

확인 테스트

1. 다음 한자의 히라가나와 뜻을 쓰시오.

    (1) 構築 ＿＿＿＿＿＿＿＿＿＿　　＿＿＿＿＿＿＿＿＿＿

    (2) 善戦 ＿＿＿＿＿＿＿＿＿＿　　＿＿＿＿＿＿＿＿＿＿

2. 다음 낱말의 독음이 다른 것을 고르시오.

    (1) 後退　　① 交替　　② 抗体　　③ 高大

    (2) 条理　　① 勝利　　② 常理　　③ 情理

    (3) 進功　　① 進行　　② 信号　　③ 親交

    (4) 政治　　① 政事　　② 盛時　　③ 静止

    (5) 司法　　① 志望　　② 私法　　③ 四方

3. 다음 낱말의 독음이 같은 것을 고르시오.

    (1) 膠着　　① 結着　　② 降着　　③ 合着

    (2) 審問　　① 尋問　　② 神文　　③ 陣門

4. 다음 문장을 해석하시오.

    (1) 相手の候補者が 予想外に 善戦した。

    (2) 選挙は 国民が 政治に 参加する 機会である。

    (3) 敵の攻撃を 防ぐために 味方の陣地を 構築する。

    (4) 前方で 戦闘が あった後、戦線が 膠着状態に 陥る。

● **문제 풀이**

2. (1) 交替 (こうたい) 교체／抗体 (こうたい) 항체／高大 (こうだい) 고대

    (2) 勝利 (しょうり) 승리／常理 (じょうり) 상리／情理 (じょうり) 정리

    (3) 進行 (しんこう) 진행／信号 (しんごう) 신호／親交 (しんこう) 친교

    (4) 政事 (せいじ) 정사／盛時 (せいじ) 성시／静止 (せいし) 정지

    (5) 志望 (しぼう) 지망／私法 (しほう) 사법／四方 (しほう) 사방

3. (1) 結着 (けっちゃく) 결착／降着 (こうちゃく) 비행기 착륙／合着 (ごうちゃく)
    합착

    (2) 尋問 (じんもん) 신문／神文 (しんもん) 신문／陣門 (じんもん) 진문

☑ **しゅしょう（首相）** 名 수상　　　　　　　　¶＝総理(そうり)

首相は EC各国を 訪問する。
수상은 EC 각국을 방문한다.

☑ **しせいほうしん（施政方針）** 名 시정 방침

大統領は 国会で 施政方針演説を 行う。
대통령은 국회에서 시정 방침 연설을 한다.

☑ **さいばん（裁判）** 名他 재판

彼は反乱軍の事件にひっかかりがあって軍事裁判を受ける。
그는 반란군 사건과 관련되어 있어서 군사재판을 받는다.

☑ **せいとう（政党）** 名 정당

国会議員は 政党に 籍を 置く。
국회의원은 정당에 적을 두다.

☑ **しゅうわい（収賄）** 名自他 수뢰, 뇌물　　　　¶↔贈賄(ぞうわい)

大物政治家が 収賄罪で 起訴された。
거물 정치가가 뇌물죄로 기소되었다.

☑ **そしょう（訴訟）** 名自 소송

法廷では 訴訟ざたが 絶えない。
법정에서는 소송 사태가 끊이지 않는다.

☑ **じょうやく（条約）** 名 조약

ボスニア内戦を締めくくるボスニア平和協定の条約を結ぶ。
보스니아 내전을 매듭짓는 보스니아 평화 협정을 맺다.

☑ **しゅのう（首脳）** 名 수뇌

韓日両国の首脳会談が ソウルで 開かれる。
한일 양국의 수뇌 회담이 서울에서 열린다.

☑ **さいたく（採択）** 名他 채택

平和維持のための 議案が 採択された。
평화 유지를 위한 의안이 채택되었다.

확인 테스트

1. 다음 한자의 히라가나와 뜻을 쓰시오.
   (1) 条約 _____   _____
   (2) 採択 _____   _____
   (3) 首脳 _____   _____
   (4) 訴訟 _____   _____

2. 다음 낱말의 독음이 다른 것을 고르시오.
   (1) 首相   ① 主唱   ② 主将   ③ 主情
   (2) 政党   ① 正当   ② 聖堂   ③ 正答

3. 다음 낱말의 독음이 같은 것을 고르시오.
   (1) 裁判   ① 歳晩   ② 再版   ③ 再販
   (2) 収賄   ① 十割   ② 贈賄   ③ 醜猥

4. 다음 빈칸에 알맞은 말을 보기에서 골라 써보시오.
   (1) 大統領は 国会で _____ 演説を 行う。
   (2) 韓日両国の _____ 会談が ソウルで 開かれる。

   【보기】　しせいほうしん、じょうやく、しゅのう、さいたく

5. 다음 문장을 해석하시오.
   (1) 法廷では 訴訟ざたが 絶えない。
   (2) 大物政治家が 収賄罪で 起訴された。
   (3) ボスニア内戦を 締めくくるボスニア平和協定の条約を結ぶ。

● **문제 풀이**

2. (1) 主唱(しゅしょう) 주창／主将(しゅしょう) 주장／主情(しゅじょう) 주정
   (2) 正当(せいとう) 정당／聖堂(せいどう) 성당／正答(せいとう) 정답
3. (1) 歳晩(さいばん) 세모／再版(さいはん) 재판／再販(さいはん) 재판
   (2) 十割(じゅうわり) 10할／贈賄(ぞうわい) 증회／醜猥(しゅうわい) 추잡함

☑ **しょうへき （障壁）** Ⓐ 장벽   ¶＝じゃま

りょうこくかん　ながねん
両国間の長年の障壁を　取り除く。
양국간의 오래된 장벽을 제거하다.

☑ **しゅけん （主権）** Ⓐ 주권

くに　　　　　　　　こくみん
わが国の主権は　国民にある。
우리나라의 주권은 국민에게 있다.

☑ **さいけん （債権）** Ⓐ 채권   ¶↔債務(さいむ)

べいこく　　　　　　　　　こ
日本は　米国に　対して　債権国である。
일본은 미국에 대하여 채권국이다.

☑ **しゃっかん （借款）** Ⓐ 차관

かいはつ　しきん　　　　　　せいりつ
開発資金の借款が　成立する。
개발 자금의 차관이 성립하다.

☑ **さんけんぶんりつ （三権分立）** Ⓐ 삼권 분립

りっぽう　ぎょうせい　しほう　きんこう　たも
三権分立により　立法・行政・司法は　均衡を　保つ。
삼권 분립에 의해 입법·행정·사법은 균형을 유지한다.

☑ **じゆうびょうどう （自由平等）** Ⓐ 자유 평등

みんしゅしゅぎ　こっか
韓国は　自由平等な　民主主義の国家である。
한국은 자유 평등한 민주주의 국가이다.

☑ **しょうしゅう （召集）** Ⓐ他 소집

せんきょご　　　りんじこっかい
選挙後に　臨時国会が　召集される。
선거 후에 임시 국회가 소집되다.

☑ **そかく （組閣）** Ⓐ自 조각, 내각을 조직함

しゅしょう　ただ　　　　　　　ちゃくしゅ
首相は　直ちに　組閣に　着手する。
수상은 즉시 내각 조직에 착수하다.

☑ **そうじしょく （総辞職）** Ⓐ自 총사퇴

ないかく　ぎけつ　けっか　　　　　　けつぎ
内閣は　議決の結果　総辞職を　決議した。
내각은 의결 결과 총사퇴를 결의했다.

확인 테스트

1. 다음 한자의 히라가나와 뜻을 쓰시오.

(1) 主権 _____   _____

(2) 借款 _____   _____

(3) 総辞職 _____   _____

2. 다음 낱말의 독음이 다른 것을 고르시오.

(1) 債権   ① 債券   ② 再建   ③ 再現

(2) 召集   ① 小銃   ② 招集   ③ 消臭

(3) 組閣   ① 疎隔   ② 阻隔   ③ 疎外

3. 다음 낱말의 독음이 같은 것을 고르시오.

障壁   ① 障碍   ② 城壁   ③ 牆壁

4. 다음 빈칸에 알맞은 말을 보기에서 골라 써보시오.

(1) 韓国は _____ な 民主主義の 国家である。

(2) _____ により 立法・行政・司法は 均衡を 保つ。

【보기】   さんけんぶんりつ、じゆうびょうどう、しゃっかん

5. 다음 문장을 해석하시오.

(1) わが国の 主権は 国民にある。

(2) 開発資金の 借款が 成立する。

(3) 内閣は 議決の結果 総辞職を 決議した。

● **문제 풀이**

2. (1) 債券 (さいけん) 채권／再建 (さいけん) 재건／再現 (さいげん) 재현

(2) 小銃 (しょうじゅう) 소총 ／ 招集 (しょうしゅう) 소집 ／ 消臭 (しょうしゅう) 소취, 악취를 없앰

(3) 疎隔 (そかく) 소격／阻隔 (そかく) 조격／疎外 (そがい) 소외

3. 障碍 (しょうがい) 장애／城壁 (じょうへき) 성벽／牆壁 (しょうへき) 장벽

☑ **しもん（諮問）** 名他 자문　　　　　　　　　　¶↔答申(とうしん)

諮問機関に 多くの政治家が 集められた。

자문 기관에 많은 정치인이 모였다.

☑ **じょうてい（上程）** 名他 상정

国会に 選挙法改正案の議案が 上程された。

국회에 선거법 개정안의 의안이 상정되었다.

☑ **しじ（支持）** 名他 지지

政府は 国民の支持を つなぎ 留めている。

정부는 국민의 지지를 계속 유지하고 있다.

☑ **さんせい（参政）** 名 참정

20歳以上の人には 参政権が ある。

20세 이상인 사람에게는 참정권이 있다.

☑ **ざいげん（財源）** 名 재원

公共事業の主要財源が とぼしい。

공공사업의 주요 재원이 모자라다.

☑ **さくげん（削減）** 名他 삭감

政府は 今年 予算を 削減することにした。

정부는 올해 예산을 삭감하기로 했다.

☑ **しゅうにん（就任）** 名自 취임　　　　　　　　　¶↔退任(たいにん)

市民の投票を 通して 彼は 市長の職に 就任した。

시민 투표를 통해서 그는 시장직에 취임했다.

☑ **せいじけんきん（政治献金）** 名 정치 헌금

政治家は 財界から 政治献金を 受け取った。

정치가는 재계로부터 정치 헌금을 받았다.

☑ **そうご（相互）** 名 상호

両国間の相互理解は 不可欠である。

양국간의 상호 이해는 불가결이다.

확인 테스트

1. 다음 한자의 히라가나와 뜻을 쓰시오.
   (1) 財源 _____   _____
   (2) 就任 _____   _____

2. 다음 낱말의 독음이 다른 것을 고르시오.
   (1) 諮問   ① 指紋   ② 自問   ③ 試問
   (2) 上程   ① 章程   ② 上帝   ③ 乘艇
   (3) 支持   ① 指示   ② 私事   ③ 時事
   (4) 参政   ① 殘生   ② 酸性   ③ 賛成
   (5) 削減   ① 遡源   ② 節減   ③ 策源

3. 다음 낱말의 독음이 같은 것을 고르시오.
   相互   ① 倉庫   ② 壯語   ③ 造語

4. 다음 빈칸에 알맞은 말을 보기에서 골라 써보시오.
   (1) 公共事業の主要_____ が とぼしい。
   (2) _____ 機関に 多くの 政治人が 集められた。

   【보기】 ざいげん、 さんせい、 しもん、 じょうてい

5. 다음 문장을 해석하시오.
   (1) 20歳以上の人には 参政権が ある。
   (2) 政府は 今年 予算を 削減することにした。

● **문제 풀이**

2. (1) 指紋（しもん）지문／自問（じもん）자문／試問（しもん）시문
   (2) 章程（しょうてい）장정／上帝（じょうてい）상제／乘艇（じょうてい）승정
   (3) 指示（しじ）지시／私事（しじ）사사／時事（じじ）시사
   (4) 殘生（ざんせい）잔생／酸性（さんせい）산성／賛成（さんせい）찬성
   (5) 遡源（さくげん）소원／節減（せつげん）절감／策源（さくげん）책원
3. 倉庫（そうこ）창고／壯語（そうご）장담／造語（ぞうご）조어

☑ **じゅだく（受諾）** 名他 수락 ¶＝承諾(しょうだく)

国務総理は 野党の申し出を 受諾しなかった。

국무총리는 야당의 제의를 수락하지 않았다.

☑ **しえん（支援）** 名他 지원 ¶＝援助(えんじょ)

弱小国家は 強大国から 軍事的支援を 受ける。

약소국가는 강대국으로부터 군사적인 지원을 받는다.

☑ **せんげん（宣言）** 名他 선언

英国からのアメリカ合衆国の独立を 宣言する。

영국으로부터 미국 합중국의 독립을 선언하다.

☑ **さべつ（差別）** 名他 차별 ¶↔平等(びょうどう)

我が国では 不当に男女・人種差別を しない。

우리나라는 부당하게 남녀·인종 차별을 하지 않는다.

☑ **しょうあく（掌握）** 名他 장악

軍部は 武力を 行使して 政権を 掌握した。

군부는 무력을 행사해서 정권을 장악했다.

☑ **せっしょう（折衝）** 名自 절충 ¶＝話し合い(はなしあい)

領土問題の解決には 相手国との外交 折衝を 要する。

영토 문제를 해결하는 데는 상대국과 외교 절충을 요한다.

☑ **しゃくほう（釈放）** 名他 석방 ¶↔拘禁(こうきん)

独裁政権に 抵抗した 政治犯を 大々的に 釈放する。

독재 정권에 저항한 정치범을 대대적으로 석방하다.

☑ **じえい（自衛）** 名自 자위

自衛のための軍備を 整える。

자위를 위한 군대를 갖추다.

☑ **しんこう（親交）** 名 친교

となりの国と 親交を 深める。

이웃나라와 친교를 두텁게 한다.

확인 테스트

1. 다음 한자의 히라가나와 뜻을 쓰시오.

  (1) 釈放   _____   _____

  (2) 掌握   _____   _____

  (3) 受諾   _____   _____

2. 다음 낱말의 독음이 다른 것을 고르시오.

  (1) 支援   ① 声援   ② 私怨   ③ 試演

  (2) 宣言   ① 千言   ② 選言   ③ 先見

  (3) 折衝   ① 絶勝   ② 殺生   ③ 摂政

  (4) 親交   ① 信仰   ② 進行   ③ 信号

3. 다음 낱말의 독음이 같은 것을 고르시오.

  自衛   ① 市営   ② 私営   ③ 自営

4. 다음 빈칸에 알맞은 말을 보기에서 골라 써보시오.

  (1) となりの国と _____ を 深める。

  (2) 我が国では 不当に 男女・人種 _____ を しない。

  ┌──┐
  │ 【보기】 しょうあく、さべつ、はなしあい、しんこう │
  └──┘

5. 다음 문장을 해석하시오.

  (1) 軍部は 武力を 行使して 政権を 掌握した。

  (2) 英国からのアメリカ合衆国の独立を 宣言する。

  (3) 領土問題の解決には 相手国との外交 折衝を 要する。

● **문제 풀이**

2. (1) 声援(せいえん) 성원／私怨(しえん) 사원(개인적 원한)／試演(しえん) 시연
    (2) 千言(せんげん) 천언／選言(せんげん) 선언／先見(せんけん) 선견
    (3) 絶勝(ぜっしょう) 절승／殺生(せっしょう) 살생／摂政(せっしょう) 섭정
    (4) 信仰(しんこう) 신앙／進行(しんこう) 진행／信号(しんごう) 신호
3. 市営(しえい) 시영／私営(しえい) 사영／自営(じえい) 자영

☐ **しんりゃく（侵略）** 名他 침략

侵略的行為は 二度と繰り返してはならない。

침략적 행위는 두번 다시 일어나서는 안된다.

☐ **しんたく（信託）** 名他 신탁

この島は 国連の信託統治領域である。

이 섬은 유엔의 신탁 통치령이다.

☐ **しき（指揮）** 名他 지휘   ¶＝さしず

大統領が 軍事 指揮権を 発動する。

대통령이 군사 지휘권을 발동하다.

☐ **せんとう（戦闘）** 名自 전투   ¶＝戦い(たたかい)

内乱に 乗じて はげしい 戦闘状態に 入る。

내란을 틈타 치열한 전투 상태에 들어가다.

☐ **ていけつ（締結）** 名他 체결

国連で 漁業協定が 締結された。

유엔에서 어업 협정이 체결되었다.

☐ **たいし（大使）** 名 대사

外国為替管理法に 違反したので 大使が 本国に 召還された。

외환관리법을 위반했기 때문에 대사가 본국에 소환되었다.

☐ **どくさいせいじ（独裁政治）** 名 독재 정치

独裁政治が 終わり、複数政党制が 実現した。

독재 정치가 끝나고 복수 정당제가 실현되었다.

☐ **たいじん（退陣）** 名自 퇴진

野党は 内閣に 退陣を 迫っている。

야당은 내각에 퇴진을 요구하고 있다.

☐ **ちんじょう（陳情）** 名他 진정

法案の撤回のため 政府に 陳情書を 提出する。

법안 철회를 위해 정부에 진정서를 제출하다.

확인 테스트

1. 다음 한자의 히라가나와 뜻을 쓰시오.

(1) 退陣 _____ _____

(2) 独裁政治 _____ _____

2. 다음 낱말의 독음이 다른 것을 고르시오.

(1) 信託   ① 請託   ② 神託   ③ 新宅

(2) 指揮   ① 史記   ② 時期   ③ 四季

(3) 戦闘   ① 船灯   ② 先頭   ③ 先導

(4) 大使   ① 太子   ② 大志   ③ 大師

3. 다음 낱말의 독음이 같은 것을 고르시오.

(1) 締結   ① 団結   ② 貞潔   ③ 低減

(2) 陳情   ① 陳套   ② 陳状   ③ 沈鐘

4. 다음 빈칸에 알맞은 말을 보기에서 골라 써보시오.

(1) 国連で 漁業協定が _____ された。

(2) 法案の 撤回のため 政府に _____ 書を 提出する。

【보기】 ていけつ、たいじん、ちんじょう、しんりゃく

5. 다음 문장을 해석하시오.

(1) 大統領が 軍事 指揮権を 発動する

(2) 独裁政治が 終わり、複数政党制が 実現した。

● **문제 풀이** ━━━━━━━━━━━━━━━━━━━━━━━━━━━━━━━━━

2. (1) 請託(せいたく) 청탁／神託(しんたく) 신탁／新宅(しんたく) 새 집

(2) 史記(しき) 사기／時期(じき) 시기／四季(しき) 사계

(3) 船灯(せんとう) 선등／先頭(せんとう) 선두／先導(せんどう) 선도

(4) 太子(たいし) 태자／大志(たいし) 대지(큰 뜻)／大師(だいし) 대사

3. (1) 団結(だんけつ) 단결／貞潔(ていけつ) 정결／低減(ていげん) 저감

(2) 陳套(ちんとう) 진부(陳腐)／陳状(ちんじょう) 진상／沈鐘(ちんしょう) 침종

☑ **ちほう（地方）** 名 지방

わが国でも 地方自治制が 行われている。

우리나라에도 지방자치제가 실시되고 있다.

☑ **ちょうえき（懲役）** 名 징역　　　　　　　¶＝苦役(こえき)

軍事反乱軍が 無期懲役に 処せられた。

군사 반란군이 무기 징역에 처해졌다.

☑ **たきょく（多極）** 名 다극

世界は 多極化へ 向かっている。

세계는 다극화로 향하고 있다.

☑ **ちあん（治安）** 名 치안

ソウルは 治安の良い都市と いわれた。

서울은 치안이 잘된 도시로 알려졌다.

☑ **ちゅうさい（仲裁）** 名他 중재　　　　　　¶＝調停(ちょうてい)

裁判が 仲裁の労を 執る。

재판이 중재의 역할을 맡다.

☑ **だんぜつ（断絶）** 名自他 단절

政治家と 庶民の断絶は 強まっている。

정치가와 서민의 단절은 깊어지고 있다.

☑ **とっけんかいきゅう（特権階級）** 名 특권 계급

中東では 特権階級による 政治が 行われてきた。

중동에서는 특권 계급에 의한 정치가 행해져 왔다.

☑ **とういつ（統一）** 名他 통일　　　　　　¶↔分裂(ぶんれつ)

南北統一のために 民間使節を 送る。

남북 통일을 위해 민간 사절을 보내다.

☑ **どくりつ（独立）** 名自 독립

外国の支配から 脱して 独立宣言を する。

외국의 지배에서 벗어나 독립 선언을 하다.

확인 테스트

1. 다음 한자의 히라가나와 뜻을 쓰시오.

(1) 独立 ＿＿＿＿＿＿＿＿＿   ＿＿＿＿＿＿＿＿＿

(2) 断絶 ＿＿＿＿＿＿＿＿＿   ＿＿＿＿＿＿＿＿＿

(3) 統一 ＿＿＿＿＿＿＿＿＿   ＿＿＿＿＿＿＿＿＿

(4) 仲裁 ＿＿＿＿＿＿＿＿＿   ＿＿＿＿＿＿＿＿＿

(5) 治安 ＿＿＿＿＿＿＿＿＿

2. 다음 낱말의 독음이 같은 것을 고르시오.

(1) 地方   ① 痴呆   ② 知謀   ③ 地歩

(2) 懲役   ① 適役   ② 超越   ③ 腸液

3. 다음 빈칸에 알맞은 말을 보기에서 골라 써보시오.

(1) 裁判が ＿＿＿＿＿＿ の労を 執る。

(2) 世界は ＿＿＿＿＿＿ 化へ 向かっている。

(3) 軍事反乱軍が 無期 ＿＿＿＿＿＿ に 処せられた。

(4) 中東では ＿＿＿＿＿＿ による 政治が 行われてきた。

> 【보기】　とっけんかいきゅう、だんぜつ、ちゅうさい、
>
> たきょく、ちょうえき、ちょうえき

4. 다음 문장을 해석하시오.

(1) 南北統一のために 民間使節を 送る。

(2) 政治家と 庶民の断絶は 強まっている。

(3) ソウルは 治安の良い都市と いわれた。

(4) わが国でも 地方自治制が 行われている。

● **문제 풀이**

2. (1) 痴呆（ちほう）치매／知謀（ちぼう）지모／地歩（ちほ）지보, 지반, 입장

(2) 適役（てきやく）적역／超越（ちょうえつ）초월／腸液（ちょうえき）장액

☑ **てっぱい（撤廃）** 名他 철폐

　旧来の人種差別は 撤廃された。

　구래의 인종 차별은 철폐되었다.

☑ **ていこう（抵抗）** 名自 저항　　　　　　　　¶＝反抗(はんこう)

　強大国は 弱小国家の抵抗を 受けずに 占領した。

　강대국은 약소국가의 저항을 받지 않고 점령했다.

☑ **ていせん（停戦）** 名自 정전　　　　　　　　¶＝休戦(きゅうせん)

　講和のために 両軍は 停戦した。

　강화를 위해 양군은 정전했다.

☑ **てったい（撤退）** 名自 철퇴　　　　　　　　¶＝撤収(てっしゅう)

　軍隊は きのう 前線基地を 全員 撤退した。

　군대가 어제 전선 기지를 전원 철퇴했다.

☑ **にんき（任期）** 名 임기

　国会で 制定した 参議院の任期は 6年だ。

　국회에서 제정된 참의원의 임기는 6년이다.

☑ **ないかく（内閣）** 名 내각

　内閣不信任案を 提出する。

　내각 불신임안을 제출하다.

☑ **なんみん（難民）** 名 난민

　戦禍を 逃れて 避難所に 難民が ごった返している。

　전화를 벗어나서 피난소에 난민이 북적거리고 있다.

☑ **にいんせい（二院制）** 名 2원제

　日本の国会では 二院制が 採用されている。

　일본의 국회에서는 2원제가 채용되고 있다.

☑ **にんめい（任命）** 名他 임명

　駐英大使に 任命する。

　주영 대사에 임명하다.

확인 테스트

1. 다음 한자의 히라가나와 뜻을 쓰시오.

(1) 難民 　＿＿＿＿＿　　　＿＿＿＿＿

(2) 任命 　＿＿＿＿＿　　　＿＿＿＿＿

(3) 徹廃 　＿＿＿＿＿　　　＿＿＿＿＿

(4) 撤退 　＿＿＿＿＿　　　＿＿＿＿＿

2. 다음 낱말의 독음이 다른 것을 고르시오.

(1) 停戦　　① 汀線　　② 停船　　③ 庭前

(2) 内閣　　① 内観　　② 内角　　③ 内郭

3. 다음 낱말의 독음이 같은 것을 고르시오.

(1) 抵抗　　① 帝号　　② 定稿　　③ 帝国

(2) 任期　　① 人気　　② 認可　　③ 忍苦

4. 다음 빈칸에 알맞은 말을 보기에서 골라 써보시오.

(1) 日本の国会では ＿＿＿＿＿ が 採用されている。

(2) 軍隊は きのう 前線基地を 全員 ＿＿＿＿＿ した。

> 【보기】　ていこう、てったい、にいんせい、にんめい

5. 다음 문장을 해석하시오.

(1) 駐英大使に 任命する。

(2) 旧来の人種差別は 撤廃された。

(3) 戦禍を 逃れて 避難所に 難民が ごった返している。

● **문제 풀이**

2. (1) 汀線(ていせん) 정선／停船(ていせん) 정선／庭前(てんぜん) 뜰 앞

　　(2) 内観(ないかん) 내관／内角(ないかく) 내각／内郭(ないかく) 내곽

3. (1) 帝号(ていごう) 제호／定稿(ていこう) 정고／帝国(ていこく) 제국

　　(2) 人気(にんき) 인기／認可(にんか) 인가／忍苦(にんく) 인고

☑ **ほうりつ（法律）** 名 법률

その行為は 法律で 禁じられている。

그 행위는 법률로 금지되어 있다.

☑ **ほしゅ（保守）** 名 보수　　　　　　　　　¶↔革新(かくしん)

保守政党が 10年に わたって 政権を 維持している。

보수 정당이 10년에 걸쳐 정권을 유지하고 있다.

☑ **はばつ（派閥）** 名 파벌

あの政党には 派閥争いが 起っている。

저 정당에는 파벌 싸움이 일어나고 있다.

☑ **はけん（派遣）** 名他 파견

中東に 平和維持軍を 派遣する。

중동에 평화유지군을 파견하다.

☑ **ぼうえい（防衛）** 名他 방위　　　　　　　¶＝防御(ぼうぎょ)

防衛の態勢が 整う。

방위 태세가 갖추어지다.

☑ **ぶりょく（武力）** 名 무력　　　　　　　　¶＝兵力(へいりょく)

敵の攻撃に 対して 武力を 行使する。

적의 공격에 대해 무력을 행사하다.

☑ **ふんそう（紛争）** 名自 분쟁　　　　　　¶＝もめごと

国際間の紛争が 終結する。

국제간의 분쟁이 종결되다.

☑ **ほせいよさん（補正予算）** 名 보정 예산 (추가 경정 예산)

政府は 5兆円の補正予算を 組んだ。

정부는 5조 엔 추가 경정 예산을 짰다.

☑ **ふどうひょう（浮動票）** 名 부동표　¶↔固定票(こていひょう)

候補者は 浮動票獲得を 狙う。

후보자는 부동표 획득을 노린다.

확인 테스트

1. 다음 한자의 히라가나와 뜻을 쓰시오.

(1) 武力 _____ _____

(2) 法律 _____ _____

(3) 派閥 _____ _____

(4) 防衛 _____ _____

(5) 浮動票 _____ _____

2. 다음 낱말의 독음이 같은 것을 고르시오.

(1) 保守   ① 補修   ② 捕手   ③ 留守

(2) 派遣   ① 分遣   ② 馬券   ③ 覇権

(3) 紛争   ① 扮装   ② 文藻   ③ 分速

3. 다음 빈칸에 알맞은 말을 보기에서 골라 써보시오.

(1) _____ の態勢が 整う。

(2) 候補者は _____ 獲得を 狙う。

(3) 政府は 5兆円の _____ を 組んだ。

【보기】   ほうりつ、ほせいよさん、ぼうえい、ふどうひょう

4. 다음 문장을 해석하시오.

(1) 国際間の紛争が 終結する。

(2) その行為は 法律で 禁じられている。

(3) 敵の攻撃に 対して 武力を 行使する。

(4) あの政党には 派閥争いが 起っている。

● **문제 풀이**

2. (1) 補修(ほしゅう) 보수／捕手(ほしゅ) 포수／留守(るす) 부재중
   (2) 分遣(ぶんけん) 분견／馬券(ばけん) 마권／覇権(はけん) 패권
   (3) 扮装(ふんそう) 분장／文藻(ぶんそう) 문조／分速(ふんそく) 분속

☑ **ばっぽんてき （抜本的）** 形動 발본적

政府は 不正選挙の 抜本的対策を 立てる。

정부는 부정 선거의 발본적 대책을 세우다.

☑ **ばいしょう （賠償）** 名他 배상

国家に 対して 損害賠償を 要求する。

국가를 상대로 손해 배상을 요구하다.

☑ **ひょうめい （表明）** 名他 표명

外交に関する 基本的見解を 表明した。

외교에 관한 기본적 견해를 표명했다.

☑ **はけん （覇権）** 名 패권　　　　　　　¶＝支配権(しはいけん)

今や 国際政治で 覇権主義の 時代は 終わった。

바야흐로 국제 정치에서 패권주의 시대는 끝났다.

☑ **ぼうどう （暴動）** 名 폭동

軍事政権に 立ち向かって 民衆が 暴動を 起こす。

군사 정권에 대항하여 민중이 폭동을 일으키다.

☑ **ばくはつ （爆発）** 名自 폭발

国民は ついに 怒りを 爆発させた。

국민은 마침내 분노를 폭발시켰다.

☑ **へいえき （兵役）** 名 병역

わが国には 兵役の義務が ある。

우리나라에는 병역의 의무가 있다.

☑ **はへい （派兵）** 名自他 파병

アメリカは 再度、紛争地域に 派兵した。

미국은 다시 분쟁 지역에 파병했다.

☑ **ぼうぎょ （防御）** 名他 방어　　　　　¶↔攻撃(こうげき)

戦争で 最大の防御は 攻撃なり。

전쟁에서 최대의 방어는 공격이다.

확인 테스트

1. 다음 한자의 히라가나와 뜻을 쓰시오.

(1) 表明　＿＿＿＿＿＿＿　　　　　＿＿＿＿＿＿＿

(2) 暴動　＿＿＿＿＿＿＿　　　　　＿＿＿＿＿＿＿

(3) 派兵　＿＿＿＿＿＿＿　　　　　＿＿＿＿＿＿＿

(4) 防御　＿＿＿＿＿＿＿　　　　　＿＿＿＿＿＿＿

(5) 兵役　＿＿＿＿＿＿＿　　　　　＿＿＿＿＿＿＿

(6) 覇権　＿＿＿＿＿＿＿　　　　　＿＿＿＿＿＿＿

2. 다음 낱말의 독음이 같은 것을 고르시오.

賠償　　　　　① 敗色　　　　② 陪乗　　　　③ 売笑

3. 다음 빈칸에 알맞은 말을 보기에서 골라 써보시오.

(1) 戦争で 最大の ＿＿＿＿＿＿＿ は 攻撃なり。

(2) 国民は ついに 怒りを ＿＿＿＿＿＿＿ させた。

(3) 国家に 対して 損害＿＿＿＿＿＿＿ を 要求する。

(4) 今や 国際政治で ＿＿＿＿＿＿＿ 主義の時代は 終わった。

> **【보기】**　ばくはつ、ひょうめい、はへい、はけん、
> 　　　　　ばっぽんてき、ばいしょう、ぼうぎょ

4. 다음 문장을 해석하시오.

(1) わが国には 兵役の義務が ある。

(2) 外交に関する 基本的見解を 表明した。

(3) 政府は 不正選挙の抜本的対策を 立てる。

(4) 軍事政権に 立ち向かって 民衆が 暴動を 起こす。

● **문제 풀이**
2. 敗色 (はいしょく) 패색／陪乗 (ばいじょう) 배승／売笑 (ばいしょう) 매춘

☑ **ほりょ（捕虜）** 🅰 포로　　　　　　　　　　¶＝俘虜(ふりょ)、とりこ

ㅣ 戦に 負けて 敵の捕虜になる。
ㅣ 싸움에 져서 적의 포로가 되다.

☑ **ふうさ（封鎖）** 🅰🅣 봉쇄　　　　　　　　　　¶↔開放(かいほう)

ㅣ 越境して 逃亡する人が 多いので 国境を 封鎖する。
ㅣ 경계를 넘어 도망치는 사람이 많아서 국경을 봉쇄하다.

☑ **ひのて（火の手）** 🅰 불길, 기세

ㅣ 政府攻撃の火の手は いよいよ 盛んになった。
ㅣ 정부 공격의 기세는 더욱 치열해졌다.

☑ **ゆうけん（有権）** 🅰 유권

ㅣ この村の有権者は 七百人だ。
ㅣ 이 마을의 유권자는 700명이다.

☑ **よさん（予算）** 🅰 예산

ㅣ 定期国会で 補正予算を 立てる。
ㅣ 정기 국회에서 추가 경정 예산을 세우다.

☑ **よとう（与党）** 🅰 여당　　　　　　　　　　¶↔野党(やとう)

ㅣ 与党とは 政権を 握っている 政党のことを いう。
ㅣ 여당이란 정권을 잡고 있는 정당을 말한다.

☑ **よろん（与論）** 🅰 여론　　　　　　　　　　¶＝世論(せろん)

ㅣ 政府の外交政策に ついて 与論の動向を 把握する。
ㅣ 정부의 외교정책에 대하여 여론의 동향을 파악하다.

☑ **やくわり（役割）** 🅰 역할, 배역

ㅣ 党の総裁は 指導的役割を 演ずる。
ㅣ 당의 총재는 지도적 역할을 한다.

☑ **やくしょ（役所）** 🅰 관청, 관공서　　　　¶＝官庁(かんちょう)

ㅣ 役所の用向きで 出張する。
ㅣ 관청의 용무로 출장가다.

확인 테스트

1. 다음 한자의 히라가나와 뜻을 쓰시오.

(1) 封鎖 _____   _____

(2) 役割 _____   _____

(3) 捕虜 _____   _____

(4) 火の手 _____   _____

2. 다음 낱말의 독음이 다른 것을 고르시오.

(1) 有権   ① 雄健   ② 郵券   ③ 有限

(2) 与党   ① 余毒   ② 余党   ③ 夜盗

3. 다음 낱말의 독음이 같은 것을 고르시오.

役所   ① 役職   ② 躍如   ③ 訳書

4. 다음 빈칸에 알맞은 말을 보기에서 골라 써보시오.

(1) 定期国会で 補正_____ を 立てる。

(2) 政府の外交政策に ついて _____ の動向を 把握する。

(3) 越境して 逃亡する人が 多いので 国境を _____ する。

【보기】 よろん、ふうさ、よとう、ゆうけん、よさん

5. 다음 문장을 해석하시오.

(1) 戦に 負けて 敵の捕虜になる。

(2) 党の総裁は 指導的役割を 演ずる。

(3) 与党とは 政権を 握っている 政党のことを いう。

(4) 政府攻撃の火の手は いよいよ 盛んになった。

● 문제 풀이

2. (1) 雄健(ゆうけん) 웅건／郵券(ゆうけん) 우표／有限(ゆうげん) 유한

(2) 余毒(よどく) 여독／余党(よとう) 잔당／夜盗(よとう) 야도

3. 役職(やくしょく) 담당 임무／躍如(やくじょ) 또렷함／訳書(やくしょ) 역서

☑ **ゆうこう（友好）** 名 우호

友邦に 友好的な 態度を 保つ。

우방에 우호적인 태도를 유지하다.

☑ **よくし（抑止）** 名他 억지 ¶ ＝抑制(よくせい)

北韓軍の 戦争進行を 抑止する。

북한군의 전쟁 진행을 억지하다.

☑ **ようげき（邀撃）** 名自 요격 ¶ ＝迎撃(げいげき)

戦闘機を ミサイルで 邀撃する。

전투기를 미사일로 요격하다.

☑ **りゅうにん（留任）** 名自 유임 ¶ ↔辞任(じにん)

内閣が 変っても 外相は 留任する。

내각이 바뀌어도 외상은 유임한다.

☑ **りゅうざん（流産）** 名自 유산 (계획 등이 중도에서 틀어짐)

法案は 国会に 提出されたが 流産した。

법안은 국회에 제출되었으나 유산되고 말았다.

☑ **れきにん（歴任）** 名他 역임

彼は 各種の委員を 歴任した。

그는 각종 위원을 역임했다.

☑ **れきほう（歴訪）** 名他 역방, 순방

大統領が 世界各国を 歴訪した。

대통령이 세계 **여러** 나라를 순방했다.

☑ **れっきょう（列強）** 名 열강

わが国も 世界の列強に 伍する。

우리나라도 세계의 열강에 끼다.

☑ **れっせい（劣勢）** 名形動 열세 ¶ ↔優勢(ゆうせい)

劣勢な 兵力を 挽回する。

열세한 병력을 만회하다.

확인 테스트

1. 다음 한자의 히라가나와 뜻을 쓰시오.

(1) 歴任 ＿＿＿＿＿＿＿＿   ＿＿＿＿＿＿＿＿

(2) 抑止 ＿＿＿＿＿＿＿＿   ＿＿＿＿＿＿＿＿

(3) 列強 ＿＿＿＿＿＿＿＿   ＿＿＿＿＿＿＿＿

(4) 留任 ＿＿＿＿＿＿＿＿   ＿＿＿＿＿＿＿＿

2. 다음 낱말의 독음이 다른 것을 고르시오.

友好   ① 有功   ② 融合   ③ 有効

3. 다음 낱말의 독음이 같은 것을 고르시오.

(1) 邀撃   ① 用件   ② 要撃   ③ 養鶏

(2) 流産   ① 流竄   ② 硫酸   ③ 流砂

4. 다음 빈칸에 알맞은 말을 보기에서 골라 써보시오.

(1) 北韓軍の戦争進行を ＿＿＿＿＿＿する。

(2) 大統領が 世界諸国を ＿＿＿＿＿＿した。

(3) 友邦に ＿＿＿＿＿的な 態度を 保つ。

【보기】　よくし、れっせい、れきほう、ようげき、ゆうこう

5. 다음 문장을 해석하시오.

(1) 劣勢な 兵力を 挽回する。

(2) わが国も 世界の列強に 伍する。

(3) 内閣が 変っても 外相は 留任する。

● **문제 풀이**

2. 有功(ゆうこう) 유공／融合(ゆうごう) 융합／有効(ゆうこう) 유효

3. (1) 用件(ようけん) 용건／要撃(ようげき) 요격／養鶏(ようけい) 양계

(2) 流竄(りゅうざん) 유 찬, 방랑／硫酸(りゅうさん) 황산／流砂(りゅうしゃ) 유사

3. 경제・산업

☑ **いそん（依存）** 名自 의존　　　　　　　　¶ ＝いぞん

　　原料を 海外に 依存する。
　　<ruby>原料<rt>げんりょう</rt></ruby>を <ruby>海外<rt>かいがい</rt></ruby>に 依存する。

　　원료를 해외에 의존하다.

☑ **いじょう（委譲）** 名他 위양

　　<ruby>所有権<rt>しょゆうけん</rt></ruby>を <ruby>後継者<rt>こうけいしゃ</rt></ruby>に 委譲する。

　　소유권을 후계자에게 위양하다.

☑ **いもの（鋳物）** 名 주물　　　　　　　　¶ ↔打ち物(うちもの)

　　<ruby>鋳物<rt>こうじょう</rt></ruby>工場は ほとんどが <ruby>零細企業<rt>れいさいきぎょう</rt></ruby>である。

　　주물 공장은 거의가 영세 기업이다.

☑ **うりこむ（売り込む）** 他 팔아넘기다　　　　¶ ＝うりつける

　　<ruby>企業<rt>きぎょう</rt></ruby><ruby>秘密<rt>ひみつ</rt></ruby>を <ruby>他<rt>ほか</rt></ruby>の <ruby>会社<rt>かいしゃ</rt></ruby>に 売り込む。

　　기업 기밀을 다른 회사에 팔아넘기다.

☑ **うわね（上値）** 名 높은 시세　　　　　　¶ ↔下値(したね)

　　<ruby>今日<rt>きょう</rt></ruby>は <ruby>十<rt>じっ</rt></ruby>パーセントの 上値だ。

　　오늘은 〈시세가〉 10％ 높다.

☑ **おろしうり（卸売）** 名 도매　　　　　　　¶ ↔小売(こうり)

　　<ruby>卸売<rt>しじょう</rt></ruby>市場で <ruby>品物<rt>しなもの</rt></ruby>を <ruby>買<rt>か</rt></ruby>う。

　　도매 시장에서 물건을 사다.

☑ **うめあわせる（埋め合わせる）** 他 벌충하다

　　<ruby>収入<rt>しゅうにゅう</rt></ruby>の <ruby>減少<rt>げんしょう</rt></ruby>を <ruby>内職<rt>ないしょく</rt></ruby>で 埋め合わせる。

　　수입의 감소를 부업으로 벌충하다.

☑ **きょうごう（競合）** 名自 경합

　　<ruby>類似<rt>るいじ</rt></ruby><ruby>製品<rt>せいひん</rt></ruby>が <ruby>市場<rt>しじょう</rt></ruby>で 競合している。

　　유사 제품이 시장에서 경합하고 있다.

확인 테스트

1. 다음 한자의 히라가나와 뜻을 쓰시오.

　(1) 上値　_____　_____

　(2) 鋳物　_____　_____

　(3) 依存　_____　_____

　(4) 卸売　_____　_____

　(5) 売り込む　_____

2. 다음 낱말의 독음이 다른 것을 고르시오.

　(1) 委譲　　　① 以上　　　② 異常　　　③ 衣装

　(2) 競合　　　① 強豪　　　② 校合　　　③ 強硬

3. 다음 빈칸에 알맞은 말을 보기에서 골라 써보시오.

　(1) 所有権を 後継者に _____する。

　(2) 今日は 十パーセントの _____だ。

　(3) 類似製品が 市場で _____している。

　(4) _____工場は ほとんどが 零細企業である。

> 【보기】　いぞん、いじょう、うりこむ、きょうごう、
> 　　　　　いもの、うめあわせる、うわね

4. 다음 문장을 해석하시오.

　(1) 原料を 海外に 依存する。

　(2) **卸売市場で 品物を 買う。**

　(3) 収入の減少を 内職で 埋め合わせる。

　(4) 企業秘密を 他の会社に 売り込む。

● **문제 풀이**

2.　(1) 以上 (いじょう) 이상／異常 (いじょう) 이상／衣装 (いしょう) 의상

　　(2) 強豪 (きょうごう) 강호／校合 (きょうごう) 교합／強硬 (きょうこう) 강경

경제 · 산업　**3**

☐ **かいひ （会費）** ⓝ 회비

  講習会の会費は 実費だけでいい。

  강습회의 회비는 실비만으로 좋다.

☐ **こうさい （公債）** ⓝ 공채   ¶ ↔私債(しさい)

  国家が 公債を 発行する。

  국가가 공채를 발행하다.

☐ **かいうける （買い受ける）** ⓣ 매수하다 ¶ ↔受け渡す(うけわたす)

  人の不用品を 買い受ける。

  남의 불용품을 사들이다.

☐ **けいざい （経済）** ⓝ 경제

  自炊のほうが よほど 経済的だ。

  자취하는 편이 훨씬 경제적이다.

☐ **きぎょう （企業）** ⓝ 기업

  不況に 追い込まれて 企業倒産が 相次ぐ。

  불황이 닥쳐서 기업 도산이 잇따르다.

☐ **けいえい （経営）** ⓝⓣ 경영

  資金難に あえいで 極度の経営不振に さらされる。

  자금난에 허덕여 극도의 경영 부진에 빠지다.

☐ **こくみんそうせいさん （国民総生産）** ⓝ 국민총생산(GNP)

  日本の国民総生産は 世界の15%を 占める。

  일본의 국민 총생산은 세계의 15%를 차지한다.

☐ **こくさい （国債）** ⓝ 국채

  政府が 国債証券を 発行する。

  정부가 국채 증권을 발행한다.

☐ **こうてい （工程）** ⓝ 공정

  いろいろな 生産工程を 経る。

  여러 가지 생산 공정을 거치다.

확인 테스트

1. 다음 한자의 히라가나와 뜻을 쓰시오.

　(1) 経済　　_____　　_____

　(2) 総生産　_____　　_____

2. 다음 낱말의 독음이 다른 것을 고르시오.

(1) 会費	① 外被	② 回避	③ 開披
(2) 公債	① 交際	② 光彩	③ 工作
(3) 企業	① 義侠	② 起業	③ 機業
(4) 経営	① 継泳	② 敬遠	③ 警衛
(5) 国債	① 公債	② 国際	③ 告祭
(6) 工程	① 公定	② 公邸	③ 公的

3. 다음 빈칸에 알맞은 말을 보기에서 골라 써보시오.

　(1) 政府が _____ 証券を 発行する。

　(2) いろいろな 生産 _____ を 経る。

　(3) **不況に 追い込まれて** _____ 倒産が 相次ぐ。

> 【보기】　きぎょう、うけわたす、こくさい、
> 　　　　 かいうける、こうてい、こうさい

4. 다음 문장을 해석하시오.

　(1) 自炊のほうが よほど **経済的だ**。

　(2) 講習会の会費は 実費だけでいい。

● **문제 풀이**

2.　(1) 外被 (がいひ) 외피／回避 (かいひ) 회피／開披 (かいひ) 개봉(開封)
　　(2) 交際 (こうさい) 교제／光彩 (こうさい) 광채／工作 (こうさく) 공작
　　(3) 義侠 (ぎきょう) 의협／起業 (きぎょう) 기업／機業 (きぎょう) 방직업
　　(4) 継泳 (けいえい) 계영／敬遠 (けいえん) 경원／警衛 (けいえい) 경호
　　(5) 公債 (こうさい) 공채／国際 (こくさい) 국제／告祭 (こくさい) 고제
　　(6) 公定 (こうてい) 공정／公邸 (こうてい) 공저／公的 (こうてき) 공적

☑ **こうちょう （好調）** 形動 호조, 순조로움   ¶↔不調(ふちょう)

事業の好調な 滑り出しを 予告する。

사업의 순조로운 출발을 예고하다.

☑ **こうきょう （好況）** 名 호황   ¶↔不況(ふきょう)

市場の経済は 好況を 呈する。

시장 경제는 호황을 나타내다.

☑ **けいき （景気）** 名 경기

サービス業は オリンピックで 大変な 好景気だ。

서비스업은 올림픽으로 대단한 호경기다.

☑ **かんわ （緩和）** 名自他 완화

外国からの 原資材の輸入制限を 緩和する。

외국으로부터 원자재의 수입 제한을 완화하다.

☑ **きょうこう （恐慌）** 名 공황

株価の暴落を 契機として 恐慌が 起る。

주가의 폭락을 계기로 해서 공황이 일어나다.

☑ **かみはんき （上半期）** 名 상반기   ¶↔下半期(しもはんき)

上半期決算では 自動車関連は 不調だ。

상반기 결산에서는 자동차 관련은 순조롭지 못하다.

☑ **かわせ （為替）** 名 환(換)

国際慣例に よって 外国へ 為替で 送金する。

국제 관례에 따라 외국에 환으로 송금하다.

☑ **きんゆう （金融）** 名 금융   ¶＝金繰り(かねぐり)

不景気で 金融が 逼迫する。

불경기로 금융이 핍박하다.

☑ **かんぜい （関税）** 名 관세

関税および 貿易に関する 一般協定を 履行する。

관세 및 무역에 관한 일반 협정을 이행하다.

확인 테스트

1. 다음 한자의 히라가나와 뜻을 쓰시오.

(1) 関税　　＿＿＿＿＿　　　　＿＿＿＿＿

(2) 金融　　＿＿＿＿＿　　　　＿＿＿＿＿

(3) 為替　　＿＿＿＿＿　　　　＿＿＿＿＿

(4) 上半期　＿＿＿＿＿　　　　＿＿＿＿＿

2. 다음 낱말의 독음이 다른 것을 고르시오.

(1) 好調　　① 合調　　　② 高調　　　③ 紅潮

(2) 好況　　① 公共　　　② 交響　　　③ 興行

(3) 景気　　① 契機　　　② 芸妓　　　③ 計器

(4) 緩和　　① 協和　　　② 閑話　　　③ 漢和

(5) 恐慌　　① 強攻　　　② 競合　　　③ 強硬

3. 다음 빈칸에 알맞은 말을 보기에서 골라 써보시오.

(1) 国際慣例に よって 外国へ ＿＿＿＿＿ で 送金する。

(2) ＿＿＿＿＿ および 貿易に関する 一般協定を 履行する。

> 【보기】　こうきょう、かわせ、かんぜい、かみはんき

4. 다음 문장을 해석하시오.

(1) 事業の好調な 滑り出しを 予告する。

(2) 株価の暴落を 契機として 恐慌が 起る。

(3) サービス業は オリンピックで 大変な 好景気だ。

● **문제 풀이**

2. (1) 合調 (ごうちょう) 합조／高調 (こうちょう) 고조／紅潮 (こうちょう) 홍조

(2) 公共 (こうきょう) 공공／交響 (こうきょう) 교향／興行 (こうぎょう) 흥행

(3) 契機 (けいき) 계기／芸妓 (げいぎ) 예기／計器 (けいき) 계기

(4) 協和 (きょうわ) 협화／閑話 (かんわ) 한담 (閑談)／漢和 (かんわ) 한화

(5) 強攻 (きょうこう) 강공／競合 (きょうごう) 경합／強硬 (きょうこう) 강경

☑ **がっぺい（合併）** ⓝ ⓘ ⓣ 합병　　　　　¶＝併合(へいごう)

> 二つの銀行が 合併する。
> 두 은행이 합병하다.

☑ **かかく（価格）** ⓝ 가격　　　　　　　　¶＝ねだん

> 市場は 価格を 統制する。
> 시장은 가격을 통제한다.

☑ **こうさく（工作）** ⓝ 공사, 공작

> 橋の補強工作を する。
> 다리의 보강 공사를 하다.

☑ **こうふん（公憤）** ⓝ 공분　　　　　　　¶↔私憤(しふん)

> 税制の不公平に 公憤を 覚える。
> 불공평한 세제로 공분을 느끼다.

☑ **けいさん（計算）** ⓝ ⓣ 계산

> コンピューターで 売り上げを 計算する。
> 컴퓨터로 매상고를 계산하다.

☑ **けいじょう（計上）** ⓝ ⓣ 계상

> 家計の中に 慶弔費を 計上する。
> 가계비 안에 경조비를 계상하다.

☑ **かちょうきん（課徴金）** ⓝ 과징금

> 輸入品に 10パーセントの課徴金を 課する。
> 수입품에 10퍼센트의 과징금을 과하다.

☑ **かへい（貨幣）** ⓝ 화폐　　　　　　　　¶＝おかね

> その貨幣は どこでも 通用する。
> 그 화폐는 어디나 통용된다.

☑ **ぎょうむ（業務）** ⓝ 업무

> そのキャリアウーマンは 自分の業務を 忠実に 行う。
> 그 캐리우먼은 자신의 업무를 충실히 이행한다.

확인 테스트

1. 다음 한자의 히라가나와 뜻을 쓰시오.

(1) 合併　　────────────　　────────────

(2) 業務　　────────────　　────────────

(3) 貨幣　　────────────　　────────────

2. 다음 낱말의 독음이 다른 것을 고르시오.

(1) 価格　　① 過客　　② 花客　　③ 化学

(2) 工作　　① 耕作　　② 高察　　③ 交錯

(3) 公憤　　① 公文　　② 口吻　　③ 興奮

(4) 計算　　① 圭算　　② 珪酸　　③ 計策

(5) 計上　　① 啓上　　② 軽症　　③ 形状

3. 다음 빈칸에 알맞은 말을 보기에서 골라 써보시오.

(1) 二つの銀行が ＿＿＿＿＿ する。

(2) 税制の不公平に ＿＿＿＿＿ を 覚える。

(3) 輸入品に 10パーセントの ＿＿＿＿＿ を 課する。

> 【보기】　こうふん、かちょうきん、かへい、がっぺい

4. 다음 문장을 해석하시오.

(1) その貨幣は どこでも 通用する。

(2) コンピューターで 売り上げを 計算する。

(3) そのキャリアウーマンは 自分の業務を 忠実に 行う。

● **문제 풀이**

2. (1) 過客 (かかく) 과객／花客 (かかく) 단골손님／化学 (かがく) 화학

(2) 耕作 (こうさく) 경작／高察 (こうさつ) 고찰／交錯 (こうさく) 교착

(3) 公文 (こうぶん) 공문／口吻 (こうふん) 말투／興奮 (こうふん) 흥분

(4) 圭算 (けいさん) 문진 (文鎮)／珪酸 (けいさん) 규산／計策 (けいさく) 계책

(5) 啓上 (けいじょう) 계상／軽症 (けいしょう) 경증／形状 (けいじょう) 형상

☑ **がいか（外貨）** ⓝ 외화   ¶ ↔邦貨(ほうか)

> バイヤーたちは 海外から 外貨を 獲得する。
> 바이어들은 해외로부터 외화를 획득한다.

☑ **かぶぬし（株主）** ⓝ 주주

> 会社で 株主総会が 開かれる。
> 회사에서 주주 총회가 열린다.

☑ **かぶか（株価）** ⓝ 주가

> 株価は 世界経済の動きを 反映する。
> 주가는 세계 경제의 동향을 반영한다.

☑ **きんり（金利）** ⓝ 금리   ¶ ＝利息(りそく)

> このごろは 銀行の貸出し金利が 高い。
> 요즘은 은행의 대출 금리가 비싸다.

☑ **こうざ（口座）** ⓝ 계좌

> 銀行で 新しい 口座を 開設する。
> 은행에서 새로운 계좌를 개설하다.

☑ **けいひ（経費）** ⓝ 경비   ¶ ＝費用(ひよう)、出費(しゅっぴ)

> 経費が 膨らんで、経営難になる。
> 경비가 불어나서 경영난이 되다.

☑ **きき（危機）** ⓝ 위기   ¶ ＝ピンチ

> 今や 重大な 経済危機に 直面している。
> 바야흐로 중대한 경제 위기에 직면해 있다.

☑ **こげつく（焦げ付く）** ⓥ자 변동없다, 눌러붙다

> 国内市場の伸びが 鈍化して、株相場が 焦げ付く。
> 국내 시장의 성장이 둔해져서 증권 시세가 변동없다.

☑ **かぶや（株屋）** ⓝ 주식 브로커〔중매인〕

> 一獲千金を 夢見る 株屋たちが 財界で 大いに 暴れる。
> 일확천금을 꿈꾸는 주식 브로커들이 재계에서 크게 설치다.

확인 테스트

1. 다음 한자의 히라가나와 뜻을 쓰시오.

(1) 株屋 _____   _____

(2) 株主 _____   _____

(3) 外貨 _____   _____

(4) 株価 _____   _____

2. 다음 낱말의 독음이 다른 것을 고르시오.

(1) 口座   ① 高座   ② 講座   ③ 交差

(2) 危機   ① 義旗   ② 記紀   ③ 機器

3. 다음 낱말의 독음이 같은 것을 고르시오.

(1) 金利   ① 権利   ② 国利   ③ 禁裏

(2) 経費   ① 桂皮   ② 警備   ③ 軽微

4. 다음 빈칸에 알맞은 말을 보기에서 골라 써보시오.

(1) _____ は 世界経済の 動きを 反映する。

(2) 一獲千金を 夢見る _____ たちが 財界で 大いに 暴れる。

【보기】   かぶか、かぶぬし、けいひ、こげつく、かぶや

5. 다음 문장을 해석하시오.

(1) 銀行で 新しい 口座を 開設する。

(2) バイヤーたちは 海外から 外貨を 獲得する。

(3) 国内市場の 伸びが 鈍化して、株相場が 焦げ付く。

● **문제 풀이**

2. (1) 高座(こうざ) 고좌／講座(こうざ) 강좌／交差(こうさ) 교차

(2) 義旗(ぎき) 의기(정의의 깃발)／記紀(きき) 기기／機器(きき) 기기

3. (1) 権利(けんり) 권리／国利(こくり) 국리／禁裏(きんり) 궁중(宮中)

(2) 桂皮(けいひ) 계피／警備(けいび) 경비／軽微(けいび) 경미

☑ **けいやく （契約）** 名他 계약　　　　　　　　　　¶＝約定(やくじょう)

> 売買契約を 結ぶ 時は、契約書を よく 確かめる。
> 매매 계약을 체결할 때에는 계약서를 잘 확인한다.

☑ **ごうべん （合弁）** 名 합판 (외국 자본과 공동으로 회사를 경영함)

> 合弁で 会社を 設立する。
> 합판으로 회사를 설립하다.

☑ **きょうそう （競争）** 名自他 경쟁

> 市場経済が 企業間の 競争心を あおる。
> 시장 경제가 기업간의 경쟁심을 부추기다.

☑ **こうこく （広告）** 名他 광고

> 雑誌と新聞に 広告を 出す。
> 잡지와 신문에 광고를 내다.

☑ **けっかんしょうひん （欠陥商品）** 名 결함 상품

> 欠陥商品は 市場から 回収しなければならない。
> 결함 상품은 시장에서 회수해야 한다.

☑ **かもつ （貨物）** 名 화물

> 列車不通で 貨物が 滞積する。
> 열차 불통으로 화물이 쌓이다.

☑ **かどう （稼働）** 名自他 가동　　　　　　　　　¶＝実働(じつどう)

> 工場の稼働時間を 延長する。
> 공장의 가동 시간을 연장하다.

☑ **こくもつ （穀物）** 名 곡물　　　¶＝穀類(こくるい)、穀食(こくしょく)

> 農村で 穀物を 栽培する。
> 농촌에서 곡물을 재배하다.

☑ **きょうさく （凶作）** 名 흉작　　¶↔豊作(ほうさく)、平作(へいさく)

> 数年来 ひきつづいての 凶作である。
> 몇 년째 계속되는 흉작이다.

확인 테스트

1. 다음 한자의 히라가나와 뜻을 쓰시오.

(1) 凶作　　_____　　_____

(2) 穀物　　_____　　_____

(3) 稼働　　_____　　_____

(4) 契約　　_____　　_____

(5) 合弁　　_____　　_____

2. 다음 낱말의 독음이 다른 것을 고르시오.

(1) 競争　　① 競走　　② 形相　　③ 強壮

(2) 広告　　① 公告　　② 甲骨　　③ 抗告

(3) 凶作　　① 共催　　② 狭窄　　③ 競作

3. 다음 빈칸에 알맞은 말을 보기에서 골라 써보시오.

(1) _____で 会社を 設立する。

(2) 列車不通で _____が 滞積する。

(3) 数年来 ひきつづいての _____である。

【보기】　けいやく、ごうべん、かもつ、きょうさく、かどう

4. 다음 문장을 해석하시오.

(1) 工場の 稼働時間を 延長する。

(2) 市場経済が 企業間の 競争心を あおる。

(3) 欠陥商品は 市場から 回収しなければならない。

(4) 売買契約を 結ぶ 時は、契約書を よく 確かめる。

● **문제 풀이**

2. (1) 競走 (きょうそう) 경주／形相 (ぎょうそう) 형상／強壮 (きょうそう) 강장

(2) 公告 (こうこく) 공고／甲骨 (こうこつ) 갑골／抗告 (こうこく) 항고

(3) 共催 (きょうさい) 공동주최／狭窄 (きょうさく) 협착／競作 (きょうさく) 경작

☑ **げんたん（減反）** 名他 감단(경작 면적을 줄임) ¶↔増反(ぞうたん)

> 田畑の作り付け 面積を 減らすことを 減反という。
> 논밭의 작부 면적을 줄이는 것을 감단이라 한다.

☑ **けいひん（景品）** 名 경품, 상품　　　¶＝景物(けいぶつ)、おまけ

> 百貨店で 景品付き 大売り出しをする。
> 백화점에서 경품부 대매출한다.

☑ **けいりょう（計量）** 名他 계량

> 計量 経済モデルを 導入して いる。
> 계량 경제 모델을 도입하고 있다.

☑ **けいれき（経歴）** 名 경력　　　　　　　　　¶＝履歴(りれき)

> 前社長の経歴を 持つ。
> 전 사장의 경력을 지니다.

☑ **けっさん（決算）** 名他 결산

> 上半期の決算 報告を する。
> 상반기의 결산 보고를 하다.

☑ **しほん（資本）** 名 자본

> 彼は あの会社に 多くの資本を 投ずる。
> 그는 저 회사에 많은 자본을 투입한다.

☑ **せいちょうりつ（成長率）** 名 성장률

> 目覚ましく 高度成長率を 遂げる。
> 눈부시게 고도 성장률을 이루다.

☑ **ざいせい（財政）** 名 재정

> 地方の財政を 確立する。
> 지방의 재정을 확립하다.

☑ **さいにゅう（歳入）** 名 세입　　　　　　¶↔歳出(さいしゅつ)

> 歳入の予算案を 組み上げる。
> 세입 예산안을 짜다.

확인 테스트

1. 다음 한자의 히라가나와 뜻을 쓰시오.

(1) 経歴　＿＿＿＿＿＿＿　　　　　＿＿＿＿＿＿＿

(2) 歳入　＿＿＿＿＿＿＿　　　　　＿＿＿＿＿＿＿

(3) 決算　＿＿＿＿＿＿＿　　　　　＿＿＿＿＿＿＿

(4) 成長率　＿＿＿＿＿＿＿　　　　　＿＿＿＿＿＿＿

2. 다음 낱말의 독음이 같은 것을 고르시오.

(1) 減反　　① 検断　　② 健啖　　③ 厳探

(2) 景品　　① 京浜　　② 迎賓　　③ 慧敏

(3) 計量　　① 係留　　② 軽量　　③ 器量

(4) 資本　　① 写本　　② 紙本　　③ 抄本

(5) 財政　　① 再生　　② 在世　　③ 祭政

3. 다음 빈칸에 알맞은 말을 보기에서 골라 써보시오.

(1) ＿＿＿＿＿　の予算案を 組み上げる。

(2) 上半期の ＿＿＿＿＿　報告を する。

> 【보기】　さいにゅう、けいひん、けっさん、ざいせい

4. 다음 문장을 해석하시오.

(1) 目覚ましく 高度成長率を 遂げる。

(2) 彼は あの会社に 多くの資本を 投ずる。

(3) 田畑の作り付け 面積を 減らすことを 減反という。

● **문제 풀이** ━━━━━━━━━━━━━━━━━━━━

2. (1) 検断 (けんだん) 검단／健啖 (けんたん) 건담／厳探 (げんたん) 엄탐

(2) 京浜 (けいひん) 일본 지명／迎賓 (げいひん) 영빈／慧敏 (けいびん) 혜민

(3) 係留 (けいりゅう) 계류／軽量 (けいりょう) 경량／器量 (きりょう) 기량

(4) 写本 (しゃほん) 사본／紙本 (しほん) 지본(종이에 붓으로 그림)／抄本 (しょう
ほん) 초본

(5) 再生 (さいせい) 재생／在世 (ざいせい) 재세／祭政 (さいせい) 제정

☑ **しじょう（市場）** 图 시장　　　　　　　　　　　　¶＝いちば

　新しい 市場を 開拓する。

　새로운 시장을 개척하다.

☑ **しひょう（指標）** 图 지표　　　　　　　　　　　　¶＝めじるし

　新聞の発行部数は 文化の一指標だ。

　신문의 발행 부수는 문화의 한 지표다.

☑ **そうば（相場）** 图 시세　　　　　　¶＝市価(しか)、時価(じか)

　相場も 知らないで 値段を 決める。

　시세도 모르고 값을 결정한다.

☑ **しょうけん（証券）** 图 증권

　外国の証券会社が 韓国に 進出してきた。

　외국의 증권 회사가 한국에 진출해 왔다.

☑ **ざいばつ（財閥）** 图 재벌

　江南に 新興財閥が 集まって 来た。

　강남에 신흥 재벌이 모여들었다.

☑ **したうけ（下請け）** 图他 하청

　大企業の仕事を 下請けする。

　대기업의 일을 하청 맡다.

☑ **じゅよう（需要）** 图 수요　　　　　　¶↔供給(きょうきゅう)

　供給が 需要に 追いつかない。

　공급이 수요를 따르지 못한다.

☑ **しょうひ（消費）** 图他 소비　　　　　　¶↔生産(せいさん)

　無駄に 電力を 消費するな。

　헛되이 전력을 소비하지 마라.

☑ **ざいこ（在庫）** 图自 재고

　売れ行きが 悪く、在庫を 処分する。

　팔림새가 안 좋아서 재고를 처분하다.

확인 테스트

1. 다음 한자의 히라가나와 뜻을 쓰시오.

(1) 相場 _____   _____

(2) 消費 _____   _____

(3) 財閥 _____   _____

(4) 在庫 _____   _____

(5) 下請け _____   _____

2. 다음 낱말의 독음이 다른 것을 고르시오.

(1) 市場   ① 史上   ② 死傷   ③ 紙上

(2) 指標   ① 時評   ② 師表   ③ 死票

(3) 証券   ① 正絹   ② 商権   ③ 証言

(4) 需要   ① 主要   ② 需用   ③ 受容

3. 다음 빈칸에 알맞은 말을 보기에서 골라 써보시오.

(1) 無駄に 電力を _____ するな。

(2) 売れ行きが 悪く、_____ を 処分する。

(3) 江南に 新興 _____ が 集まって 来た。

【보기】   ざいばつ、じゅよう、しょうひ、そうば、ざいこ

4. 다음 문장을 해석하시오.

(1) 大企業の仕事を 下請けする。

(2) 相場も 知らないで 値段を 決める。

(3) 新聞の発行部数は 文化の一指標だ。

● **문제 풀이** ━━━━━━━━━━━━━━━━━━━━━━━━━━━━━━

2. (1) 史上(しじょう) 사상／死傷(ししょう) 사상／紙上(しじょう) 지상

(2) 時評(じひょう) 시평／師表(しひょう) 사표／死票(しひょう) 사표

(3) 正絹(しょうけん) 정견／商権(しょうけん) 상권／証言(しょうげん) 증언

(4) 主要(しゅよう) 주요／需用(じゅよう) 수용／受容(じゅよう) 수용

☑ **しゅっか (出荷)** 名他 출하   ¶ ↔ 入荷(にゅうか)

> 今日から りんごの出荷が 始まる。
>
> 오늘부터 사과의 출하가 시작되다.

☑ **すいとう (出納)** 名他 출납

> 出納係は 現金の出し入れを 取り扱う。
>
> 출납계는 현금의 출입을 다룬다.

☑ **さんぎょうこうぞう (産業構造)** 名 산업 구조

> 産業構造の中心は、しだいに サービス業に 移った。
>
> 산업 구조의 중심은 점점 서비스업으로 옮겨갔다.

☑ **そざいさんぎょう (素材産業)** 名 소재 산업

> 素材産業は 新しい技術を 使った 分野だ。
>
> 소재 산업은 새로운 기술을 이용한 분야이다.

☑ **しょうエネ (省エネ)** 名 에너지 절약

> 省エネで 世界の資源を 大切にする。
>
> 에너지 절약으로 세계의 자원을 소중히 하다.

☑ **せんい (繊維)** 名 섬유

> 最近、繊維産業は 不況である。
>
> 최근에 섬유 산업은 불황이다.

☑ **さいばい (栽培)** 名他 재배

> ビニールハウスで 促成栽培を している。
>
> 비닐하우스에서 촉성 재배를 하고 있다.

☑ **さいむ (債務)** 名 채무   ¶ ↔ 債権(さいけん)

> 銀行に 莫大な 債務が ある。
>
> 은행에 막대한 채무가 있다.

☑ **じょうしょう (上昇)** 名自 상승 ¶ ↔ 下降(かこう)、低下(ていか)

> 物価が 上昇気流に 乗る。
>
> 물가가 상승 기류를 타다.

확인 테스트

1. 다음 한자의 히라가나와 뜻을 쓰시오.

　(1) 上昇　＿＿＿＿＿＿＿　　　　　＿＿＿＿＿＿＿

　(2) 栽培　＿＿＿＿＿＿＿　　　　　＿＿＿＿＿＿＿

　(3) 債務　＿＿＿＿＿＿＿　　　　　＿＿＿＿＿＿＿

　(4) 省エネ　＿＿＿＿＿＿＿　　　　＿＿＿＿＿＿＿

2. 다음 낱말의 독음이 다른 것을 고르시오.

　(1) 出納　　　① 水道　　　② 水痘　　　③ 水稲

　(2) 繊維　　　① 遷移　　　② 善意　　　③ 戦意

3. 다음 낱말의 독음이 같은 것을 고르시오.

　出荷　　　　① 出芽　　　② 出火　　　③ 集荷

4. 다음 빈칸에 알맞은 말을 보기에서 골라 써보시오.

　(1) 銀行に 莫大な ＿＿＿＿＿＿ が ある。

　(2) ＿＿＿＿＿＿ で 世界の資源を 大切にする。

　(3) ビニールハウスで 促成 ＿＿＿＿＿＿ を している。

　　┌───┐
　　│ 【보기】　さいむ、せんい、さいばい、しょうエネ、しゅっか │
　　└───┘

5. 다음 문장을 해석하시오.

　(1) 物価が 上昇気流に 乗る。

　(2) 素材産業は 新しい技術を 使った 分野だ。

　(3) 出納係は 現金の出し入れを 取り扱う。

　(4) 産業構造の中心は、しだいに サービス業に 移った。

● **문제 풀이**

2. (1) 水道(すいどう) 수도／水痘(すいとう) 수두／水稲(すいとう) 수도

　　(2) 遷移(せんい) 천이／善意(ぜんい) 선의／戦意(せんい) 전의

3. 出芽(しゅつが) 출아／出火(しゅっか) 출화／集荷(しゅうか) 집하

☑ **さえきかんげん（差益還元）** 名 차익 환원

　消費者に 差益を 還元する。

　소비자에게 차익을 환원하다.

☑ **しきん（資金）** 名 자금   ¶＝資本金(しほんきん)、元手(もとで)

　事業を するには、まず 資金を 作らなければならない。

　사업을 하는 데는 우선 자금을 마련하지 않으면 안된다.

☑ **じょうと（譲渡）** 名他 양도

　家主に 権利を 譲渡する。

　집주인에게 권리를 양도하다.

☑ **さいさん（採算）** 名 채산

　原料が 値上がりし、採算が とれなかった。

　원료 가격이 올라서 채산이 맞지 않았다.

☑ **しゅうえき（収益）** 名 수익   ¶＝もうけ

　収益は 全部 学校に 寄付する。

　수익은 전부 학교에 기부하다.

☑ **じんけんひ（人件費）** 名 인건비

　建設業は 人件費の値上がりで 困っている。

　건설업은 인건비 상승으로 어려움에 처해 있다.

☑ **そうごうしょうしゃ（総合商社）** 名 종합상사

　総合商社は 原材料から 製品までの商品を 取り扱う。

　종합상사는 원재료에서 제품까지 상품을 취급한다.

☑ **せんでん（宣伝）** 名他 선전   ¶＝ピーアール

　新製品の宣伝を 開始する。

　신제품의 선전을 개시하다.

☑ **さんちちょっけつ（産地直結）** 名 산지 직결

　農作物を 産地直結で 手に入れる。

　농작물을 산지 직결로 들여오다.

확인 테스트

1. 다음 한자의 히라가나와 뜻을 쓰시오.

(1) 讓渡 _____ _____

(2) 還元 _____ _____

(3) 宣伝 _____ _____

(4) 直結 _____ _____

2. 다음 낱말의 독음이 다른 것을 고르시오.

(1) 資金　　　① 試金　　　② 至近　　　③ 地金

(2) 収益　　　① 純益　　　② 囚役　　　③ 就役

(3) 人件　　　① 進言　　　② 人絹　　　③ 人権

3. 다음 낱말의 독음이 같은 것을 고르시오.

採算　　　　① 財産　　　② 除算　　　③ 再三

4. 다음 빈칸에 알맞은 말을 보기에서 골라 써보시오.

(1) 新製品の_____を 開始する。

(2) 家主に 権利を_____する。

> 【보기】　せんでん、しゅうえき、じょうと、さいさん

5. 다음 문장을 해석하시오.

(1) 消費者に 差益を 還元する。

(2) 農作物を 産地直結で 手に入れる。

(3) 総合商社は 原材料から **製品までの商品を 取り扱う。**

● **문제 풀이**

2. (1) 試金（しきん）시금／至近（しきん）지근／地金（じきん）지금, 바탕쇠

(2) 純益（じゅんえき）순익／囚役（しゅうえき）수역／就役（しゅうえき）취역

(3) 進言（しんげん）진언／人絹（じんけん）인견／人権（じんけん）인권

3. 財産（ざいさん）재산／除算（じょさん）제산, 나눗셈／再三（さいさん）재삼

☑ **さんぎょうかくめい（産業革命）** ⑧ 산업 혁명

産業革命は 18世紀に イギリスで 始まった。

산업 혁명은 18세기에 영국에서 시작했다.

☑ **すいへいぶんぎょう（水平分業）** ⑧ 수평 분업

垂直分業から 水平分業に 移行する。

수직 분업에서 수평 분업으로 이행하다.

☑ **そうこ（倉庫）** ⑧ 창고

製品は 保税倉庫に 貯蔵して ある。

제품은 보세 창고에 저장되어 있다.

☑ **せいみつきかい（精密機械）** ⑧ 정밀 기계

計量器、光学機械などを 精密機械という。

계량기. 광학 기계 등을 정밀 기계라고 한다.

☑ **ぞうせんぎょう（造船業）** ⑧ 조선업

造船業は 最近 韓国、台湾などで 盛んになった。

조선업은 최근에 한국. 타이완 등에서 성업하게 되었다.

☑ **しょうし（証紙）** ⑧ 증지   ¶ ＝印紙(いんし)

組合の検査済みの証紙を 貼った品。

조합의 검사필 증지를 붙인 물품.

☑ **しょくりょう（食糧）** ⑧ 식량   ¶ ＝食べ物(たべもの)

被災地に 3日分の食糧を 送る。

피해지에 사흘치 식량을 보내다.

☑ **すいとう（水稲）** ⑧ 수도, 논벼   ¶ ＝みずいね

日本で 栽培する 稲は、田で 作る 水稲である。

일본에서 재배하는 벼는 논에서 만드는 수도이다.

☑ **しりょう（飼料）** ⑧ 사료   ¶ ＝かいば、えさ

家畜にやる 飼料が 不足する。

가축에 줄 사료가 부족하다.

확인 테스트

1. 다음 한자의 히라가나와 뜻을 쓰시오.

   (1) 造船業 _____   _____

   (2) 精密機械 _____   _____

   (3) 水平分業 _____   _____

   (4) 産業革命 _____   _____

2. 다음 낱말의 독음이 다른 것을 고르시오.

   (1) 倉庫   ① 操觚   ② 蒼古   ③ 相互

   (2) 証紙   ① 商事   ② 小史   ③ 生死

   (3) 食糧   ① 職漁   ② 食欲   ③ 食料

   (4) 飼料   ① 作料   ② 史料   ③ 資料

3. 다음 빈칸에 알맞은 말을 보기에서 골라 써보시오.

   (1) 製品は 保税_____に 貯蔵して ある。

   (2) _____は 18世紀に イギリスで 始まった。

   (3) 日本で 栽培する 稲は、田で 作る_____である。

> 【보기】 そうこ、しりょう、さんぎょうかくめい、
>   すいへいぶんぎょう、すいとう、しょうし

4. 다음 문장을 해석하시오.

   (1) 垂直分業から 水平分業に 移行する。

   (2) 計量器、光学機械などを 精密機械という。

● **문제 풀이**

2. (1) 操觚(そうこ) 문필(文筆)／蒼古(そうこ) 창고／相互(そうご) 상호

   (2) 商事(しょうじ) 상사／小史(しょうし) 소사／生死(しょうし) 생사

   (3) 職漁(しょくりょう) 직업적인 낚시질／食欲(しょくよく) 식욕／食料(しょく
     りょう) 식료

   (4) 作料(さくりょう) 작료／史料(しりょう) 사료／資料(しりょう) 자료

☑ **じょうぞう（醸造）** 名他 양조　　　　　¶ ＝造酒(ぞうしゅ)

発酵作用を 利用して 酒を 醸造する。

발효 작용을 이용해서 술을 양조하다.

☑ **ざいりょく（財力）** 名 재력

財力のある 人に 経費を 賄ってもらう。

재력이 있는 사람에게 경비를 제공받다.

☑ **しゅうぎょう（就業）** 名自 취업　　　　¶ ↔失業(しつぎょう)

就業人口が 増えて いる。

취업 인구가 늘어나고 있다.

☑ **しゅうきゅう（週給）** 名 주급　　　　　¶ ↔月給(げっきゅう)

この会社に 週給 200ドルで 雇われる。

이 회사에 주급 200달러로 고용되다.

☑ **すえおき（据え置き）** 名 거치

五年据え置き 十年分割償還の 借款。

5년 거치 10년 분할 상환의 차관.

☑ **しんぽ（進歩）** 名自 진보　　　　　　¶ ↔退歩(たいほ)

生活水準の進歩が 著しい。

생활 수준의 진보가 현저하다.

☑ **しんぼく（親睦）** 名自 친목　　　　　¶ ＝懇親(こんしん)

相互の親睦を 図る。

상호간의 친목을 도모하다.

☑ **しんちょう（伸張）** 名自他 신장　　　　¶ ＝伸展(しんてん)

事業の伸張を はかる。

사업의 신장을 꾀하다.

☑ **つうか（通貨）** 名 통화

中央銀行の通貨量を 殖やす。

중앙은행의 통화량을 늘리다.

확인 테스트

1. 다음 한자의 히라가나와 뜻을 쓰시오.

  (1) 醸造   ＿＿＿＿＿＿   ＿＿＿＿＿＿

  (2) 進歩   ＿＿＿＿＿＿   ＿＿＿＿＿＿

  (3) 財力   ＿＿＿＿＿＿   ＿＿＿＿＿＿

2. 다음 낱말의 독음이 다른 것을 고르시오.

  (1) 就業   ① 修業   ② 従業   ③ 終業

  (2) 週給   ① 蹴球   ② 週休   ③ 宗教

  (3) 親睦   ① 和睦   ② 臣僕   ③ 神木

3. 다음 낱말의 독음이 같은 것을 고르시오.

  通貨   ① 通過   ② 痛快   ③ 銅貨

4. 다음 빈칸에 알맞은 말을 보기에서 골라 써보시오.

  (1) 生活水準の＿＿＿＿＿が 著しい。

  (2) ＿＿＿＿＿のある人に 経費を 賄ってもらう。

  【보기】   ざいりょく、すえおき、しんぼく、しんぽ

5. 다음 문장을 해석하시오.

  (1) 中央銀行の通貨量を 殖やす。

  (2) 五年据え置き 十年分割償還の借款。

● **문제 풀이**

2. (1) 修業(しゅうぎょう) 수업／従業(じゅうぎょう) 종업／終業(しゅうぎょう)
      종업
    (2) 蹴球(しゅうきゅう) 축구／週休(しゅうきゅう) 주휴／宗教(しゅうきょう)
      종교
    (3) 和睦(わぼく) 화목／臣僕(しんぼく) 신 복. 신하／神木(しんぼく) 신 사의 경
      내에 자라는 나무

3. 通過(つうか) 통과／痛快(つうかい) 통쾌／銅貨(どうか) 동화

☑ **ちょちく（貯蓄）** 名他 저축

彼は 将来に 備えて 年収の一割を 貯蓄する。

그는 장래에 대비해서 연봉의 1할을 저축한다.

☑ **とうし（投資）** 名自 투자

証券会社で 投資熱を あおる。

증권회사에서 투자열을 부추기다.

☑ **たこくせききぎょう（多国籍企業）** 名 다국적 기업

国際市場に 進出する 多国籍企業が 増えている。

국제 시장에 들어서는 다국적 기업이 늘고 있다.

☑ **ちゅうしょうきぎょう（中小企業）** 名 중소 기업

中小企業は 景気の変動を 受けやすい。

중소 기업은 경기의 변동을 받기 쉽다.

☑ **ていけい（提携）** 名自他 제휴　　　　　　¶＝タイアップ

四者が 提携して 会社を 設立する。

네 사람이 제휴해서 회사를 설립하다.

☑ **どくせん（独占）** 名他 독점

大企業は 特権を 独占している。

대기업은 특권을 독점하고 있다.

☑ **ちょうぼ（帳簿）** 名 장부

売り上げ高を 帳簿に 付ける。

매상고를 장부에 기입하다.

☑ **どうにゅう（導入）** 名他 도입

新しい技術と 多くの外資を 導入する。

새로운 기술과 많은 외자를 도입하다.

☑ **てっこう（鉄鉱）** 名 철광　　　　¶＝鉄鉱石(てっこうせき)

鉱山で 鉄鉱を 採掘する。

광산에서 철광을 채굴하다.

확인 테스트

1. 다음 한자의 히라가나와 뜻을 쓰시오.

　(1) 貯蓄　＿＿＿＿＿＿　　　　　＿＿＿＿＿＿

　(2) 導入　＿＿＿＿＿＿　　　　　＿＿＿＿＿＿

　(3) 中小企業　＿＿＿＿＿＿　　　　　＿＿＿＿＿＿

2. 다음 낱말의 독음이 다른 것을 고르시오.

　(1) 投資　　　① 闘士　　　② 透視　　　③ 冬至

　(2) 提携　　　① 定休　　　② 定形　　　③ 梯形

　(3) 帳簿　　　① 朝暮　　　② 重宝　　　③ 徴募

　(4) 鉄鉱　　　① 鉄鋼　　　② 鉄骨　　　③ 鉄工

3. 다음 낱말의 독음이 같은 것을 고르시오.

　独占　　　　① 特選　　　② 毒腺　　　③ 特薦

4. 다음 빈칸에 알맞은 말을 보기에서 골라 써보시오.

　(1) 新しい技術と 多くの外資を ＿＿＿＿＿＿ する。

　(2) 彼は 将来に 備えて 年収の一割を ＿＿＿＿＿＿ する。

　┌──┐
　│ 【보기】　どくせん、どうにゅう、ちょちく、ちょうぼ │
　└──┘

5. 다음 문장을 해석하시오.

　(1) 四者が 提携して 会社を 設立する。

　(2) 中小企業は 景気の変動を 受けやすい。

● **문제 풀이**

2.　(1) 闘士 (とうし) 투사／透視 (とうし) 투시／冬至 (とうじ) 동지

　　(2) 定休 (ていきゅう) 정휴／定形 (ていけい) 정형／梯形 (ていけい) 사다리꼴

　　(3) 朝暮 (ちょうぼ) 아침 저녁 ／重宝 (ちょうほう) 편리함, 요긴함／徴募 (ちょう
　　　　ぼ) 징모

　　(4) 鉄鋼 (てっこう) 철강／鉄骨 (てっこつ) 철골／鉄工 (てっこう) 철공

3.　特選 (とくせん) 특선／毒腺 (どくせん) 독선／特薦 (とくせん) 특천

☑ **ちくさん（畜産）** Ⓝ 축산

国土の狭い 韓国は 畜産業が 遅れている。

국토가 좁은 한국은 축산업이 뒤져 있다.

☑ **ちょうせい（調整）** Ⓝ他 조정, 마춤

価格と 生産量を 調整する。

가격과 생산량을 조정하다.

☑ **どんか（鈍化）** Ⓝ自他 둔화　　　　　　　　　　　¶↔鋭化(えいか)

ますます 輸出が 大幅に 鈍化している。

갈수록 수출이 큰 폭으로 둔화하고 있다.

☑ **たかね（高値）** Ⓝ 고가, 상종가　　　　　　　　　¶↔安値(やすね)

鉄鉱株が 高値を 更新した。

철강주가 상종가를 갱신했다.

☑ **たんぽ（担保）** Ⓝ 담보　　　　　　　　　　　　¶＝抵当(ていとう)

家を 担保にして 銀行から 金を 十分に 借りる。

집을 담보로 해서 은행으로부터 돈을 충분히 빌리다.

☑ **とうさん（倒産）** Ⓝ自 도산　　　　　　　　　　　¶＝破産(はさん)

不景気で 企業が 倒産する。

불경기로 기업이 도산하다.

☑ **たいしゃく（貸借）** Ⓝ他 대차

企業には、期末に 提出する 貸借対照表が ある。

기업에는 기말에 제출하는 대차 대조표가 있다.

☑ **てつざい（鉄材）** Ⓝ 철재

鉄材が 値上がり気味だ。

철재 가격이 오를 기색이다.

☑ **ねぶみ（値踏み）** Ⓝ他 평가, 값을 놓음　　　　　　　¶＝値づもり

骨董品に 対する 専門家の 値踏みを してもらう。

골동품에 대한 전문가의 평가를 받아보다.

확인 테스트

1. 다음 한자의 히라가나와 뜻을 쓰시오.

(1) 鈍化 ＿＿＿＿＿＿＿　　　＿＿＿＿＿＿＿

(2) 担保 ＿＿＿＿＿＿＿　　　＿＿＿＿＿＿＿

(3) 畜産 ＿＿＿＿＿＿＿　　　＿＿＿＿＿＿＿

(4) 値踏み ＿＿＿＿＿＿＿　　　＿＿＿＿＿＿＿

(5) 鉄材 ＿＿＿＿＿＿＿　　　＿＿＿＿＿＿＿

2. 다음 낱말의 독음이 다른 것을 고르시오.

(1) 調整　　① 長生　　② 調製　　③ 徴税

(2) 高値　　① 数値　　② 高音　　③ 高根

(3) 倒産　　① 父さん　　② 逃散　　③ 動産

(4) 貸借　　① 仮借　　② 対酌　　③ 帝釈

3. 다음 빈칸에 알맞은 말을 보기에서 골라 써보시오.

(1) ＿＿＿＿＿＿の値上がり気味だ。

(2) ますます 輸出が 大幅に ＿＿＿＿＿＿ している。

【보기】　てつざい、たいしゃく、どんか、とうさん

4. 다음 문장을 해석하시오.

(1) 鉄鉱株が 高値を 更新した。

(2) 国土の狭い 韓国は 畜産業が 遅れている。

(3) 骨董品に 対する 専門家の値踏みを してもらう。

(4) 家を 担保にして 銀行から 金を 十分に 借りる。

● **문제 풀이**

2. (1) 長生 (ちょうせい) 장생／調製 (ちょうせい) 조제／徴税 (ちょうぜい) 징세

　　(2) 数値 (すうち) 수치／高音 (たかね) 고음／高根 (たかね) 고령(高嶺)

　　(3) 父さん (とうさん) 아버지／逃散 (とうさん) 도산／動産 (どうさん) 동산

　　(4) 仮借 (かしゃく) 가차／対酌 (たいしゃく) 대작／帝釈 (たいしゃく) 제석

☑ **ねんき（年季）** 名 고용 계약 기간

彼は 仕立て屋に 年季奉公に 行った。

그는 양복점에 도제살이하러 들어갔다.

☑ **のうさんぶつ（農産物）** 名 농산물

主要 農産物の市場開放が 求められている。

중요 농산물 시장 개방이 요구되고 있다.

☑ **ないじゅ（内需）** 名 내수, 국내 수요　　　¶ ↔外需(がいじゅ)

生産が 少なくて 内需を 満たせない。

생산이 적어서 국내 수요를 충족할 수 없다.

☑ **ねくずれ（値崩れ）** 名 가격 파괴〔폭락〕

製品のだぶつきによる 値崩れ。

제품의 생산 과잉으로 인한 시세 하락.

☑ **にゅうさつ（入札）** 名自 입찰　　　¶ ↔落札(らくさつ)

その会社は 他のどこよりも 高く 入札した。

그 회사는 다른 어느 회사보다 높게 입찰했다.

☑ **ぼうらく（暴落）** 名自 폭락　　　¶ ↔暴騰(ぼうとう)

株の暴落で 大損を した。

주식의 폭락으로 큰 손해를 보았다.

☑ **ぼうえき（貿易）** 名自 무역

我が国の貿易は 年々 盛んになる。

우리나라의 무역은 해마다 활발해진다.

☑ **ほご（保護）** 名他 보호

国内の産業と 文化財を 保護する。

국내 산업과 문화재를 보호하다.

☑ **ぶっか（物価）** 名 물가

消費者物価の急上昇は 国民生活に 大きな影響を 及ぼす。

소비자 물가의 급상승은 국민 생활에 큰 영향을 미친다.

확인 테스트

1. 다음 한자의 히라가나와 뜻을 쓰시오.

(1) 内需 ＿＿＿＿＿＿　　　　　＿＿＿＿＿＿

(2) 入札 ＿＿＿＿＿＿　　　　　＿＿＿＿＿＿

(3) 暴落 ＿＿＿＿＿＿　　　　　＿＿＿＿＿＿

(4) 農産物 ＿＿＿＿＿＿　　　　　＿＿＿＿＿＿

2. 다음 낱말의 독음이 다른 것을 고르시오.

(1) 年季　　① 年紀　　② 年給　　③ 年期

(2) 保護　　① 反古　　② 補語　　③ 母語

(3) 物価　　① 評価　　② 仏果　　③ 物化

3. 다음 낱말의 독음이 같은 것을 고르시오.

貿易　　① 防衛　　② 法益　　③ 防疫

4. 다음 빈칸에 알맞은 말을 보기에서 골라 써보시오.

(1) 株の＿＿＿＿＿＿で 大損を した。

(2) その会社は 他のどこよりも 高く ＿＿＿＿＿＿した。

【보기】　にゅうさつ、ないじゅ、ねくずれ、ぼうらく

5. 다음 문장을 해석하시오.

(1) 我が国の貿易は 年々 盛んになる。

(2) 生産が 少なくて 内需を 満たせない。

(3) 主要 農産物の市場開放が 求められている。

● **문제 풀이**

2. (1) 年紀(ねんき) 연기／年給(ねんきゅう) 연급／年期(ねんき) 연기

　　(2) 反古(ほご) 휴지. 쓸데없음／補語(ほご) 보어／母語(ぼご) 모어

　　(3) 評価(ひょうか) 평가／仏果(ぶっか) 불과／物化(ぶっか) 물화

3. 防衛(ぼうえい) 방위／法益(ほうえき) 법익／防疫(ぼうえき) 방역

☑ **ぶつぶつこうかん（物々交換）** ㊁ 물물 교환   ¶＝バーター

取引は 物々交換で 行われた。

거래는 물물 교환으로 행해졌다.

☑ **へいさしじょう（閉鎖市場）** ㊁ 폐쇄 시장

地域ごとに 閉鎖市場を 作るべきではない。

지역마다 폐쇄 시장을 만들어서는 안된다.

☑ **ふしん（不振）** ㊁ 부진

不景気に 因り 商売は 非常に 不振だ。

불경기로 인하여 장사는 매우 부진하다.

☑ **ほうわじょうたい（飽和状態）** ㊁ 포화 상태

自動車が 飽和状態に 達している。

자동차가 포화 상태에 달해 있다.

☑ **ばいばい（売買）** ㊁㉑ 매매   ¶＝うりかい、あきない

証券取り引き所で 株の売買が 成立する。

증권거래소에서 주식 매매가 성립되다.

☑ **ふりかえ（振替）** ㊁ 대체(對替)

公共料金の支払に 口座振替が 利く。

공공 요금의 지불에 계좌 대체가 가능하다.

☑ **へんさい（返済）** ㊁㉑ 반제, 빚을 갚음

借金を すべて 返済する。

빚을 모두 반제하다.

☑ **ふわたり（不渡り）** ㊁ 부도

倒産の危機に 際した会社が 不渡り小切手を 振り出す。

도산의 위기에 처한 회사가 부도수표를 발행하다.

☑ **はんばい（販売）** ㊁㉑ 판매   ¶↔購入(こうにゅう)

通信販売の利用者が 増加している。

통신 판매의 이용자가 증가하고 있다.

확인 테스트

1. 다음 한자의 히라가나와 뜻을 쓰시오.

(1) 振替　　　_____　　　　　　_____

(2) 売買　　　_____　　　　　　_____

(3) 不渡り　　_____　　　　　　_____

(4) 飽和状態　_____　　　　　　_____

(5) 閉鎖市場　_____

2. 다음 낱말의 독음이 다른 것을 고르시오.

(1) 不振　　　① 不信　　　② 不審　　　③ 不仁

(2) 返済　　　① 弁済　　　② 変災　　　③ 辺際

3. 다음 빈칸에 알맞은 말을 보기에서 골라 써보시오.

(1) 証券取り引き所で 株の _____ が 成立する。

(2) 不景気に 因り 商売は 非常に _____ だ。

(3) **倒産の危機に際した会社が** _____ 小切手を 振り出す。

(4) 取引は _____ で 行われた。

(5) 公共料金の支払に 口座 _____ が 利く。

> 【보기】　ばいばい、へんさい、ふわたり、ぶつぶつこうかん、
> はんばい、へいさしじょう、ふしん、ふりかえ

4. 다음 문장을 해석하시오.

(1) 商売は 非常に 不振だ。

(2) 取引は **物々交換**で 行われた。

(3) 自動車が 飽和状態に 達している。

● **문제 풀이** ━━━━━━━━━━━━━

2. (1) 不信(ふしん) 불신／不審(ふしん) 불심／不仁(ふじん) 불인

(2) 弁済(べんさい) 변제／変災(へんさい) 재난／辺際(へんさい) 끝, 한계

☑ **ふかかち （付加価値）** 名 부가가치

付加価値が 高い物を 生産する。

부가가치가 높은 것을 생산한다.

☑ **ふさい （負債）** 名 부채　　　　　¶ ＝債務(さいむ)、↔資産(しさん)

5000万円の長期負債で 動きがとれない。

5000만 엔의 장기 부채로 꼼짝 못하다.

☑ **ひきがね （引き金）** 名 원인, 계기, 방아쇠

石油不足が 引き金となって 物価の高騰が おこった。

석유 부족이 원인이 되어 물가가 앙등하였다.

☑ **ひのべ （日延べ）** 名自 연기　　　　　¶ ＝くりのべ、延期(えんき)

予定した 行事を 5日間 日延べする。

예정한 행사를 5일간 연기하다.

☑ **ひへい （疲弊）** 名自 피폐

農村の疲弊は その極に 達している。

농촌의 피폐는 그 극에 이르고 있다.

☑ **みつもり （見積もり）** 名 어림잡음, 견적　　　　　¶ ＝概算(がいさん)

費用の見積もりを 出して 欲しい。

비용의 견적을 내주기 바란다.

☑ **みんかんきぎょう （民間企業）** 名 민간 기업

公務員の給与が 民間企業の平均を 上回る。

공무원의 급여가 민간 기업의 평균을 웃돌다.

☑ **まいぞう （埋蔵）** 名他 매장

石油の埋蔵量は、年々 減っている。

석유의 매장량은 해마다 줄고 있다.

☑ **まえばらい （前払い）** 名他 선불　　　　　¶ ↔後払い(あとばらい)

印税の3割は 前払いだ。

인세의 3할은 선불이다.

확인 테스트

1. 다음 한자의 히라가나와 뜻을 쓰시오.

　(1) 埋蔵　＿＿＿＿＿＿＿＿　　　　　＿＿＿＿＿＿＿＿

　(2) 疲弊　＿＿＿＿＿＿＿＿　　　　　＿＿＿＿＿＿＿＿

　(3) 前払い　＿＿＿＿＿＿＿　　　　　＿＿＿＿＿＿＿＿

　(4) 引き金　＿＿＿＿＿＿＿　　　　　＿＿＿＿＿＿＿＿

　(5) 日延べ　＿＿＿＿＿＿＿　　　　　＿＿＿＿＿＿＿＿

2. 다음 낱말의 독음이 다른 것을 고르시오.

　(1) 付加　　　① 孵化　　　② 負荷　　　③ 付会

　(2) 負債　　　① 夫妻　　　② 不在　　　③ 不才

3. 다음 빈칸에 알맞은 말을 보기에서 골라 써보시오.

　(1) 印税の3割は　＿＿＿＿＿＿＿　だ。

　(2) 予定した 行事を 5日間　＿＿＿＿＿　する。

　(3) ＿＿＿＿＿＿　が 高い物を 生産する。

　(4) 農村の　＿＿＿＿＿＿　は その極に 達している。

> 【보기】　ひのべ、ひきがね、ひへい、まいぞう、
> 　　　　　まえばらい、ふかかち、ふさい

4. 다음 문장을 해석하시오.

　(1) 石油の埋蔵量は、年々 減っている。

　(2) 5000万円の長期負債で　動きがとれない。

　(3) 公務員の給与が 民間企業の平均を 上回る。

　(4) 石油不足が 引き金となって 物価の高騰が おこった。

● **문제 풀이**

2. (1) 孵化 (ふか) 부화／負荷 (ふか) 부하／付会 (ふかい) 부회
　　(2) 夫妻 (ふさい) 부처／不在 (ふざい) 부재／不才 (ふさい) 부재, 비재

☑ **みほん　（見本）**　名 견본　　　　　　　　　　　　¶ =サンプル

ㅣ 辞書の見本を　送ってください。
ㅣ 사전의 견본을 보내 주세요.

☑ **もさく　（模索）**　名他 모색　　　　　　　　　　　¶ =ぼさく

ㅣ インフレ防止の解決の道を　模索する。
ㅣ 인플레 방지의 해결 방법을 모색하다.

☑ **ゆるめる　（緩める）**　他 완화하다, 늦추다　¶ ↔引(ひ)き締(し)める

ㅣ 政府は　税制を　緩めた。
ㅣ 정부는 세제를 완화했다.

☑ **よくせい　（抑制）**　名他 억제　　　　　　　　¶ =抑止(よくし)

ㅣ 過熱競争を　抑制して、国内市場を　保護する。
ㅣ 과열 경쟁을 억제해서 국내 시장을 보호한다.

☑ **よきん　（預金）**　名他 예금　　　　　　　　¶ =貯金(ちょきん)

ㅣ 銀行から　10万円の預金を　おろす。
ㅣ 은행에서 10만 엔의 예금을 꺼내다.

☑ **ゆうし　（融資）**　名自 융자

ㅣ 銀行から　多額の融資を　受ける。
ㅣ 은행에서 고액의 융자를 받다.

☑ **ゆうち　（誘致）**　名他 유치

ㅣ 国内に　いろいろの観光産業を　誘致する。
ㅣ 국내에 여러 가지 관광 산업을 유치하다.

☑ **やすうり　（安売り）**　名他 염가 판매 (바겐 세일)

ㅣ あの店では　月曜日に　安売りしている。
ㅣ 저 가게는 월요일에 염가 판매하고 있다.

☑ **ゆうこう　（有効）**　名形動 유효　　　　　¶ ↔無効(むこう)

ㅣ この契約は　五年間　有効だ。
ㅣ 이 계약은 5년간 유효하다.

확인 테스트

1. 다음 한자의 히라가나와 뜻을 쓰시오.

(1) 預金 ＿＿＿＿＿＿＿   ＿＿＿＿＿＿＿

(2) 見本 ＿＿＿＿＿＿＿   ＿＿＿＿＿＿＿

(3) 誘致 ＿＿＿＿＿＿＿   ＿＿＿＿＿＿＿

(4) 抑制 ＿＿＿＿＿＿＿   ＿＿＿＿＿＿＿

2. 다음 낱말의 독음이 다른 것을 고르시오.

(1) 融資   ① 有事   ② 勇士   ③ 有史

(2) 有効   ① 友好   ② 融合   ③ 有功

3. 다음 낱말의 독음이 같은 것을 고르시오.

模索   ① 鋼索   ② 探索   ③ 模作

4. 다음 빈칸에 알맞은 말을 보기에서 골라 써보시오.

(1) 銀行から 10万円の ＿＿＿＿＿＿ を おろす。

(2) あの店では 月曜日に ＿＿＿＿＿＿ している。

(3) 過熱競争を ＿＿＿＿＿＿ して、国内市場を 保護する。

> 【보기】 みほん、よくせい、やすうり、ゆうち、よきん

5. 다음 문장을 해석하시오.

(1) 政府は 税制を 緩めた。

(2) インフレ防止の解決の道を 模索する。

(3) 辞書の見本を 送ってください。

(4) 国内に いろいろの 観光産業を 誘致する。

● **문제 풀이**

2. (1) 有事 (ゆうじ) 유사／勇士 (ゆうし) 용사／有史 (ゆうし) 유사

(2) 友好 (ゆうこう) 우호／融合 (ゆうごう) 융합／有功 (ゆうこう) 유공

3. 鋼索 (こうさく) 강삭 (와이어 로프)／探索 (たんさく) 탐색／模作 (もさく) 모작

☑ **りゅうつう （流通）** 名自 유통

はんばい　めん　ごうりか　はか
販売や流通面での 合理化を 図る。
판매와 유통면에서의 합리화를 꾀하다.

☑ **れいさいきぎょう （零細企業）** 名 영세 기업

ほじょきん　だ　きゅうさい
補助金を 出して 零細企業を 救済する。
보조금을 내서 영세 기업을 구제하다.

☑ **れいとう （冷凍）** 名他 냉동　　　　　　　　¶ ↔解凍(かいとう)

さかな　ほぞん
その魚は 冷凍して 保存した。
이 생선은 냉동해서 보존했다.

☑ **りょうしゅう （領収）** 名他 영수　　　　　　¶ =受領(じゅりょう)

もう　こ　きん　まんえん
申し込み金として 2万円 領収いたしました。
신청금으로 2만 엔 영수하였습니다.

☑ **りゅうよう （流用）** 名他 유용　　　　　　　¶ =転用(てんよう)

あず　こうきん
預かっている 公金を 流用する。
맡고 있는 공금을 유용하다.

☑ **りょうきん （料金）** 名 요금

まいねん　こうきょう　あ
毎年 公共料金が 上がっている。
해마다 공공 요금이 오르고 있다.

☑ **りょうさん （量産）** 名他 양산　　　　　　　　　¶ =マスプロ

じどうしゃ　だんかい　はい
自動車の量産 段階に 入る。
자동차의 양산 단계에 들어가다.

☑ **りょうこう （良好）** 名形動 양호

かんど
ラジオの感度が 良好だ。
라디오의 감도가 양호하다.

☑ **りんさく （輪作）** 名他 윤작, 돌려짓기　　　　¶ ↔連作(れんさく)

こむぎ
トマトと 小麦を 輪作している。
토마토와 밀을 윤작(돌려짓기)하고 있다.

확인 테스트

1. 다음 한자의 히라가나와 뜻을 쓰시오.

(1) 良好 _____   _____

(2) 量産 _____   _____

(3) 流通 _____   _____

(4) 料金 _____   _____

2. 다음 낱말의 독음이 다른 것을 고르시오.

(1) 領収   ① 涼秋   ② 領袖   ③ 領取

(2) 流用   ① 有用   ② 柳腰   ③ 留用

3. 다음 낱말의 독음이 같은 것을 고르시오.

冷凍   ① 霊湯   ② 零度   ③ 冷肉

4. 다음 빈칸에 알맞은 말을 보기에서 골라 써보시오.

(1) 毎年 公共 _____ が 上がっている。

(2) 販売や _____ 面での 合理化を 図る。

(3) 申し込み金として 2万円 _____ いたしました。

【보기】   りょうしゅう、りょうきん、りんさく、りゅうつう

5. 다음 문장을 해석하시오.

(1) ラジオの感度が 良好だ。

(2) その魚は 冷凍して 保存した。

(3) トマトと 小麦を 輪作している。

● **문제 풀이**

2. (1) 涼秋 (りょうしゅう) 양추／領袖 (りょうしゅう) 영수／領取 (りょうしゅ) 영취
    (2) 有用 (ゆうよう) 유용／柳腰 (りゅうよう) 유요(날씬한 허리)／留用 (りゅうよう) 머물게 해서 부림

3. 霊湯 (れいとう) 영천(靈泉)／零度 (れいど) 영도／冷肉 (れいにく) 냉육

4. 문화 · 교양

☐ **いせき（遺跡）** ㊔ 유적 ¶ ＝遺趾(いし)

古代の遺跡を 発掘する。
고대 유적을 발굴하다.

☐ **えんそう（演奏）** ㊔㊎ 연주

舞台で ピアノを 演奏する。
무대에서 피아노를 연주하다.

☐ **いんたい（引退）** ㊔㊌ 은퇴 ¶ ＝隠退(いんたい)

老齢を 以って 政界から 引退する。
노령을 이유로 정계에서 은퇴하다.

☐ **えんしゅつ（演出）** ㊔㊎ 연출

オリンピック大会の閉会式の演出を する。
올림픽 대회 폐회식 연출을 맡다.

☐ **おんきょう（音響）** ㊔ 음향 ¶ ＝おと、ひびき

音響設備の整った 音楽室が 造られている。
음향 설비가 갖춰진 음악실이 지어지고 있다.

☐ **えんか（演歌）** ㊔ 연가

韓国の演歌には、別れを 歌ったものが 多い。
한국의 연가에는 이별을 노래한 것이 많다.

☐ **いちらん（一覧）** ㊔㊎ 일람

会議の前に 資料を 一覧しておこう。
회의 전에 자료를 일람해 두자.

☐ **いっせつ（一節）** ㊔ 일절, 한 구절

聖書の一節を 読んで 聞かせる。
성서의 한 구절을 읽어주다.

확인 테스트

1. 다음 한자의 히라가나와 뜻을 쓰시오.

　(1) 音響 ＿＿＿＿＿＿＿　　　　　　　＿＿＿＿＿＿＿

　(2) 演出 ＿＿＿＿＿＿＿　　　　　　　＿＿＿＿＿＿＿

2. 다음 낱말의 독음이 다른 것을 고르시오.

　(1) 演奏　　　① 塩蔵　　　② 淵叢　　　③ 燕巣

　(2) 遺跡　　　① 移籍　　　② 威勢　　　③ 偉績

　(3) 演歌　　　① 塩化　　　② 煙火　　　③ 塩害

3. 다음 낱말의 독음이 같은 것을 고르시오.

　(1) 引退　　　① 隠宅　　　② 隠退　　　③ 引接

　(2) 一覧　　　① 一卵　　　② 一楽　　　③ 一理

　(3) 一節　　　① 一隻　　　② 一声　　　③ 一切

4. 다음 빈칸에 알맞은 말을 보기에서 골라 써보시오.

　(1) 古代の＿＿＿＿＿＿を 発掘する。

　(2) ＿＿＿＿＿＿設備の整った 音楽室が 造られている。

　【보기】　いんたい、いせき、えんしゅつ、おんきょう

5. 다음 문장을 해석하시오.

　(1) 老齢を 以って 政界から 引退する。

　(2) 韓国の演歌には、別れを 歌ったものが 多い。

● **문제 풀이**

2. (1) 塩蔵 (えんぞう) 염장／淵叢 (えんそう) 연총／燕巣 (えんそう) 연소

　(2) 移籍 (いせき) 이적／威勢 (いせい) 위세／偉績 (いせき) 위적 (훌륭한 공적)

　(3) 塩化 (えんか) 염화／煙火 (えんか) 봉화불／塩害 (えんがい) 염해

3. (1) 隠宅 (いんたく) 은택／隠退 (いんたい) 은퇴／引接 (いんせつ) 인접

　(2) 一卵 (いちらん) 일란／一楽 (いちらく) 일락／一理 (いちり) 일리

　(3) 一隻 (いっせき) 일척／一声 (いっせい) 일성／一切 (いっせつ) 일절

☑ **おがむ　（拝む）**　⑩ 합장 배례하다, 보다

本堂の前で 拝む老人の姿は 印象的だ。

법당 앞에서 합장 배례하는 노인의 모습은 인상적이다.

☑ **おさめる　（修める）**　⑩ 익히다, (심신을) 닦다

近代的な航海術を 修めに ヨーロッパへ 渡った。

근대적인 항해술을 익히기 위해 유럽으로 건너갔다.

☑ **おそわる　（教わる）**　⑩ 배우다　　　　　　　¶↔教える(おしえる)

学校で 英語と 日本語を 教わる。

학교에서 영어와 일본어를 배우다.

☑ **おもむき　（趣）**　⑧ 멋, 느낌　　　　　　　¶=感じ(かんじ)

この訳文は 原文の趣を よく伝えている。

이 번역물은 원문의 느낌을 잘 옮기고 있다.

☑ **あらわす　（著す）**　⑩ 저술하다

彼は 10冊の学術書を 著した。

그는 10권의 학술서를 저술했다.

☑ **いんさつ　（印刷）**　⑧⑩ 인쇄

新聞に 広告を 印刷する。

신문에 광고를 인쇄하다.

☑ **おうふく　（往復）**　⑧⑥ 왕복, 왕래　　　　　¶↔片道(かたみち)

飛行機の切符は、片道より 往復の方が 安い。

비행기표는 편도보다 왕복권이 싸다.

☑ **こうち　（公知）**　⑧ 공지　　　　　　　　　¶=周知(しゅうち)

特許の公知例が ある。

특허로 널리 알려진 예가 있다.

☑ **きょうい　（驚異）**　⑧ 경이　　　　　　　　　¶=おどろき

驚異的な 新記録を 立てる。

경이적인 신기록을 세우다.

확인 테스트

1. 다음 한자의 히라가나와 뜻을 쓰시오.

(1) 往復 _____   _____

(2) 教る _____   _____

(3) 拝む _____   _____

(4) 印刷 _____   _____

2. 다음 낱말의 독음이 다른 것을 고르시오.

(1) 修める   ① 収める   ② 広める   ③ 納める

(2) 著す   ① 示す   ② 現す   ③ 表す

(3) 公知   ① 拘置   ② 高地   ③ 構築

(4) 驚異   ① 胸囲   ② 特異   ③ 脅威

3. 다음 빈칸에 알맞은 말을 보기에서 골라 써보시오.

(1) 新聞に 広告を _____ する。

(2) _____的な 新記録を 立てる。

(3) 学校で 英語と 日本語を _____。

【보기】   いんさつ、 こうち、 おそわる、 きょうい、 おさめる

4. 다음 문장을 해석하시오.

(1) 飛行機の切符は、片道より 往復の方が 安い。

(2) 本堂の前で 拝む老人の姿は 印象的だ。

● **문제 풀이**

2. (1) 収める(おさめる) 거두다／広める(ひろめる) 넓히다／納める(おさめる) 바
       치다

(2) 示す(しめす) 가리키다／現す(あらわす) 드러내다／表す(あらわす) 나타내
       다

(3) 拘置(こうち) 구치／高地(こうち) 고지／構築(こうちく) 구축

(4) 胸囲(きょうい) 가슴둘레／特異(とくい) 특이／脅威(きょうい) 위협

☑ **こうどく （購読）** 名他 구독

> 月刊雑誌の購読を 申し込む。
> 월간 잡지 구독을 신청하다.

☑ **けんきゅう （研究）** 名他 연구

> 東洋の歴史を 研究する。
> 동양의 역사를 연구하다.

☑ **こうき （高貴）** 名形動 고귀   ¶↔卑賤(ひせん)、下賤(げせん)

> 高貴な客を もてなす。
> 고귀한 손님을 접대하다.

☑ **きりつ （起立）** 名自 기립   ¶↔着席(ちゃくせき)

> 学生たちが 起立して 校歌を 歌う。
> 학생들이 기립해서 교가를 부르다.

☑ **きりとる （切り取る）** 他 오려내다

> 新聞から 記事を 切り取る。
> 신문에서 기사를 오려내다.

☑ **こうだい （後代）** 名 후대   ¶↔前代(ぜんだい)

> 彼の名を 後代に 残す。
> 그의 이름을 후대에 남기다.

☑ **こうきしん （好奇心）** 名 호기심

> 韓国人は 異文化への好奇心が 強い。
> 한국인은 이문화에의 호기심이 강하다.

☑ **げいじゅつ （芸術）** 名 예술

> 芸術は 長く、人生は 短し。
> 예술은 길고, 인생은 짧다.

☑ **げきじょう （劇場）** 名 극장   ¶＝シアター

> 国立劇場で ミュージカルを 公演する。
> 국립극장에서 뮤지컬을 공연한다.

확인 테스트

1. 다음 한자의 히라가나와 뜻을 쓰시오.

(1) 芸術 _____   _____

(2) 起立 _____   _____

(3) 研究 _____   _____

(4) 好奇心 _____   _____

2. 다음 낱말의 독음이 다른 것을 고르시오.

(1) 購読   ① 鉱毒   ② 講読   ③ 高徳

(2) 高貴   ① 好機   ② 豪気   ③ 香気

(3) 後代   ① 後退   ② 広大   ③ 高大

(4) 劇場   ① 撃壌   ② 激情   ③ 激賞

3. 다음 빈칸에 알맞은 말을 보기에서 골라 써보시오.

(1) 東洋の 歴史を _____ する。

(2) _____ は 長く、人生は 短し。

(3) 新聞から 記事を _____ 。

> 【보기】 こうきしん、げいじゅつ、げきじょう、
>   けんきゅう、きりとる

4. 다음 문장을 해석하시오.

(1) 学生たちが 起立して 校歌を 歌う。

(2) 韓国人は 異文化への好奇心が 強い。

(3) 国立劇場で ミュージカルを 公演する。

● **문제 풀이**

2. (1) 鉱毒 (こうどく) 광독／講読 (こうどく) 구독／高徳 (こうとく) 높은 덕

(2) 好機 (こうき) 호기／豪気 (ごうき) 호기／香気 (こうき) 향기

(3) 後退 (こうたい) 후퇴／広大 (こうだい) 광대／高大 (こうだい) 고대

(4) 撃壌 (げきじょう) 격양／激情 (げきじょう) 격정／激賞 (げきしょう) 격상

☑ **かぶき （歌舞伎）** 🅰 가부끼

　歌舞伎は 日本の伝統芸能の一つである。
　가부끼는 일본의 전통 예능의 하나이다.

☑ **かいが （絵画）** 🅰 회화, 그림　　　　　　　　　¶ ＝絵(え)

　美術館で 絵画を 鑑賞する。
　미술관에서 그림을 감상한다.

☑ **きょうよう （教養）** 🅰 교양

　豊かな 教養小説を 読む。
　풍부한 교양 소설을 읽다.

☑ **がくれき （学歴）** 🅰 학력

　韓国は 高学歴社会となった。
　한국은 고학력 사회가 되었다.

☑ **がくい （学位）** 🅰 학위

　国立大学で 日本文学修士の学位を 取る。
　국립 대학에서 일문학 석사 학위를 받다.

☑ **けいさい （掲載）** 🅰🅣 게재

　雑誌に 論文を 掲載する。
　잡지에 논문을 게재하다.

☑ **くちコミ （口コミ）** 🅰 평판, 소문　　　　¶ ＝評判(ひょうばん)

　口コミが きいたので お客が よく きた。
　소문이 좋게 난 탓으로 손님들이 잘 왔다.

☑ **かいさい （開催）** 🅰🅣 개최

　総会開催の期日を 決定する。
　총회 개최의 기일을 결정하다.

☑ **かいせつ （解説）** 🅰🅣 해설

　時事問題について 解説する。
　시사 문제에 대하여 해설하다.

확인 테스트

1. 다음 한자의 히라가나와 뜻을 쓰시오.
   (1) 学歴 　＿＿＿＿＿＿＿　　　　　＿＿＿＿＿＿＿
   (2) 学位 　＿＿＿＿＿＿＿　　　　　＿＿＿＿＿＿＿

2. 다음 낱말의 독음이 다른 것을 고르시오.
   (1) 教養　　　① 供与　　　② 共用　　　③ 強要
   (2) 掲載　　　① 荊妻　　　② 軽罪　　　③ 継妻
   (3) 開催　　　① 皆済　　　② 改作　　　③ 快哉
   (4) 解説　　　① 概説　　　② 回折　　　③ 開設

3. 다음 낱말의 독음이 같은 것을 고르시오.
   (1) 歌舞伎　　　① 冠木　　　② 過不及　　　③ 株券
   (2) 絵画　　　　① 外貨　　　② 開花　　　　③ 怪訝

4. 다음 빈칸에 알맞은 말을 보기에서 골라 써보시오.
   (1) 韓国は 高＿＿＿＿＿＿社会となった。
   (2) 国立大学で 日本文学修士の ＿＿＿＿＿＿ を 取る。

   ┌──┐
   │ 【보기】　　がくれき、きょうよう、けいさい、がくい │
   └──┘

5. 다음 문장을 해석하시오.
   (1) 歌舞伎は 日本の伝統芸能の一つである。
   (2) 口コミが きいたので お客が よく きた。

● **문제 풀이**
2. (1) 供与 (きょうよ) 공여／共用 (きょうよう) 공용／強要 (きょうよう) 강요
   (2) 荊妻 (けいさい) 형처／軽罪 (けいざい) 경죄／継妻 (けいさい) 후처
   (3) 皆済 (かいさい) 개제／改作 (かいさく) 개작／快哉 (かいさい) 쾌재
   (4) 概説 (がいせつ) 개설／回折 (かいせつ) 회절／開設 (かいせつ) 개설
3. (1) 冠木 (かぶき) 상인방／過不及 (かふきゅう) 과불급／株券 (かぶけん) 주권
   (2) 外貨 (がいか) 외화／開花 (かいか) 개화／怪訝 (かいが) 의아함

☑ **くちづたえ（口伝え）** 名他 구전　　　　　¶ ＝くちづて、くでん
> 昔話を 口伝えする。
> 옛날 이야기를 구전하다.

☑ **こゆう（固有）** 名形動 고유　　　　　　　¶ ＝もちまえ
> この文化に 固有な 性質が ある。
> 그 문화에 고유한 성질이 있다.

☑ **こくほう（国宝）** 名 국보
> 南大門は 国宝に 指定された。
> 남대문은 국보로 지정되었다.

☑ **くんしょう（勲章）** 名 훈장
> 業績を あげて 文化勲章を 授けられた。
> 업적을 세워서 문화 훈장을 받았다.

☑ **きょうえん（共演）** 名自 공연
> 有名な 楽団が 共演する。
> 유명한 악단이 공연하다.

☑ **こうきょうきょく（交響曲）** 名 교향곡
> ベートーベンの交響曲 第5番を 聞く。
> 베토벤의 교향곡 제5번을 듣다.

☑ **くろうと（玄人）** 名 전문가　　　　　　¶ ＝専門家(せんもんか)
> 玄人筋には 好評だ。
> 전문가에게서는 평이 좋다.

☑ **こと（琴）** 名 거문고
> 国立劇場で 琴の演奏を 聞く。
> 국립극장에서 거문고 연주를 듣다.

☑ **ごらく（娯楽）** 名 오락
> 広場に 娯楽設備を 設ける。
> 광장에 오락 설비를 하다.

확인 테스트

1. 다음 한자의 히라가나와 뜻을 쓰시오.

(1) 国宝 _____   _____

(2) 玄人 _____   _____

(3) 口伝え _____   _____

(4) 交響曲 _____   _____

2. 다음 낱말의 독음이 다른 것을 고르시오.

(1) 共演   ① 競演   ② 響宴   ③ 供応

(2) 琴   ① 如   ② 異   ③ 事

3. 다음 낱말의 독음이 같은 것을 고르시오.

(1) 固有   ① 御用   ② 故友   ③ 具有

(2) 勲章   ① 勲賞   ② 軍縮   ③ 群小

4. 다음 빈칸에 알맞은 말을 보기에서 골라 써보시오.

(1) _____筋には 好評だ。

(2) 南大門は _____に 指定された。

┌───┐
│ 【보기】 くちづたえ、こくほう、ごらく、くろうと │
└───┘

5. 다음 문장을 해석하시오.

(1) 昔話を 口伝えする。

(2) 広場に 娯楽設備を 設ける。

(3) ベートーベンの 交響曲 第5番を 聞く。

● **문제 풀이**

2. (1) 競演(きょうえん) 경연／響宴(きょうえん) 향연／供応(きょうおう) 향응

   (2) 如(ごと) ～와 같이／異(こと) 다른／事(こと) 일

3. (1) 御用(ごよう) 용무／故友(こゆう) 옛 친구／具有(ぐゆう) 구유

   (2) 勲賞(くんしょう) 훈장／軍縮(ぐんしゅく) 군축／群小(ぐんしょう) 군소

☑ **こてん（古典）** ⑧ 고전

> 図書室で 古典文学を 読む。
> 도서실에서 고전 문학을 읽다.

☑ **こっとう（骨とう）** ⑧ 골동

> 彼は 骨とう的な 存在である。
> 그는 골동품 같은 존재이다.

☑ **こふん（古墳）** ⑧ 고분

> 遺跡地で 古墳を 発掘する。
> 유적지에서 고분을 발굴하다.

☑ **こんじゃく（今昔）** ⑧ 금석, 지금과 옛날

> 今昔の感に 堪えない。
> 금석지감을 금할 수 없다.

☑ **けいだい（境内）** ⑧ 경내

> 寺院の境内は 静かで 木が 多い。
> 사원의 경내는 조용하고 나무가 많다.

☑ **ごくらく（極楽）** ⑧ 극락   ¶↔地獄(じごく)

> 苦しまずに 極楽往生する。
> 고통없이 극락 왕생하다.

☑ **きょうじゅ（教授）** ⑧他 교수, 강습

> 生け花の教授を 受ける。
> 꽃꽂이 강습을 받다.

☑ **がくしゃ（学者）** ⑧ 학자

> 当代の国文学者としての操を 守る。
> 당대의 국문학자로서 지조를 지키다.

☑ **がくしゅう（学習）** ⑧他 학습

> 日本語を 学習している 外国人が ますます 増えている。
> 일본어를 학습하고 있는 외국인이 점점 늘어나고 있다.

확인 테스트

1. 다음 한자의 히라가나와 뜻을 쓰시오.

(1) 古墳 _____   _____

(2) 境内 _____   _____

(3) 極楽 _____   _____

(4) 今昔 _____   _____

2. 다음 낱말의 독음이 같은 것을 고르시오.

(1) 古典   ① 誤伝   ② 古伝   ③ 個展

(2) 教授   ① 享受   ② 業種   ③ 教習

(3) 学者   ① 客舎   ② 学舎   ③ 各種

(4) 学習   ① 隔週   ② 鶴首   ③ 学修

3. 다음 빈칸에 알맞은 말을 보기에서 골라 써보시오.

(1) 彼は _____ 的な 存在である。

(2) 苦しまずに _____ 往生する。

(3) 当代の国文 _____ としての 操を 守る。

> 【보기】　こっとう、ごくらく、こんじゃく、がくしゃ

4. 다음 문장을 해석하시오.

(1) 図書室で 古典文学を 読む。

(2) 遺跡地で 古墳を 発掘する。

(3) 寺院の境内は 静かで 木が 多い。

(4) 日本語を 学習している 外国人が ますます 増えている。

● **문제 풀이**

2. (1) 誤伝 (ごでん) 와전／古伝 (こでん) 고전／個展 (こてん) 개인전
(2) 享受 (きょうじゅ) 향수／業種 (ぎょうしゅ) 업종／教習 (きょうしゅう) 교습
(3) 客舎 (かくしゃ) 객사／学舎 (がくしゃ) 학사／各種 (かくしゅ) 각종
(4) 隔週 (かくしゅう) 격주／鶴首 (かくしゅ) 학수／学修 (がくしゅう) 수학

☑ **かいぞくばん（海賊版）** 名 해적판

無断で 海賊版を 複製しては いけない。

무단으로 해적판을 복제해서는 안된다.

☑ **きろく（記録）** 名他 기록

昔を 物語る 記録文学である。

옛날을 말해주는 기록 문학이다.

☑ **きたえる（鍛える）** 他 연마하다

ピアノ演奏の腕を 鍛えようとする。

피아노 연주의 솜씨를 연마하려고 하다.

☑ **けいば（競馬）** 名 경마

競馬で 有り金を 全部 とられた。

경마에서 가진 돈을 전부 털렸다.

☑ **かんしゅう（観衆）** 名 관중   ¶ ＝観客(かんきゃく)

運動場で 5万人の大観衆が 沸く。

운동장에서 5만 명의 대관중이 들끓다.

☑ **こもんじょ（古文書）** 名 고문서   ¶ ＝古記録(こきろく)

懐古趣味で 古文書を 集める。

회고 취미로 고문서를 수집하다.

☑ **かんしゅう（監修）** 名他 감수

教科書の編集を 監修する。

교과서의 편집을 감수하다.

☑ **そんちょう（尊重）** 名他 존중

他人の意見を 尊重する。

타인의 의견을 존중하다.

☑ **しそう（詩想）** 名 시상

詩想が 豊かな 作品である。

시상이 풍부한 작품이다.

확인 테스트

1. 다음 한자의 히라가나와 뜻을 쓰시오.

(1) 観衆　＿＿＿＿＿＿＿　　　　　＿＿＿＿＿＿＿

(2) 記録　＿＿＿＿＿＿＿　　　　　＿＿＿＿＿＿＿

(3) 競馬　＿＿＿＿＿＿＿　　　　　＿＿＿＿＿＿＿

(4) 鍛える　＿＿＿＿＿＿＿　　　　＿＿＿＿＿＿＿

(5) 古文書　＿＿＿＿＿＿＿　　　　＿＿＿＿＿＿＿

2. 다음 낱말의 독음이 다른 것을 고르시오

(1) 監修　　　① 慣習　　　　② 観衆　　　　③ 慣熟

(2) 詩想　　　① 私蔵　　　　② 思想　　　　③ 志操

3. 다음 낱말의 독음이 같은 것을 고르시오.

尊重　　　　① 尊宅　　　　② 村長　　　　③ 自重

4. 다음 빈칸에 알맞은 말을 보기에서 골라 써보시오.

(1) 懐古趣味で＿＿＿＿＿＿を 集める。

(2) 昔を 物語る＿＿＿＿＿＿文学である。

(3) ＿＿＿＿＿＿で 有り金を 全部 とられた。

> 【보기】　きろく、きたえる、けいば、しそう、こもんじょ

5. 다음 문장을 해석하시오.

(1) ピアノ演奏の腕を 鍛えようとする。

(2) 運動場で 5万人の大観衆が 沸く。

(3) 詩想が 豊かな 作品である。

● **문제 풀이**

2. (1) 慣習（かんしゅう）관습／観衆（かんしゅう）관중／慣熟（かんじゅく）관숙(익
　　　숙하여짐)
　　(2) 私蔵（しぞう）개인 소장(물)／思想（しそう）사상／志操（しそう）지조
3. 尊宅（そんたく）존택／村長（そんちょう）촌장／自重（じじゅう）자중

☑ **さっきょく（作曲）** 名他 작곡

> この校歌は 先生が 作曲したものだ。
> 이 교가는 선생님이 작곡한 곡이다.

☑ **しゅうきょう（宗教）** 名 종교

> 我が国は 宗教の自由が ある。
> 우리나라는 종교의 자유가 있다.

☑ **しんとう（神道）** 名 신도　　　　　　　¶ ＝かんながらの道(みち)

> 神道は 日本固有の民族信仰である。
> 신도는 일본 고유의 민족 신앙이다.

☑ **すいせん（推薦）** 名他 추천　　　　　　¶ ＝推挙(すいきょ)

> 校長の推薦で 彼を 採用した。
> 교장의 추천으로 그를 채용했다.

☑ **しょうがくきん（奨学金）** 名 장학금

> 多くの学校には 奨学金制度が ある。
> 많은 학교에는 장학금 제도가 있다.

☑ **しょうれい（奨励）** 名他 장려

> 学校で 貯蓄を 奨励する。
> 학교에서 저축을 장려하다.

☑ **せんこう（専攻）** 名他 전공

> 大学で 英文学を 専攻する。
> 대학에서 영문학을 전공하다.

☑ **じどう（児童）** 名 아동

> 本屋には 児童向きの読み物が ある。
> 책방에는 아동용 취향의 책이 있다.

☑ **ずいひつ（随筆）** 名 수필　　　　　¶ ＝エッセイ、漫筆(まんぴつ)

> 随筆は テーマが 自由だ。
> 수필은 테마가 자유롭다.

확인 테스트

1. 다음 한자의 히라가나와 뜻을 쓰시오.

(1) 随筆 _____   _____

(2) 作曲 _____   _____

(3) 奨学金 _____   _____

2. 다음 낱말의 독음이 다른 것을 고르시오.

(1) 宗教   ① 週給   ② 秋興   ③ 州境

(2) 神道   ① 心頭   ② 神灯   ③ 神童

(3) 推薦   ① 垂線   ② 推測   ③ 推選

(4) 奨励   ① 省令   ② 症例   ③ 条例

3. 다음 빈칸에 알맞은 말을 보기에서 골라 써보시오.

(1) _____ は テーマが 自由だ。

(2) 多くの学校には _____ 制度が ある。

(3) 校長の _____ で 彼を 採用した。

> 【보기】   ずいひつ、じどう、しょうがくきん、
>   すいせん、せんこう、しゅうきょう

4. 다음 문장을 해석하시오.

(1) 大学で 英文学を 専攻する。

(2) この校歌は 先生が 作曲したものだ。

(3) 本屋には 児童向きの 読み物が ある。

● **문제 풀이**

2. (1) 週給(しゅうきゅう) 주급／秋興(しゅうきょう) 가을의 흥취／州境(しゅう
　　　きょう) 주(州)의 경계

(2) 心頭(しんとう) 염두(念頭)／神灯(しんとう) 신등／神童(しんどう) 신동

(3) 垂線(すいせん) 수직선／推測(すいそく) 추측／推選(すいせん) 추선

(4) 省令(しょうれい) 성령／症例(しょうれい) 증례／条例(じょうれい) 조례

☑ **しょうせつ（小説）** 名 소설

> 彼の日記は 恋愛小説のように おもしろい。
> 그의 일기는 연애소설처럼 재미있다.

☑ **さっか（作家）** 名 작가

> 新人女流作家の小説が　ベストセラーになる。
> 신인 여류 작가의 소설이 베스트셀러가 되다.

☑ **しちょう（視聴）** 名他 시청, 관심

> 世の視聴を 集める。
> 세상의 이목〔관심〕을 집중하다.

☑ **しゅざい（取材）** 名他 취재

> 新聞記者が その事故の取材のために 現場へ 急行した。
> 신문 기자가 그 사건의 취재를 위해 현장에 급히 갔다.

☑ **しゅつじょう（出場）** 名自 출장　　　¶ ↔欠場(けつじょう)

> スポーツ競技会に 出場する。
> 스포츠 경기 대회에 출장하다.

☑ **しんぱん（審判）** 名他 심판　　　¶ ＝さばき

> ボクシングの試合で 審判の笛が 鳴る。
> 권투 경기에서 심판의 호루루기 소리가 들리다.

☑ **しょうぶ（勝負）** 名自 승부　　　¶ ＝勝ち負け(かちまけ)

> 勝負の世界は 冷酷だ。
> 승부의 세계는 냉혹하다.

☑ **すもう（相撲）** 名 (일본) 씨름　　　¶ ＝すまい

> 相撲に 勝って 勝負に 負ける。
> 씨름에 이기고 승부에 지다.

☑ **じゅうどう（柔道）** 名 유도

> 武道館で 柔道の世界選手権が 行われる。
> 무도관에서 유도의 세계 선수권이 행해진다.

확인 테스트

1. 다음 한자의 히라가나와 뜻을 쓰시오.

    (1) 柔道 _____　　　_____

    (2) 相撲 _____　　　_____

2. 다음 낱말의 독음이 다른 것을 고르시오.

    (1) 小説　　　① 詳説　　　② 小節　　　③ 常設

    (2) 作家　　　① 雑貨　　　② 擦過　　　③ 昨夏

    (3) 視聴　　　① 市長　　　② 自重　　　③ 史潮

    (4) 取材　　　① 主剤　　　② 首罪　　　③ 主催

    (5) 審判　　　① 侵犯　　　② 新版　　　③ 裁判

3. 다음 낱말의 독음이 같은 것을 고르시오.

    出場　　　　① 出席　　　② 出征　　　③ 出定

4. 다음 빈칸에 알맞은 말을 보기에서 골라 써보시오.

    (1) _____ に 勝って 勝負に 負ける。

    (2) 新人女流 _____ の小説が　ベストセラーになる。

    【보기】　すもう、しょうぶ、さっか、じゅうどう

5. 다음 문장을 해석하시오.

    (1) 武道館で 柔道の世界選手権が 行われる。

    (2) 彼の日記は 恋愛小説のように おもしろい。

● **문제 풀이**

2. (1) 詳説 (しょうせつ) 상설／小節 (しょうせつ) 소절／常設 (じょうせつ) 상설
    (2) 雑貨 (ざっか) 잡화／擦過 (さっか) 찰과／昨夏 (さっか) 작년 여름
    (3) 市長 (しちょう) 시장／自重 (じちょう) 자중／史潮 (しちょう) 사조
    (4) 主剤 (しゅざい) 주제／首罪 (しゅざい) 수죄／主催 (しゅさい) 주최
    (5) 侵犯 (しんぱん) 침범／新版 (しんぱん) 신판／裁判 (さいばん) 재판

3. 出席 (しゅっせき) 출석／出征 (しゅっせい) 출정／出定 (しゅつじょう) 출정

□ **しゅくはく（宿泊）** 名自 숙박
> ソウル 市内の純韓国風旅館に 宿泊する。
> 서울 시내의 순한국풍 여관에 숙박하다.

□ **そうさく（創作）** 名他 창작
> 創作音楽の発表会が 開かれる。
> 창작 음악의 발표회가 열리다.

□ **しゃくど（尺度）** 名 척도, 기준
> 人は 自分の尺度を もって 他人を はかる。
> 사람은 자신의 척도를 가지고 남을 헤아린다.

□ **ぞくよう（俗謡）** 名 속요
> 地方に 伝わっている 俗謡を 集める。
> 지방에 전해지고 있는 속요를 모으다.

□ **しょうりょう（渉猟）** 名他 섭렵
> 古今東西の書籍を 渉猟する。
> 고금 동서의 서적을 섭렵하다.

□ **せんぞ（先祖）** 名 선조, 조상　　¶＝祖先(そせん)、↔子孫(しそん)
> 先祖の墓に おまいりする。
> 조상의 무덤에 성묘하다.

□ **そなえる（供える）** 他 바치다, 드리다
> 霊前に 花を 供える。
> 영전에 꽃을 바치다.

□ **しゅぎょう（修行）** 名自 수행, 수련
> 修験者が 仏道を 修行する。
> 수험자가 불도를 수행하다.

□ **しゅうりょう（終了）** 名他 수료, 종료　　¶↔開始(かいし)
> 高校三年の課程を 終了する。
> 고교 3년 과정을 수료하다.

확인 테스트

1. 다음 한자의 히라가나와 뜻을 쓰시오.

(1) 尺度 ＿＿＿＿＿　　　＿＿＿＿＿

(2) 先祖 ＿＿＿＿＿　　　＿＿＿＿＿

(3) 修行 ＿＿＿＿＿　　　＿＿＿＿＿

2. 다음 낱말의 독음이 다른 것을 고르시오.

(1) 俗謡　　① 俗流　　② 俗用　　③ 族葉

(2) 終了　　① 重量　　② 終了　　③ 収量

3. 다음 낱말의 독음이 같은 것을 고르시오.

(1) 創作　　① 造作　　② 捜索　　③ 増作

(2) 供える　① 備える　② 構える　③ 超える

4. 다음 빈칸에 알맞은 말을 보기에서 골라 써보시오.

(1) ＿＿＿＿＿＿ の墓に おまいりする。

(2) ソウル 市内の純韓国風旅館に ＿＿＿＿＿＿ する。

【보기】　しょうりょう、しゅくはく、せんぞ、しゅぎょう

5. 다음 문장을 해석하시오.

(1) 古今東西の書籍を 渉猟する。

(2) 人は 自分の尺度を もって 他人を はかる。

● **문제 풀이** ▬▬▬▬▬

2. (1) 俗流(ぞくりゅう) 속인들／俗用(ぞくよう) 속사(俗事)／族葉(ぞくよう) 일족의 사람들

(2) 重量(じゅうりょう) 중량／終了(しゅうりょう) 종료／収量(しゅうりょう) 수량

3. (1) 造作(ぞうさく) 조작／捜索(そうさく) 수색／増作(ぞうさく) 증작

(2) 備える(そなえる) 준비하다／構える(かまえる) 꾸미다／超える(こえる) 지나가다

☑ **せんもん（専門）** 名 전문

　　彼の専門は 人類学だ。

　　그의 전문은 인류학이다.

☑ **ずかん（図鑑）** 名 도감

　　植物図鑑で 花の名前を 調べる。

　　식물 도감에서 꽃의 이름을 조사하다.

☑ **じゅしょう（受賞）** 名自他 수상　　　　　　　　¶↔授賞(じゅしょう)

　　彼は ノーベル賞を 受賞した学者だ。

　　그는 노벨상을 수상한 학자이다.

☑ **しっぴつ（執筆）** 名他 집필

　　原稿の執筆を 依頼される。

　　원고 집필을 청탁받다.

☑ **しゅうかんし（週刊誌）** 名 주간지

　　電車の中で 週刊誌を 読む。

　　전차 안에서 주간지를 읽다.

☑ **しゃせつ（社説）** 名 사설

　　今日の社説は 予算案に 関するものだ。

　　오늘 사설은 예산안에 관한 것이다.

☑ **しょうひん（小品）** 名 소품

　　風景画の小品三点を 出品する。

　　풍경화의 소품 석 점을 출품하다.

☑ **しょうべつ（小別）** 名他 세분, 소분 ¶＝こわけ、↔大別(だいべつ)

　　植物を 種類によって 小別する。

　　식물을 종류에 따라서 세분하다.

☑ **する（刷る）** 他 인쇄하다　　　　　　　　¶＝印刷する(いんさつする)

　　年賀状を 五万部 刷った。

　　연하장을 5만 부 인쇄했다.

확인 테스트

1. 다음 한자의 히라가나와 뜻을 쓰시오.

(1) 執筆 _____　　　_____

(2) 小別 _____　　　_____

(3) 社説 _____　　　_____

(4) 専門 _____　　　_____

(5) 図鑑 _____　　　_____

2. 다음 낱말의 독음이 다른 것을 고르시오.

(1) 受賞　　① 授章　　② 授賞　　③ 首相

(2) 小品　　① 上品　　② 商品　　③ 賞品

(3) 刷る　　① 摩る　　② 知る　　③ 擦る

3. 다음 빈칸에 알맞은 말을 보기에서 골라 써보시오.

(1) 彼の_____ は 人類学だ。

(2) 植物_____ で 花の名前を 調べる。

(3) 今日の_____ は 予算案に 関するものだ。

> 【보기】　しゃせつ、する、せんもん、しっぴつ、ずかん

4. 다음 문장을 해석하시오.

(1) 原稿の執筆を 依頼される。

(2) 電車の中で 週刊誌を 読む。

(3) 風景画の小品三点を 出品する。

(4) 植物を 種類によって 小別する。

● **문제 풀이**

2. (1) 授章(じゅしょう) 수장／授賞(じゅしょう) 수상／首相(しゅしょう) 수상
　　(2) 上品(じょうひん) 상품／商品(しょうひん) 상품／賞品(しょうひん) 상품
　　(3) 摩る(する) 갈다／知る(しる) 알다／擦る(する) 문지르다

☑ **さつえい（撮影）** 名他 촬영

  > 野外で　映画を　撮影する。
  > 야외에서 영화를 촬영하다.

☑ **ざんぱい（惨敗）** 名自 참패　　　　　　　¶＝さんぱい

  > 相手に　惨敗を　喫する。
  > 상대에게 참패를 당하다.

☑ **そうじゅう（操縦）** 名他 조종

  > 自動車を　遠隔操縦する。
  > 자동차를 원격 조종하다.

☑ **しそう（思想）** 名 사상

  > デモ隊は　過激な　思想を　持っている。
  > 데모대는 과격한 사상을 가지고 있다.

☑ **じつげん（実現）** 名自他 실현

  > 少年時代の夢を　実現させる。
  > 소년 시절의 꿈을 실현시키다.

☑ **ぞうしん（増進）** 名自他 증진　　　　　　¶↔減退(げんたい)

  > 体力の増進を　図る。
  > 체력의 증진을 도모하다.

☑ **そうしゅつ（創出）** 名他 창출

  > 新しい文化を　創出する。
  > 새로운 문화를 창출하다.

☑ **じゅくどく（熟読）** 名他 정독, 숙독　　　　¶↔速読(そくどく)

  > 熟読する　価値のある　本である。
  > 숙독할 가치가 있는 책이다.

☑ **じゅけん（受験）** 名自他 수험

  > 国立大学を　受験する。
  > 국립 대학 시험을 치르다.

확인 테스트

1. 다음 한자의 히라가나와 뜻을 쓰시오.

(1) 熟読 _____   _____

(2) 実現 _____   _____

(3) 惨敗 _____   _____

(4) 増進 _____   _____

2. 다음 낱말의 독음이 다른 것을 고르시오.

(1) 思想   ① 志操   ② 使僧   ③ 事相

(2) 創出   ① 早出   ② 槍術   ③ 簇出

(3) 受験   ① 修験   ② 授権   ③ 受検

3. 다음 낱말의 독음이 같은 것을 고르시오.

撮影   ① 雑詠   ② 雑役   ③ 射影

4. 다음 빈칸에 알맞은 말을 보기에서 골라 써보시오.

(1) 体力の _____ を 図る。

(2) 相手から _____ を 喫する。

【보기】   ざんぱい、さつえい、そうしゅつ、ぞうしん

5. 다음 문장을 해석하시오.

(1) 自動車を 遠隔操縦する。

(2) 少年時代の夢を 実現させる。

(3) 熟読する 価値のある 本である。

● **문제 풀이**

2. (1) 志操(しそう) 지조／使僧(しそう) 사승／事相(じそう) 사상

(2) 早出(そうしゅつ) 일찍 출근함／槍術(そうじゅつ) 창술／簇出(そうしゅつ) 족출(떼지어 나옴)

(3) 修験(しゅげん) 수험／授権(じゅけん) 수권／受検(じゅけん) 수험

3. 雑詠(さつえい) 잡영／雑役(ざつえき) 잡역／射影(しゃえい) 사영, 투영

☑ **しじ（師事）** 名自 사사

> 先生に 師事して 声楽の指導を 受けた。
> 선생님에게 사사하여 성악 지도를 받았다.

☑ **でんとう（伝統）** 名 전통

> 古来の伝統を 守る。
> 고래의 전통을 지키다.

☑ **たいしゅうぶんか（大衆文化）** 名 대중 문화

> 映画、ビテオなどは 現代の大衆文化である。
> 영화, 비디오 등은 현대의 대중 문화이다.

☑ **でんらい（伝来）** 名自 전래   ¶＝渡来(とらい)

> 中国伝来の音楽である。
> 중국 전래의 음악이다.

☑ **たいがく（退学）** 名自 퇴학

> 病気のため 退学する。
> 병 때문에 퇴학하다.

☑ **だいひょうさく（代表作）** 名 대표작

> 金素月の代表作は「つつじの花」である。
> 김소월의 대표작은 「진달래꽃」이다.

☑ **ていきょう（提供）** 名他 제공

> 放送は 情報を 提供する。
> 방송은 정보를 제공한다.

☑ **とまる（泊まる）** 自 묵다, 숙박하다   ¶＝やどる

> 家に 客が 二人 泊まっている。
> 집에 손님이 두 명 묵고 있다.

☑ **ちょうしゅう（聴衆）** 名 청중

> 音楽会は 約五千の聴衆に 感銘を 与えた。
> 음악회는 약 5천 명의 청중에게 감명을 주었다.

확인 테스트

1. 다음 한자의 히라가나와 뜻을 쓰시오.
   (1) 退学 _____   _____
   (2) 伝来 _____   _____
   (3) 代表作 _____   _____

2. 다음 낱말의 독음이 다른 것을 고르시오.
   (1) 師事   ① 支持   ② 指示   ③ 時事
   (2) 伝統   ① 電灯   ② 伝灯   ③ 伝導
   (3) 泊まる   ① 止まる   ② 挟まる   ③ 留まる
   (4) 聴衆   ① 徴収   ② 長袖   ③ 聴取

3. 다음 낱말의 독음이 같은 것을 고르시오.
   提供   ① 帝京   ② 定休   ③ 自供

4. 다음 빈칸에 알맞은 말을 보기에서 골라 써보시오.
   (1) 中国_____の音楽である。
   (2) 音楽会は 約五千の_____に 感銘を 与えた。

   ┌───┐
   │ 【보기】　でんらい、とまる、ちょうしゅう、ていきょう │
   └───┘

5. 다음 문장을 해석하시오.
   (1) 金素月の代表作「つつじの花」である。
   (2) 映画、ビテオなどは 現代の大衆文化である。

● **문제 풀이** ━━━━━━━━━━━━━━━━━━
2. (1) 支持 (しじ) 지지／指示 (しじ) 지시／時事 (じじ) 시사
   (2) 電灯 (でんとう) 전등／伝灯 (でんとう) 전등／伝導 (でんどう) 전도
   (3) 止まる (とまる) 멈추다／挟まる (はさまる) 끼이다／留まる (とまる) 머물다
   (4) 徴収 (ちょうしゅう) 징수／長袖 (ちょうしゅう) 장수／聴取 (ちょうしゅ) 청취
3. 帝京 (ていきょう) 제경(천자가 사는 서울)／定休 (ていきゅう) 정휴／自供 (じきょう) 자공. 자백

☐ **ちんれつ　（陳列）**　名他　진열
> ショーケースに 宝石を 陳列する。
> 쇼케이스에 보석을 진열하다.

☐ **ちょうこく　（彫刻）**　名自他　조각
> 彫刻のように 均整のとれた 体。
> 조각처럼 균형잡힌 몸매.

☐ **でんしょう　（伝承）**　名他　전승
> 古典文学を 新しい 世代に 伝承する。
> 고전 문학을 새 세대에게 전승하다.

☐ **てつづき　（手続き）**　名　절차, 수속　　　　　¶＝手順(てじゅん)
> その品を 輸入するのに 正式に 手続きを 踏んだ。
> 그 물건을 수입하는데 정식으로 절차를 밟았다.

☐ **どうとく　（道徳）**　名　도덕　　　　　　　　¶＝道義(どうぎ)
> 公衆道徳を 守る。
> 공중 도덕을 지키다.

☐ **ちょしゃ　（著者）**　名　저자
> 著者不明の 寓話集が 出る。
> 저자 불명의 우화집이 나오다.

☐ **とうしょ　（投書）**　名自他　투서
> 国会に 投書して 知らせる。
> 국회에 투서해서 알리다.

☐ **とる　（撮る）**　他　찍다
> 古宮で 写真を 撮る。
> 고궁에서 사진을 찍다.

☐ **たいかい　（大会）**　名　대회　　　　　　　　¶＝総会(そうかい)
> 野球大会を 開催する。
> 야구 대회를 개최하다.

확인 테스트

1. 다음 한자의 히라가나와 뜻을 쓰시오.

(1) 撮る   _____   _____

(2) 著者   _____   _____

(3) 陳列   _____   _____

(4) 道徳   _____   _____

2. 다음 낱말의 독음이 다른 것을 고르시오.

(1) 投書   ① 図書   ② 当初   ③ 頭書

(2) 大会   ① 大海   ② 退会   ③ 大害

3. 다음 낱말의 독음이 같은 것을 고르시오.

(1) 彫刻   ① 聴講   ② 超克   ③ 長考

(2) 伝承   ① 天井   ② 添乗   ③ 伝唱

4. 다음 빈칸에 알맞은 말을 보기에서 골라 써보시오.

(1) 公衆 _____ を 守る。

(2) ショーケースに 宝石を _____ する。

> 【보기】　どうとく、ちょうこく、ちんれつ、でんしょう

5. 다음 문장을 해석하시오.

(1) 古宮で 写真を 撮る。

(2) 著者不明の寓話集が 出る。

(3) その品を 輸入するのに 正式に 手続きを 踏んだ。

● **문제 풀이** ━━━━━━━━━━━

2. (1) 図書 (としょ) 도서／当初 (とうしょ) 당초／頭書 (とうしょ) 두서

(2) 大海 (たいかい) 대해／退会 (たいかい) 퇴회, 탈퇴／大害 (たいがい) 큰 피해

3. (1) 聴講 (ちょうこう) 청강／超克 (ちょうこく) 초극／長考 (ちょうこう) 장고

(2) 天井 (てんじょう) 천장／添乗 (てんじょう) 함께 타고 따라다님／伝唱 (でん
しょう) 전창

☑ **たいしょう (大勝)** 名自 대승   ¶ ↔大敗(たいはい)

　　7対 ゼロで 大勝した。
　　7대 0으로 대승했다.

☑ **とうし (闘志)** 名 투지   ¶ =闘魂(とうこん)

　　民主化運動に 闘志を 燃やす。
　　민주화 운동에 투지를 불태우다.

☑ **たんれん (鍛練)** 名他 단련

　　精神を 鍛練する ために 哲学書を 読む。
　　정신을 단련하기 위해 철학서를 읽다.

☑ **とうじょう (登場)** 名自 등장   ¶ ↔退場(たいじょう)

　　彗星のように 芸能界に 登場する。
　　혜성처럼 예능계에 등장하다.

☑ **とうちゃく (到着)** 名自 도착   ¶ ↔出発(しゅっぱつ)

　　列車から 荷物が 到着順に 並んだ。
　　열차에서 짐이 도착순으로 줄을 섰다.

☑ **でづっぱり (出突張り)** 名 계속 나옴

　　撮影の最後まで 出突張りで 活躍する。
　　촬영이 끝날 때까지 계속 나와서 활약하다.

☑ **ちょじゅつ (著述)** 名自他 저술   ¶ =著作(ちょさく)

　　優秀な 教授陣は 毎日 研究と 著述に 過ごす。
　　우수한 교수진은 매일 연구와 저술로 보낸다.

☑ **ねつえん (熱演)** 名他 열연

　　初舞台に 出て 熱演する。
　　첫 무대에 나와 열연하다.

☑ **ねんぷ (年譜)** 名 연보

　　ある作家の年譜を まとめる。
　　어떤 작가의 연보를 정리하다.

confirm

 ## 확인 테스트

1. 다음 한자의 히라가나와 뜻을 쓰시오.
(1) 到着 ＿＿＿＿＿ ＿＿＿＿＿
(2) 著述 ＿＿＿＿＿ ＿＿＿＿＿
(3) 鍛練 ＿＿＿＿＿ ＿＿＿＿＿

2. 다음 낱말의 독음이 다른 것을 고르시오.
(1) 大勝 ① 大将 ② 大小 ③ 対照
(2) 闘志 ① 投資 ② 唐詩 ③ 同士

3. 다음 낱말의 독음이 같은 것을 고르시오.
年譜 ① 年賦 ② 年表 ③ 年報

4. 다음 빈칸에 알맞은 말을 보기에서 골라 써보시오.
(1) 7対 ゼロで ＿＿＿＿＿ する。
(2) 彗星のように 芸能界に ＿＿＿＿＿ する。
(3) 優秀な 教授陣は 毎日 研究と ＿＿＿＿＿ に 過ごす。

【보기】 たいしょう、でづっぱり、とうじょう、のうど たんれん、ちょじゅつ

5. 다음 문장을 해석하시오.
(1) 列車から 荷物が 到着順に 並んだ。
(2) 撮影の最後まで 出突張りで 活躍する。
(3) 民主化運動に 闘志を 燃やす。
(4) 初舞台に 出て 熱演する。

● **문제 풀이**
2. (1) 大将(たいしょう) 대장／大小(だいしょう) 대소／対照(たいしょう) 대조
(2) 投資(とうし) 투자／唐詩(とうし) 당시／同士(どうし) 같은 동아리, 끼리
3. 年賦(ねんぷ) 연부／年表(ねんぴょう) 연표／年報(ねんぽう) 연보

☑ **ねんちゅうぎょうじ（年中行事）** 名 연중 행사

韓国には 歴史的な 年中行事が 多い。
한국에는 역사적인 연중 행사가 많다.

☑ **にゅうだん（入団）** 名自 입단　　　　　　¶↔退団(たいだん)

プロ野球団に 入団した。
프로 야구단에 입단했다.

☑ **のせる（載せる）** 他 싣다

論文を 学術 雑誌に 載せる。
논문을 학술 잡지에 싣다.

☑ **にゅうせん（入選）** 名 입선　¶↔落選(らくせん)、落第(らくだい)

彼の絵が 美術展に 入選した。
그의 그림이 미술전에 입선했다.

☑ **ねんげつ（年月）** 名 연월(세월)

幾多の年月を 経る。
많은 세월이 지나다.

☑ **ねんちょう（年長）** 名形動 연장　　　　¶↔年少(ねんしょう)

彼が わが家で 一番 年長者だ。
그가 우리집에서 가장 연장자다.

☑ **なんしょ（難所）** 名 난관　　　　　　¶＝難関(なんかん)

交渉は 最大の難所を 迎えた。
교섭은 최대의 난관을 맞았다.

☑ **なんい（難易）** 名 난이

仕事によって 難易の差が ある。
일에 따라 난이의 차이가 있다.

☑ **にゅうし（入試）** 名 입시

入試問題が むずかしい。
입시 문제가 어렵다.

확인 테스트

1. 다음 한자의 히라가나와 뜻을 쓰시오.
   (1) 入団 _____   _____
   (2) 年長 _____   _____
   (3) 難所 _____   _____
   (4) 年月 _____   _____

2. 다음 낱말의 독음이 다른 것을 고르시오.
   入選   ① 入城   ② 入船   ③ 乳腺

3. 다음 낱말의 독음이 같은 것을 고르시오.
   (1) 難易   ① 難儀   ② 簡易   ③ 南緯
   (2) 入試   ① 乳歯   ② 乳児   ③ 入社

4. 다음 빈칸에 알맞은 말을 보기에서 골라 써보시오.
   (1) 幾多の _____ を 経る。
   (2) 仕事によって _____ の差が ある。
   (3) 論文を 学術 雑誌に _____。

   【보기】   のせる、なんしょ、なんい、ねんちょう、ねんげつ

5. 다음 문장을 해석하시오.
   (1) プロ野球団に 入団した。
   (2) 交渉は 最大の難所を 迎えた。
   (3) 彼が わが家で 一番 年長者だ。
   (4) 韓国には 歴史的な 年中行事が 多い。

● **문제 풀이**

2. 入城(にゅうじょう) 입성／入船(にゅうせん) 입선／乳腺(にゅうせん) 젖샘
3. (1) 難儀(なんぎ) 곤란／簡易(かんい) 간이／南緯(なんい) 남위
   (2) 乳歯(にゅうし) 유치／乳児(にゅうじ) 유아／入社(にゅうしゃ) 입사

☑ **ぶんかざい（文化財）** 名 문화재

> 慶州には 文化財が たくさん 残っている。
> 경주에는 문화재가 많이 남아 있다.

☑ **ぶたい（舞台）** 名 무대

> 芸術家は 外交の舞台で 活躍している。
> 예술가는 외교의 무대에서 활약하고 있다.

☑ **へんきょく（編曲）** 名自他 편곡　　　　　　　　　¶ ＝アレンジ

> 合唱用に 編曲する。
> 합창용으로 편곡하다.

☑ **ほうそう（包装）** 名他 포장

> 贈り物を きれいに 包装する。
> 선물을 예쁘게 포장하다.

☑ **ひょうろん（評論）** 名他 평론

> 経済政策に ついて 評論する。
> 경제 정책에 대하여 평론하다.

☑ **へんしゅう（編集）** 名他 편집, 편찬　　　　　¶ ＝編纂(へんさん)

> 出版社で 編集を 担当する。
> 출판사에서 편집을 담당하다.

☑ **ほんばん（本番）** 名 (연습이 아닌) 본방송　　　¶ ↔リハーサル

> ぶっつけ 本番を 迎える。
> 준비 없이 바로 본방송에 들어가다.

☑ **はいゆう（俳優）** 名 배우　　　　　　　　　　¶ ＝役者(やくしゃ)

> 彼女は 演劇俳優として デビューした。
> 그녀는 연극 배우로 데뷔했다.

☑ **はくしゅ（拍手）** 名自 박수

> 急霰のごとき 拍手を する。
> 우레와 같은 박수를 치다.

확인 테스트

1. 다음 한자의 히라가나와 뜻을 쓰시오.

   (1) 評論 _____   _____

   (2) 文化財 _____   _____

2. 다음 낱말의 독음이 다른 것을 고르시오.

   (1) 編曲　　　① 戯曲　　　　② 変局　　　　③ 偏曲

   (2) 包装　　　① 放送　　　　② 法曹　　　　③ 暴走

   (3) 編集　　　① 偏執　　　　② 変種　　　　③ 編修

3. 다음 낱말의 독음이 같은 것을 고르시오.

   (1) 舞台　　　① 付帯　　　　② 土台　　　　③ 部隊

   (2) 俳優　　　① 名優　　　　② 廃油　　　　③ 俳友

4. 다음 빈칸에 알맞은 말을 보기에서 골라 써보시오.

   (1) 急霰のごとき _____ を する。

   (2) 贈り物を きれいに _____ する。

   (3) 経済政策に ついて _____ する。

> 【보기】　はくしゅ、はいゆう、ひょうろん、
> 　　　　　ぶんかざい、ほうそう

5. 다음 문장을 해석하시오.

   (1) ぶっつけ 本番を 迎える。

   (2) 慶州には 文化財が たくさん 残っている

● **문제 풀이**

2. (1) 戯曲(ぎきょく) 희곡／変局(へんきょく) 비상시／偏曲(へんきょく) 편곡

   (2) 放送(ほうそう) 방송／法曹(ほうそう) 법조／暴走(ぼうそう) 폭주

   (3) 偏執(へんしゅう) 편집, 고집／変種(へんしゅ) 변종／編修(へんしゅう) 편수

3. (1) 付帯(ふたい) 부대／土台(どだい) 토대／部隊(ぶたい) 부대

   (2) 名優(めいゆう) 명우／廃油(はいゆ) 폐유／排友(はいゆう) 俳句로 사귄 친구

☑ **ほうがく（邦楽）** ⓐ 방악, 국악　　　　　¶↔洋楽(ようがく)

こくがくいん　　　　　　　まな
　　国楽院では 邦楽を 学ぶ。
　　국악원에서는 방악〔국악〕을 배운다.

☑ **はなわ（花輪）** ⓐ 화환

しゅくが　　　　　　　くび
　　祝賀の花輪を 首にかける。
　　축하의 화환을 목에 걸다.

☑ **へきが（壁画）** ⓐ 벽화

いせき　　はっくつ　　　　　　　はっけん
　　遺跡を 発掘すると、壁画が 発見される。
　　유적을 발굴하면, 벽화가 발견된다.

☑ **ふくげん（復元）** ⓐⓐⓗ 복원

こうはい　　　しろ
　　荒廃した城を 復元する。
　　황폐한 성을 복원하다.

☑ **ぶし（武士）** ⓐ 무사, 양반　　　　　¶＝武者(むしゃ)、さむらい

　　　　　く　　　　　たか
　　武士は 食わねど 高ようじ。
　　양반은 얼어죽어도 겻불은 안 쬔다.(속담)

☑ **ばくふ（幕府）** ⓐ 막부

え　ど　　　　　よねん　つづ
　　江戸幕府は 260余年 続いた。
　　江戸 막부는 260여 년 계속됐다.

☑ **はつもうで（初もうで）** ⓐⓐ 처음으로 참배함　¶＝はつまいり

しょうがつ　　　おおぜい　ひと　てら　　　　　　　　　　い
　　お正月には 大勢の人が 寺に 初もうでに 行く。
　　정월에는 많은 사람들이 절에 처음으로 참배하러 간다.

☑ **ぶつぞう（仏像）** ⓐ 불상　　　　　¶＝仏体(ぶったい)

　　　　　しず　　　てら　　あんち
　　仏像を 静かな 寺に 安置する。
　　불상을 조용한 절에 안치하다.

☑ **はいく（俳句）** ⓐ 하이쿠(일본의 단형시)　　¶＝発句(ほっく)

　　　　　　　　　　　　　　おん　　な　た
　　俳句は 5・7・5の17音で 成り立っている。
　　俳句는 5・7・5의 17음으로 성립되어 있다.

확인 테스트

1. 다음 한자의 히라가나와 뜻을 쓰시오.

(1) 仏像 ＿＿＿＿＿＿＿　　　＿＿＿＿＿＿＿

(2) 俳句 ＿＿＿＿＿＿＿　　　＿＿＿＿＿＿＿

(3) 壁画 ＿＿＿＿＿＿＿　　　＿＿＿＿＿＿＿

(4) 復元 ＿＿＿＿＿＿＿　　　＿＿＿＿＿＿＿

2. 다음 낱말의 독음이 다른 것을 고르시오.

邦楽　　　　① 法外　　　　② 方角　　　　③ 法学

3. 다음 낱말의 독음이 같은 것을 고르시오.

(1) 花輪　　① 鼻輪　　　② 花嫁　　　③ 半輪

(2) 武士　　① 侮視　　　② 無事　　　③ 不時

(3) 幕府　　① 爆風　　　② 爆布　　　③ 伯父

4. 다음 빈칸에 알맞은 말을 보기에서 골라 써보시오.

(1) 祝賀の＿＿＿＿＿を 首にかける。

(2) 遺跡を 発掘すると、＿＿＿＿＿が 発見される。

> 【보기】　ほうがく、はなわ、かいく、ぶつぞう、へきが

5. 다음 문장을 해석하시오.

(1) 荒廃した城を 復元する。

(2) 俳句は 5・7・5の17音で　成り立っている。

(3) お正月には 大勢の人が 寺に 初もうでに 行く。

● **문제 풀이**

2. 法外 (ほうがい) 법외／方角 (ほうがく) 방위, 방향／法学 (ほうがく) 법학

3. (1) 鼻輪 (はなわ) 쇠코뚜레／花嫁 (はなよめ) 신부／半輪 (はんりん) 반원형

(2) 侮視 (ぶし) 무시／無事 (ぶじ) 무사／不時 (ふじ) 불시

(3) 爆風 (ばくふう) 폭풍／爆布 (ばくふ) 폭포／伯父 (はくふ) 백부

☑ **ほうげん（方言）** ⒜ 방언　　　　　　　　¶↔標準語(ひょうじゅんご)

> 方言の特色を 活かして 地方色を 表わす。
> 방언의 특색을 살려서 지방색을 나타낸다.

☑ **はくし（博士）** ⒜ 박사　　　　　　　　　　¶＝はかせ

> 文学博士号を 受かる。
> 문학 박사의 칭호를 받다.

☑ **ほうかつ（包括）** ⒜⒧ 포괄

> 問題点を 包括して 質問する。
> 문제점을 포괄해서 질문하다.

☑ **ぶっそう（物騒）** ⒜形動 위험한 상태

> 物騒な 物を 持つ。
> 위험스런 물건을 지니다.

☑ **ほうそう（放送）** ⒜⒧ 방송

> テレビで 日本語の放送を 見る。
> 텔레비전에서 일본어 방송을 보다.

☑ **ふさい（不才）** ⒜ 재주 없음, 둔재

> 身の不才を 顧みず大任を 引き受ける。
> 자신의 재주 없음을 돌아보지 않고 대임을 맡다.

☑ **めいぶん（名分）** ⒜ 명분

> 大義名分が 立たない。
> 대의 명분이 서지 않는다.

☑ **めいめい（命名）** ⒜⒣ 명명

> 月着陸船は イーグルと 命名された。
> 달 착륙선은 이글로 명명되었다.

☑ **もんぶしょう（文部省）** ⒜ 문부성

> 文部省の奨学金を 受けて 日本に 留学する。
> 문부성 장학금을 받고 일본에 유학하다.

확인 테스트

1. 다음 한자의 히라가나와 뜻을 쓰시오.
  (1) 包括 _____   _____
  (2) 文部省 _____   _____

2. 다음 낱말의 독음이 다른 것을 고르시오.
  (1) 方言   ① 放言   ② 冒険   ③ 法眼
  (2) 博士   ① 白磁   ② 白紙   ③ 薄志
  (3) 放送   ① 奉送   ② 法曹   ③ 法則
  (4) 不才   ① 不在   ② 夫妻   ③ 負債
  (5) 名分   ① 名物   ② 名文   ③ 明文

3. 다음 낱말의 독음이 같은 것을 고르시오.
  物騒   ① 仏祖   ② 仏葬   ③ 仏像

4. 다음 빈칸에 알맞은 말을 보기에서 골라 써보시오.
  (1) 問題点を _____ して 質問する。
  (2) 身の _____ を 顧みず大任を 引き受ける。

  > 【보기】 ほうかつ、はくし、ほうげん、ふさい

5. 다음 문장을 해석하시오.
  (1) 方言の特色を 活かして 地方色を 表わす。
  (2) 文部省の奨学金を 受けて 日本に 留学する。

● **문제 풀이**

2. (1) 放言 (ほうげん) 방언／冒険 (ぼうけん) 모험／法眼 (ほうげん) 법안
   (2) 白磁 (はくじ) 백자／白紙 (はくし) 백지／薄志 (はくし) 박지
   (3) 奉送 (ほうそう) 봉송／法曹 (ほうそう) 법조／法則 (ほうそく) 법칙
   (4) 不在 (ふざい) 부재／夫妻 (ふさい) 부처／負債 (ふさい) 부채
   (5) 名物 (めいぶつ) 명물／名文 (めいぶん) 명문／明文 (めいぶん) 명문
3. 仏祖 (ぶっそ) 불조／仏葬 (ぶっそう) 불장／仏像 (ぶつぞう) 불상

☑ **みんよう（民謡）** 名 민요 ¶＝俗謡(ぞくよう)

初めて 舞台で 歌手が 韓国民謡を 歌う。

처음으로 무대에서 가수가 한국 민요를 부르다.

☑ **みんげいひん（民芸品）** 名 민예품

外国の観光客が わが国で 民芸品を 買う。

외국 관광객이 우리나라에서 민예품을 사다.

☑ **まつり（祭り）** 名 축제, 제사

祭りの日は おおぜいの人が 神社に 参る。

축제일은 많은 사람이 신사에 참배한다.

☑ **まんが（漫画）** 名 만화

新聞に 時事漫画を 描く。

신문에 시사 만화를 그리다.

☑ **みだし（見出し）** 名 표제, 목차, 색인 ¶＝タイトル

このごろの本は 人の目を 引くような 見出しが 多い。

요즘은 책이 사람의 눈을 끄는 표제가 많다.

☑ **みあわせる（見合わせる）** 他 마주보다, 대조하다

本の原本と 見合わせる。

책의 원본과 대조하다.

☑ **むじゅん（矛盾）** 名自 모순

現実と理想とは 矛盾する。

현실과 이상은 모순된다.

☑ **むすぶ（結ぶ）** 自他 맺히다, 매다, 묶다 ¶＝ゆわえる

世界を 結ぶ 衛星中継放送が 始められた。

세계를 잇는 위성 중계 방송이 시작되었다.

☑ **めもり（目盛）** 名他 （계량기의） 눈금

この物差しは 目盛が インチに なっている。

이 자는 눈금이 인치로 되어 있다.

확인 테스트

1. 다음 한자의 히라가나와 뜻을 쓰시오.

　(1) 目盛　＿＿＿＿＿＿　　　＿＿＿＿＿＿

　(2) 矛盾　＿＿＿＿＿＿　　　＿＿＿＿＿＿

　(3) 民謡　＿＿＿＿＿＿　　　＿＿＿＿＿＿

　(4) 見出し　＿＿＿＿＿　　　＿＿＿＿＿＿

　(5) 民芸品　＿＿＿＿＿　　　＿＿＿＿＿＿

2. 다음 낱말의 독음이 같은 것을 고르시오.

　(1) 漫画　　　① 満開　　　② 馬鍬　　　③ 満額

　(2) 結ぶ　　　① 掬ぶ　　　② 咽ぶ　　　③ 学ぶ

3. 다음 빈칸에 알맞은 말을 보기에서 골라 써보시오.

　(1) 現実と理想とは＿＿＿＿＿する。

　(2) 初めて 舞台で 歌手が 韓国＿＿＿＿＿を 歌う。

　(3) 新聞に 時事＿＿＿＿＿を 描く。

　(4) ＿＿＿＿＿の日は おおぜいの人が 神社に 参る。

> 【보기】　みあわせる、 むじゅん、 みんげいひん、
> 　　　　　 みんよう、 まなぶ、 まつり、 まんが

4. 다음 문장을 해석하시오.

　(1) 本の原本と 見合わせる。

　(2) この物差しは インチで 目盛が インチに なっている。

　(3) 外国の観光客が わが国で 民芸品を 買う。

　(4) このごろの 本は 人の目を 引くような 見出しが 多い。

● **문제 풀이**

2. (1) 満開(まんかい) 만개／馬鍬(まんが) 써레／満額(まんがく) 만액
　　 (2) 掬ぶ(むすぶ) 움켜 뜨다／咽ぶ(むせぶ) 목이 메다／学ぶ(まなぶ) 배우다

☐ **ようじゅつ（妖術）** ⓝ 요술　　¶＝魔法(まほう)、幻術(げんじゅつ)

魔術師(まじゅつし)が 手(て)で 妖術(ようじゅつ)を 使(つか)う。

마술사가 손으로 요술을 부리다.

☐ **ゆうしょう（優勝）** ⓝⓙ 우승

2秒(にびょう)の差(さ)で 優勝(ゆうしょう)を 逸(いっ)した。

2초 차로 우승을 놓쳤다.

☐ **やきゅう（野球）** ⓝ 야구　　　　　　　　　　　¶＝ベースボール

プロ野球(やきゅう)を 見物(けんぶつ)に ソウル運動場(うんどうじょう)に 行(い)く。

프로야구를 구경하러 서울운동장에 가다.

☐ **よこく（予告）** ⓝⓣ 예고

次週(じしゅう) 上映(じょうえい)予告編(へん)を 10時(じゅうじ)から 見(み)る。

다음주 상영 예고편을 10시부터 보다.

☐ **よやく（予約）** ⓝⓣ 예약

新製品(しんせいひん)の予約(よやく)を 今(いま)から 承(うけたまわ)ります。

신제품의 예약을 지금부터 받겠습니다.

☐ **よきょう（余興）** ⓝ 여흥

余興(よきょう)として 隠(かく)し芸(げい)を する。

여흥으로서 숨은 재주를 부리다.

☐ **やど（宿）** ⓝ 숙소　　　　　　　　¶＝すみか、宿屋(やどや)

港(みなと)の近(ちか)くに 宿(やど)を 取(と)る。

항구 가까이에 숙소를 정하다.

☐ **よむ（詠む）** ⓣ （시가를） 읊다, 짓다

旅行(りょこう)の印象(いんしょう)を 短歌(たんか)に 詠(よ)む。

여행의 인상을 단가로 읊다.

☐ **ゆうせい（優勢）** ⓝ形動 우세　　　　　　¶↔劣勢(れっせい)

優勢(ゆうせい)に 試合(しあい)を 運(はこ)ぶ。

우세하게 시합을 진행하다.

확인 테스트

1. 다음 한자의 히라가나와 뜻을 쓰시오.

(1) 予約 _____   _____

(2) 野球 _____   _____

(3) 妖術 _____   _____

2. 다음 낱말의 독음이 다른 것을 고르시오.

(1) 優勝   ① 有償   ② 友情   ③ 勇将

(2) 優勢   ① 有声   ② 優性   ③ 遊説

3. 다음 낱말의 독음이 같은 것을 고르시오.

(1) 予告   ① 栄光   ② 与国   ③ 警告

(2) 余興   ① 余響   ② 余業   ③ 遊興

(3) 詠む   ① 組む   ② 病む   ③ 読む

4. 다음 빈칸에 알맞은 말을 보기에서 골라 써보시오.

(1) 港の近くに _____ を 取る。

(2) 魔術師が 手で _____ を 使う。

【보기】   やど、 ゆうせい、 ゆうしょう、 ようじゅつ

5. 다음 문장을 해석하시오.

(1) 新製品の予約を 今から 承ります。

(2) プロ野球を 見物に ソウル運動場に 行く。

● **문제 풀이**

2. (1) 有償(ゆうしょう) 유상／友情(ゆうじょう) 우정／勇将(ゆうしょう) 용장

(2) 有声(ゆうせい) 유성／優性(ゆうせい) 우성／遊説(ゆうぜい) 유세

3. (1) 栄光(えいこう) 영광／与国(よこく) 동맹국／警告(けいこく) 경고

(2) 余響(よきょう) 여운／余業(よぎょう) 잔업／遊興(ゆうきょう) 유흥

(3) 組む(くむ) 엇걸다／病む(やむ) 병들다／読む(よむ) 읽다

☑ **ゆうたい（優待）** 名自 우대   ¶ ＝優遇(ゆうぐう)

> デパートでは いつも 顧客を 優待する。
> 백화점에서는 항상 고객을 우대한다.

☑ **らくせい（落成）** 名自 낙성, 준공   ¶ ＝竣工(しゅんこう)

> 明日は ホテルの 落成式が ある。
> 내일은 호텔 준공식이 있다.

☑ **りょひ（旅費）** 名 여비

> 東京まで 旅費は どのくらい かかりますか。
> 동경까지 여비는 얼마쯤 듭니까?

☑ **りゅうせい（隆盛）** 名形動 융성   ¶ ＝隆昌(りゅうしょう)

> 詩は 唐の 代に 最も 隆盛であった。
> 시가 당대에 가장 융성했었다.

☑ **りゅうねん（留年）** 名自 유급, 낙제   ¶ ＝落第(らくだい)

> 大学で 二年 留年した。
> 대학에서 2년 유급했다.

☑ **りゅうがく（留学）** 名自 유학

> ドイツに 国費留学で 旅立つ。
> 독일에 국비 유학으로 떠나다.

☑ **れんあい（恋愛）** 名自 연애   ¶ ＝こい

> 彼は 妻と 恋愛結婚した。
> 그는 아내와 연애 결혼했다.

☑ **らん（欄）** 名 난, 칼럼

> 所定の 欄に 記入せよ。
> 소정의 난에 기입하라.

☑ **りょかく（旅客）** 名 여행자, 여객   ¶ ＝りょきゃく、たびびと

> 旅客列車に 乗って 出る。
> 여객 열차를 타고 떠나다.

확인 테스트

1. 다음 한자의 히라가나와 뜻을 쓰시오.

(1) 留年 ＿＿＿＿＿＿＿＿ ＿＿＿＿＿＿＿＿

(2) 恋愛 ＿＿＿＿＿＿＿＿ ＿＿＿＿＿＿＿＿

(3) 留学 ＿＿＿＿＿＿＿＿ ＿＿＿＿＿＿＿＿

(4) 旅客 ＿＿＿＿＿＿＿＿ ＿＿＿＿＿＿＿＿

2. 다음 낱말의 독음이 다른 것을 고르시오.

(1) 優待 　① 雄大 　② 勇退 　③ 郵袋

(2) 落成 　① 洛成 　② 落勢 　③ 落選

(3) 欄 　① 覧 　② 濫 　③ 練

3. 다음 낱말의 독음이 같은 것을 고르시오.

隆盛 　① 流星 　② 流水 　③ 流説

4. 다음 빈칸에 알맞은 말을 보기에서 골라 써보시오.

(1) ＿＿＿＿＿＿ 列車に 乗って 出る。

(2) ドイツに 国費 ＿＿＿＿＿＿ で 旅立つ。

【보기】　りゅうがく、りょひ、りゅうせい、りょかく

5. 다음 문장을 해석하시오.

(1) 彼は 妻と 恋愛結婚した。

(2) 詩は 唐の代に 最も 隆盛であった。

(3) 東京まで 旅費は どのくらい かかりますか。

● **문제 풀이**

2. (1) 雄大 (ゆうだい) 웅대／勇退 (ゆうたい) 용퇴／郵袋 (ゆうたい) 우편 행낭

(2) 洛成 (らくせい) 낙성／落勢 (らくせい) 하락세／落選 (らくせん) 낙선

(3) 覧 (らん) 람, 넓게 봄／濫 (らん) 람／練 (れん) 련

3. 流星 (りゅうせい) 유성／流水 (りゅうすい) 유수／流説 (るせつ) 유설, 낭설

☑ **りょけん（旅券）** 图 여권 　　　　　　　　¶ ＝パスポート

海外旅券を 申請する。

해외 여권을 신청하다.

☑ **りんかく（輪郭）** 图 윤곽

雲が 切れて 山の輪郭が 現れる。

구름이 걷히고 산의 윤곽이 나타나다.

☑ **りょうさく（良策）** 图 좋은 계책, 상책 　　　¶ ＝上策(じょうさく)

先生に 相談するのが 良策だ。

선생님에게 의논하는 것이 상책이다.

☑ **わざ（技）** 图 기술, 솜씨, 기예

相撲で 技が 極まる。

스모에서 (수를 써서) 승부가 나다.

☑ **わか（和歌）** 图 일본 고유의 시가 　　　　　¶ ＝やまとうた

和歌は 日本 固有の詩歌である。

和歌는 일본 고유의 시가이다.

확인 테스트

1. 다음 한자의 히라가나와 뜻을 쓰시오.

(1) 良策 　　　　　　　　　　　　　　　　

(2) 輪郭 　　　　　　　　　　　　　　　　

(3) 申請 　　　　　　　　　　　　　　　　

(4) 旅券 　　　　　　　　　　　　　　　　

2. 다음 낱말의 독음이 같은 것을 고르시오.

(1) 技 　　　① 訳 　　　② 枠 　　　③ 業

(2) 和歌 　　① 若 　　　② 和解 　　③ 和諧

3. 다음 빈칸에 알맞은 말을 보기에서 골라 써보시오.

(1) 相撲で 　　　　　が 極まる。

(2) 先生に 相談するのが 　　　　　だ。

(3) 　　　　　は 日本 固有の詩歌である。

> 【보기】　わざ、りょけん、りょうさく、わか、りんかく

4. 다음 문장을 해석하시오.

(1) 海外旅券を 申請する。

(2) 雲が 切れて 山の輪郭が 現れる。

● 문제 풀이

2. (1) 訳(わけ) 의미／枠(わく) 테두리／業(わざ) 행위

(2) 若(わか) 젊음／和解(わかい) 화해／和諧(わかい) 화목함

5. 환경·과학

☑ **おせん（汚染）** 名自他 오염
> 人間は 環境を 汚染させて いる。
> 인간은 환경을 오염시키고 있다.

☑ **いでん（遺伝）** 名自 유전
> 親の性格が 子に 遺伝する。
> 부모의 성격이 자녀에게 유전되다.

☑ **いしょく（移植）** 名他 이식
> 心臓の移植手術を 受ける。
> 심장의 이식 수술을 받다.

☑ **えいせい（衛星）** 名 위성
> ラジオで 衛星中継の放送を 聞く。
> 라디오에서 위성 중계 방송을 듣다.

☑ **うちゅう（宇宙）** 名 우주
> 人工衛星を 宇宙に 打ち上げる。
> 인공위성을 우주에 쏘아올리다.

☑ **おだく（汚濁）** 名自 오탁, 더럽혀짐
> 汚濁された川で 水泳することは できない。
> 더럽혀진 강에서 수영할 수가 없다.

☑ **うえ（飢え）** 名 굶주림, 기아   ¶ ＝ひもじさ
> 飢えと 寒さのために 大勢の人が 死んだ。
> 굶주림과 추위 때문에 많은 사람이 죽었다.

☑ **うりょう（雨量）** 名 우량, 강우량   ¶ ＝降雨量（こううりょう）
> 史上 最高の雨量を 記録した。
> 역사상 최고의 강우량을 기록했다.

5

환경·과학

확인 테스트

1. 다음 한자의 히라가나와 뜻을 쓰시오.

　(1) 汚濁　　_____　　　_____

　(2) 雨量　　_____　　　_____

　(3) 飢え　　_____　　　_____

2. 다음 낱말의 독음이 다른 것을 고르시오.

　(1) 移植　　① 衣食　　② 委嘱　　③ 居職

　(2) 衛星　　① 彗星　　② 永生　　③ 衛生

3. 다음 낱말의 독음이 같은 것을 고르시오.

　(1) 汚染　　① 汚臭　　② 御煎　　③ 御膳

　(2) 遺伝　　① 位田　　② 移転　　③ 秘伝

　(3) 宇宙　　① 雨中　　② 意中　　③ 移駐

4. 다음 빈칸에 알맞은 말을 보기에서 골라 써보시오.

　(1) 心臓の _____ 手術を 受ける。

　(2) 人間は 環境を _____ させて いる。

　(3) _____ と 寒さのために 大勢の人が 死んだ。

　　【보기】　いしょく、えいせい、うちゅう、うえ、おせん

5. 다음 문장을 해석하시오.

　(1) 史上 最高の雨量を 記録した。

　(2) 汚濁された川で 水泳する ことは できない。

● **문제 풀이** ━━━━━━━━━

2. (1) 衣食 (いしょく) 의식／委嘱 (いしょく) 위촉／居職 (いじょく) 좌업 (坐業)

　　(2) 彗星 (すいせい) 혜성／永生 (えいせい) 영생／衛生 (えいせい) 위생

3. (1) 汚臭 (おしゅう) 오취／御煎 (おせん) 납작과자／御膳 (おぜん) 밥상

　　(2) 位田 (いでん) 관리에게 주던 논밭／移転 (いてん) 이전／秘伝 (ひでん) 비전

　　(3) 雨中 (うちゅう) 우중／意中 (いちゅう) 의중／移駐 (いちゅう) 이주

☑ **いど　（緯度）**　名 위도　　　　　　　　　　　¶ ↔経度(けいど)

地球の自転軸の移動に　よって　緯度の変化が　ある。

지구의 자전축의 이동에 의해 위도 변화가 있다.

☑ **えきしょう　（液晶）**　名 액정　¶ ＝液状結晶(えきじょうけっしょう)

時計の時刻を　示すのに、液晶が　使われる。

시계의 시각을 나타내는 데 액정이 사용된다.

☑ **おんだん　（温暖）**　名 形動 온난　　　　　　　¶ ↔寒冷(かんれい)

気候の温暖な地方に　住む。

기후가 온난한 지방에 살다.

☑ **かんきょう　（環境）**　名 환경

人間は　環境に　支配される。

인간은 환경에 지배당한다.

☑ **こうがい　（公害）**　名 공해

都市の公害を　除去する。

도시의 공해를 제거하다.

☑ **きしょう　（気象）**　名 기상

気象の変化が　はげしい。

기상의 변화가 심하다.

☑ **かんぱ　（寒波）**　名 한파　　　　　　　　　　　¶ ↔熱波(ねっぱ)

広域的に　気温が　低下することを　寒波という。

광역적으로 기온이 저하되는 것을 한파라고 한다.

☑ **こうずい　（洪水）**　名 홍수　　　　　　　　　¶ ＝おおみず

洪水で　田畑が　大分やられる。

홍수로 논밭이 상당한 피해를 입다.

☑ **かさい　（火災）**　名 화재　　　　　　　　　　　¶ ＝火事(かじ)

漏電に　因る　火災が　発生する。

누전에 의한 화재가 발생하다.

확인 테스트

1. 다음 한자의 히라가나와 뜻을 쓰시오.

(1) 洪水 _____　　　　_____

(2) 液晶 _____　　　　_____

2. 다음 낱말의 독음이 다른 것을 고르시오.

(1) 緯度　　① 井戸　　② 意図　　③ 異土

(2) 環境　　① 乾姜　　② 感興　　③ 官業

(3) 公害　　① 豪快　　② 郊外　　③ 梗概

(4) 気象　　① 気性　　② 机上　　③ 記章

(5) 火災　　① 家財　　② 家裁　　③ 果菜

3. 다음 낱말의 독음이 같은 것을 고르시오.

寒波　　　① 看破　　　② 汗馬　　　③ 乾杯

4. 다음 빈칸에 알맞은 말을 보기에서 골라 써보시오.

(1) _____ で 田畑が 大分やられる。

(2) 広域的に 気温が 低下することを _____ という。

【보기】　かんぱ、かんきょう、こうがい、こうずい

5. 다음 문장을 해석하시오.

(1) 気候の 温暖な 地方に 住む。

(2) 時計の 時刻を 示すのに、液晶が 使われる。

● **문제 풀이**

2. (1) 井戸 (いど) 우물／意図 (いと) 의도／異土 (いど) 이국 땅

(2) 乾姜 (かんきょう) 말린 생강　／感興 (かんきょう) 감흥／官業 (かんぎょう)
관업

(3) 豪快 (ごうかい) 호쾌／郊外 (こうがい) 교외／梗概 (こうがい) 대강

(4) 気性 (きしょう) 기성／机上 (きじょう) 탁상／記章 (きしょう) 기장

(5) 家財 (かざい) 가재／家裁 (かさい) 가정법원／果菜 (かさい) 과채

3. 看破 (かんぱ) 간파／汗馬 (かんば) 한마／乾杯 (かんぱい) 건배

☑ **ぎせい （犠牲）** ㊔ 희생

労働争議では 一人の犠牲者も なかった。
노동쟁의에서는 한 사람의 희생자도 없었다.

☑ **げんしりょく （原子力）** ㊔ 원자력   ¶ ＝原子(げんし)エネルギー

原子力発電所を 作る。
원자력 발전소를 세우다.

☑ **かくゆうごう （核融合）** ㊔ 핵융합   ¶ ↔核分裂(かくぶんれつ)

核融合反応を 生じさせる。
핵융합 반응을 일으키다.

☑ **こうせいぶっしつ （抗生物質）** ㊔ 항생물질

抗生物質のおかげで 治る 病気が 増えた。
항생물질 덕분에 낫는 병이 늘었다.

☑ **かいぼう （解剖）** ㊔㊥ 해부

大学病院で 死体を 解剖する。
대학병원에서 시체를 해부하다.

☑ **けんさく （検索）** ㊔㊥ 검색

コンピューターは 情報 検索に 便利だ。
컴퓨터는 정보 검색에 편리하다.

☑ **ごかんせい （互換性）** ㊔ 호환성

コンピューターに 互換性のある 部品を 差し込む。
컴퓨터에 호환성이 있는 부품을 끼우다.

☑ **ぎじゅつ （技術）** ㊔ 기술

近代工業には 高度な 技術が 要求される。
근대 공업에는 고도의 기술이 요구된다.

☑ **きどう （軌道）** ㊔ 궤도

人工衛星を 軌道に 乗せる。
인공위성을 궤도에 올리다.

확인 데스트

1. 다음 한자의 히라가나와 뜻을 쓰시오.

(1) 技術 ＿＿＿＿＿＿＿　　　　　＿＿＿＿＿＿

(2) 互換性 ＿＿＿＿＿＿＿　　　　　＿＿＿＿＿＿

(3) 核融合 ＿＿＿＿＿＿＿　　　　　＿＿＿＿＿＿

(4) 原子力 ＿＿＿＿＿＿＿　　　　　＿＿＿＿＿＿

2. 다음 낱말의 독음이 다른 것을 고르시오.

(1) 犠牲　　　　① 擬制　　　　② 規制　　　　③ 擬勢

(2) 検索　　　　① 建策　　　　② 献策　　　　③ 原作

(3) 軌道　　　　① 奇道　　　　② 機動　　　　③ 祈祷

3. 다음 낱말의 독음이 같은 것을 고르시오.

解剖　　　　　① 外貌　　　　② 海防　　　　③ 開放

4. 다음 빈칸에 알맞은 말을 보기에서 골라 써보시오.

(1) ＿＿＿＿＿＿反応を 生じさせる。

(2) 近代工業には 高度な ＿＿＿＿＿が 要求される。

> 【보기】　げんしりょく、かくゆうごう、ぎじゅつ、きどう

5. 다음 문장을 해석하시오.

(1) 原子力発電所を 作る。

(2) 抗生物質のおかげで 治る 病気が 増えた。

(3) コンピューターに 互換性のある 部品を 差し込む。

● **문제 풀이**

2. (1) 擬制 (ぎせい) 의제／規制 (きせい) 규제／擬勢 (ぎせい) 의세

(2) 建策 (けんさく) 건책／献策 (けんさく) 헌책／原作 (げんさく) 원작

(3) 奇道 (きどう) 기발한 방법／機動 (きどう) 기동／祈祷 (きとう) 기도

3. 外貌 (がいぼう) 외모／海防 (かいぼう) 해방(바다의 방비)／開放 (かいほう) 개방

☑ **かんそく（観測）** 名他 관측

世界情勢の推移を 観測する。

세계 정세의 추이를 관측하다.

☑ **かんぼつ（陥没）** 名自 함몰　　　　　　　　　　　¶↔隆起(りゅうき)

地震で 道路が 陥没する。

지진으로 도로가 함몰하다.

☑ **かいしゅう（回収）** 名他 회수

廃品を 回収して 再活用する。

폐품을 회수하여 재활용하다.

☑ **きが（飢餓）** 名 기아　　　　　　　　　　　　　　　¶＝うえ

食糧が なくなり、いよいよ 飢餓が せまってきた。

식량이 떨어지고, 마침내 기아가 다가왔다.

☑ **きあつ（気圧）** 名 기압

気圧の関係で 天気が 不安定している。

기압 관계로 날씨가 불안정하다.

☑ **ごうう（豪雨）** 名 호우, 큰비　　　　　　　　　¶＝大雨(おおあめ)

今日の集中豪雨は 西から 進んで 来る 低気圧のせいだ。

오늘의 집중호우는 서쪽에 진출해 오는 저기압 때문이다.

☑ **くっさく（掘削）** 名他 굴삭, 굴착

掘削工事しないで 建物を 建てる。

굴착 공사하지 않고 건물을 세우다.

☑ **かんたく（干拓）** 名他 간척

海岸の干拓地を 工事する。

해안의 간척지를 공사하다.

☑ **かざん（火山）** 名 화산

熔岩台地に 火山が 活動している。

용암 대지에 화산이 활동하고 있다.

확인 테스트

1. 다음 한자의 히라가나와 뜻을 쓰시오.

(1) 豪雨   _____   _____

(2) 火山   _____   _____

(3) 陥没   _____   _____

(4) 観測   _____   _____

2. 다음 낱말의 독음이 다른 것을 고르시오.

(1) 回収   ① 懐柔   ② 会衆   ③ 改修

(2) 飢餓   ① 帰臥   ② 戯画   ③ 起臥

(3) 干拓   ① 官宅   ② 乾拓   ③ 干天

3. 다음 낱말의 독음이 같은 것을 고르시오.

気圧   ① 汽圧   ② 血圧   ③ 加圧

4. 다음 빈칸에 알맞은 말을 보기에서 골라 써보시오.

(1) 世界情勢の推移を _____ する。

(2) _____ 工事しないで 建物を 建てる。

【보기】   かんぼつ、かんそく、ごうう、くっさく

5. 다음 문장을 해석하시오.

(1) 地震で 道路が 陥没する。

(2) 熔岩台地に 火山が 活動している。

(3) 今日の集中豪雨は 西から 進んで 来る 低気圧のせいだ。

● **문제 풀이**

2. (1) 懐柔(かいじゅう) 회유／会衆(かいしゅう) 회중／改修(かいしゅう) 개수

　　 (2) 帰臥(きが) 귀와／戯画(ぎが) 희화／起臥(きが) 기와, 일상생활

　　 (3) 官宅(かんたく) 관사／乾拓(かんたく) 건탁／干天(かんてん) 한천

3. 汽圧(きあつ) 기압／血圧(けつあつ) 혈압／加圧(かあつ) 가압

☑ **けいかい（警戒）** 名他 경계
> 水位は 警戒を 超えた。
> 수위는 경계를 넘었다.

☑ **こうたい（抗体）** 名 항체　　　　　　　¶＝免疫体(めんえきたい)
> 病原体が 入ると、体内に 抗体が できる。
> 병원체가 들어가면 체내에 항체가 생긴다.

☑ **くし（駆使）** 名他 구사
> むずかしい技術を 自由自在に 駆使する。
> 어려운 기술을 자유자재로 구사하다.

☑ **こうぞくりょく（航続力）** 名 항속력
> 航空機の航続力が 落ちた。
> 항공기의 항속력이 떨어졌다.

☑ **ごうけい（合計）** 名他 합계, 총액　　　　　¶＝総額(そうがく)
> 三冊で 合計千円になる。
> 세 권으로 합계 천 엔이 된다.

☑ **ごっかん（極寒）** 名 극한, 극도의 추위　　　¶↔極暑(ごくしょ)
> エスキモー人は 極寒の地に 住む。
> 에스키모인은 극한의 땅에 산다.

☑ **かこう（加工）** 名他 가공
> 皮を 加工して 靴を 作る。
> 가죽을 가공해서 신발을 만들다.

☑ **かんさく（間作）** 名他 간작
> 大根は よく 間作として 作られる。
> 무는 흔히 간작으로 재배한다.

☑ **かんさつ（観察）** 名他 관찰
> 野鳥の生態を 観察する。
> 야조의 생태를 관찰하다.

확인 테스트

1. 다음 한자의 히라가나와 뜻을 쓰시오.

(1) 極寒　　＿＿＿＿＿＿＿　　　　　＿＿＿＿＿＿＿

(2) 合計　　＿＿＿＿＿＿＿　　　　　＿＿＿＿＿＿＿

(3) 観察　　＿＿＿＿＿＿＿　　　　　＿＿＿＿＿＿＿

(4) 航続力　＿＿＿＿＿＿＿

2. 다음 낱말의 독음이 다른 것을 고르시오.

(1) 抗体　　　① 後退　　　② 交代　　　③ 後代

(2) 駆使　　　① 公事　　　② 句誌　　　③ 苦思

(3) 加工　　　① 火口　　　② 下降　　　③ 化合

3. 다음 낱말의 독음이 같은 것을 고르시오.

(1) 警戒　　　① 教会　　　② 軽快　　　③ 芸界

(2) 間作　　　① 奸策　　　② 贋作　　　③ 耕作

4. 다음 빈칸에 알맞은 말을 보기에서 골라 써보시오.

(1) 三冊で＿＿＿＿＿＿千円になる。

(2) 大根は よく＿＿＿＿＿＿として 作られる。

【보기】　こうぞくりょく、ごうけい、かんさく、くし

5. 다음 문장을 해석하시오.

(1) 航空機の 航続力が 落ちた。

(2) 病原体が 入ると、体内に 抗体が できる。

● **문제 풀이**

2. (1) 後退 (こうたい) 후퇴／交代 (こうたい) 교대／後代 (こうだい) 후대

(2) 公事 (くじ) 공사／句詩 (くし) 시구／苦思 (くし) 괴롭게 생각함

(3) 火口 (かこう) 화구／下降 (かこう) 하강／化合 (かごう) 화합

3. (1) 教会 (きょうかい) 교회／軽快 (けいかい) 경쾌／芸界 (げいかい) 연예계

(2) 奸策 (かんさく) 간책／贋作 (がんさく) 안작／耕作 (こうさく) 경작

☑ **きいん （起因）** 名自 기인   ¶＝基因(きいん)

> 食糧不足は 人口過剰に 起因する。
> 식량 부족은 인구 과잉에 기인한다.

☑ **ぎょうけつ （凝血）** 名自 응혈, 피가 엉김

> 傷口の回りは 凝血している。
> 상처의 둘레는 응혈하고 있다.

☑ **きょうど （郷土）** 名 향토   ¶＝故郷(ふるさと)

> 彼は わが郷土の誇りである。
> 그는 우리 고향의 자랑이다.

☑ **じばん （地盤）** 名 지반, 지면   ¶＝地面(じめん)

> 外国市場に 地盤を 築く。
> 외국 시장에 지반을 구축하다.

☑ **そうおん （騒音）** 名 소음   ¶↔楽音(がくおん)

> 町の騒音に 悩まされる。
> 거리의 소음에 괴로움을 겪다.

☑ **しげん （資源）** 名 자원

> 我が国は 資源に 乏しい 国である。
> 우리나라는 자원이 부족한 나라다.

☑ **さばく （砂漠）** 名 사막

> アフリカの砂漠化が 気象にまで 影響を 与える。
> 아프리카의 사막화가 기상에까지 영향을 준다.

☑ **じしん （地震）** 名 지진

> 北部で 震度3の地震が 発生した。
> 북부에서 진도 3의 지진이 발생했다.

☑ **しんすい （浸水）** 名自 침수   ¶＝水びたし(みずびたし)

> 船は 浸水のために 沈没した。
> 배는 침수 때문에 침몰했다.

확인 테스트

1. 다음 한자의 히라가나와 뜻을 쓰시오.

　(1) 地盤　　_____　　　　　　_____

　(2) 浸水　　_____　　　　　　_____

2. 다음 낱말의 독음이 다른 것을 고르시오.

　(1) 起因　　　① 気韻　　　② 棋院　　　③ 議院

　(2) 郷土　　　① 匈奴　　　② 凶徒　　　③ 強度

　(3) 騒音　　　① 宋音　　　② 相恩　　　③ 相応

3. 다음 낱말의 독음이 같은 것을 고르시오.

　(1) 凝血　　　① 献血　　　② 膏血　　　③ 凝結

　(2) 砂漠　　　① 索漠　　　② 裁く　　　③ 砂鉢

4. 다음 빈칸에 알맞은 말을 보기에서 골라 써보시오.

　(1) 船は _____ のために 沈没した。

　(2) 食糧不足は 人口過剰に _____ する。

　(3) アフリカの _____ 化が 気象にまで 影響を 与える。

　【보기】　きいん、きょうど、さばく、しんすい、しげん

5. 다음 문장을 해석하시오.

　(1) 外国市場に 地盤を 築く。

　(2) 我が国は 資源に 乏しい 国である。

● **문제 풀이**

2. (1) 気韻 (きいん) 기운 / 棋院 (きいん) 기원 / 議院 (ぎいん) 의원

　　(2) 匈奴 (きょうど) 흉노 / 凶徒 (きょうと) 폭도 / 強度 (きょうど) 강도

　　(3) 宋音 (そうおん) 송음 / 相恩 (そうおん) 상은 / 相応 (そうおう) 상응

3. (1) 献血 (けんけつ) 헌혈 / 膏血 (こうけつ) 고혈 / 凝結 (ぎょうけつ) 응결

　　(2) 索漠 (さくばく) 삭막 / 裁く (さばく) 판가름하다 / 砂鉢 (さはち) 접시 모양의
　　　　커다란 푼주

☑ **さいがい　（災害）**　🈩 재해　　　　　　　　　　　¶ ＝災難(さいなん)

台風で 大きな 災害が 発生した。

태풍으로 큰 재해가 발생했다.

☑ **さんじ　（惨事）**　🈩 참사

流血の惨事を 引き起こす。

유혈의 참사를 일으키다.

☑ **そうなん　（遭難）**　🈩🈔 조난

冬山で 遭難が 続く。

겨울 산에서 조난이 계속되다.

☑ **さいぼう　（細胞）**　🈩 세포

細胞は 生物体の基本構成単位である。

세포는 생물체의 기본 구성 단위이다.

☑ **じっけん　（実験）**　🈩🈪 실험

自分の実験に 照らして 論文を 書く。

자신의 실험에 비추어서 논문을 쓰다.

☑ **しょうどく　（消毒）**　🈩🈪 소독

日光消毒の効果が ある。

일광 소독의 효과가 있다.

☑ **せんたんぎじゅつ　（先端技術）**　🈩 첨단 기술

コンピューター産業が 時代の先端技術を 行く。

컴퓨터 산업이 시대의 첨단 기술을 가다.

☑ **そうち　（装置）**　🈩🈪 장치　　　　　　　　　　　¶ ＝しかけ

ファクシミリに 自動記録装置を 備え付ける。

팩시밀리에 자동 기록 장치를 설치하다.

☑ **そうさ　（操作）**　🈩🈪 조작

テレビとラジオを いすに 座って 遠隔操作する。

텔레비전과 라디오를 의자에 앉아서 원격 조작하다.

확인 테스트

1. 다음 한자의 히라가나와 뜻을 쓰시오.
　　(1) 消毒 　＿＿＿＿＿＿＿　　　　　　＿＿＿＿＿＿＿
　　(2) 遭難 　＿＿＿＿＿＿＿　　　　　　＿＿＿＿＿＿＿

2. 다음 낱말의 독음이 다른 것을 고르시오.
　　(1) 災害　　　① 再会　　　　② 塞外　　　　③ 際涯
　　(2) 惨事　　　① 賛辞　　　　② 産児　　　　③ 蚕糸
　　(3) 実験　　　① 実現　　　　② 実権　　　　③ 実検
　　(4) 装置　　　① 送致　　　　② 措置　　　　③ 痩地
　　(5) 操作　　　① 造作　　　　② 走査　　　　③ 捜査

3. 다음 낱말의 독음이 같은 것을 고르시오.
　　細胞　　　　① 才望　　　　② 財宝　　　　③ 歳暮

4. 다음 빈칸에 알맞은 말을 보기에서 골라 써보시오.
　　(1) 冬山で ＿＿＿＿＿＿ が 続く。
　　(2) 日光＿＿＿＿＿＿ の効果が ある。

　　【보기】　そうなん、そうさ、しょうどく、せんたんぎじゅつ

5. 다음 문장을 해석하시오.
　　(1) 台風で 大きな 災害が 発生した。
　　(2) コンピューター産業が 時代の先端技術を 行く。

● **문제 풀이**
2. (1) 再会 (さいかい) 재회／塞外 (さいがい) 새외／際涯 (さいがい) 제애
　　(2) 賛辞 (さんじ) 찬사／産児 (さんじ) 산아／蚕糸 (さんし) 잠사
　　(3) 実現 (じつげん) 실현／実権 (じっけん) 실권／実検 (じっけん) 실험
　　(4) 送致 (そうち) 송치／措置 (そち) 조치／痩地 (そうち) 메마른 땅
　　(5) 造作 (ぞうさ) 조작／走査 (そうさ) 주사／捜査 (そうさ) 수사
3. 才望 (さいぼう) 재망／財宝 (ざいほう) 재보／歳暮 (さいぼ) 세모

☑ **せいぎょ （制御）** 名他 제어 ¶ ＝コントロール

コンピューターに 自動制御装置を 取り付ける。

컴퓨터에 자동 제어 장치를 달다.

☑ **しょり （処理）** 名他 처리 ¶ ＝処置(しょち)

下水処理場で 汚物を 除去する。

하수 처리장에서 오물을 제거하다.

☑ **すいせい （彗星）** 名 혜성 ¶ ＝ほうきぼし

そのバイオリニストは 彗星のごとく 音楽界に 現われる。

그 바이올리니스트는 혜성과 같이 음악계에 나타나다.

☑ **しぜんほご （自然保護）** 名 자연 보호

自然保護の運動に 参加する 企業が 増えている。

자연 보호의 운동에 참가하는 기업이 늘고 있다.

☑ **しつど （湿度）** 名 습도

部屋の中の 湿度が 高いので 勉強することが できない。

방 안의 습도가 높아서 공부할 수가 없다.

☑ **そくりょう （測量）** 名他 측량 ¶ ＝測定(そくてい)

山の高さを 測量する。

산의 높이를 측량하다.

☑ **しゅっか （出火）** 名自 출화, 불이 남 ¶ ↔鎮火(ちんか)

タバコの火に より 工場から 出火した。

담뱃불에 의해 공장에서 불이 났다.

☑ **しょうきゃく （消却）** 名他 소각

百トンの石炭を 消却する。

100톤의 석탄을 소각하다.

☑ **しょうとつ （衝突）** 名自 충돌

バスが 列車に 正面衝突する 事故が 次々に 起った。

버스가 열차에 정면 충돌하는 사고가 연달아 일어났다.

확인 테스트

1. 다음 한자의 히라가나와 뜻을 쓰시오.

(1) 彗星 _____ _____

(2) 処理 _____ _____

(3) 湿度 _____ _____

(4) 衝突 _____ _____

2. 다음 낱말의 독음이 다른 것을 고르시오.

(1) 制御   ① 成魚   ② 制球   ③ 生魚

(2) 消却   ① 焼却   ② 償却   ③ 乗客

3. 다음 낱말의 독음이 같은 것을 고르시오.

出火   ① 出荷   ② 出芽   ③ 出域

4. 다음 빈칸에 알맞은 말을 보기에서 골라 써보시오.

(1) 山の高さを _____ する。

(2) 下水 _____ 場で 汚物を 除去する。

(3) タバコの火に より 工場から _____ した。

【보기】 そくりょう、 しつど、 すいせい、 しょり、 しゅっか

5. 다음 문장을 해석하시오.

(1) 自然保護の 運動に 参加する 企業が 増えている。

(2) バスが 列車に 正面衝突する 事故が 次々に 起った。

(3) 部屋の中の 湿度が 高いので 勉強することが できない。

● **문제 풀이**

2. (1) 成魚(せいぎょ) 성어／制球(せいきゅう) 제구／生魚(せいぎょ) 생어

(2) 焼却(しょうきゃく) 소각／償却(しょうきゃく) 상각 ／乗客(じょうきゃく)
  승객

3. 出荷(しゅっか) 출하／出芽(しゅつが) 출아／出域(しゅついき) 출역

☑ **しがいせん（紫外線）** 图 자외선

　　夏には 紫外線が 強いので サングラスを かけている。
　　여름에는 자외선이 강해서 선글라스를 끼고 있다.

☑ **しんそざい（新素材）** 图 신소재

　　現代医学で 新素材の人工骨が 開発された。
　　현대 의학에서 신소재의 인공뼈가 개발되었다.

☑ **じしゃく（磁石）** 图 자석

　　強力な 磁石の登場が 期待される。
　　강력한 자석의 등장이 기대된다.

☑ **しんちんたいしゃ（新陳代謝）** 图 신진대사

　　体が 新陳代謝するのは 自然の法則である。
　　신체가 신진대사하는 것은 자연의 법칙이다.

☑ **せんしょくたい（染色体）** 图 염색체

　　胎児の染色体 異常が 発見される。
　　태아의 염색체 이상이 발견되다.

☑ **そうしん（送信）** 图他 송신　　　　　　　　¶ ↔受信(じゅしん)

　　書類を ファクシミリで 送信する。
　　서류를 팩시밀리로 송신한다.

☑ **そうせい（双星）** 图 쌍둥이별

　　星の中で 牽牛星と 織女星は 双星である。
　　별 중에서 견우성과 직녀성은 쌍성이다.

☑ **せいちょう（生長）** 图自 생장, 성장　　　　¶ ＝発育(はついく)

　　庭の木が すくすくと 生長する。
　　정원의 나무가 쑥쑥 자란다.

☑ **せいたい（生態）** 图 생태

　　野鳥の生態を 観察する。
　　야조의 생태를 관찰하다.

확인 테스트

1. 다음 한자의 히라가나와 뜻을 쓰시오.

(1) 磁石 _____   _____

(2) 紫外線 _____   _____

(3) 新素材 _____   _____

(4) 染色体 _____   _____

2. 다음 낱말의 독음이 다른 것을 고르시오.

(1) 送信   ① 喪心   ② 増進   ③ 総身

(2) 双星   ① 造成   ② 早生   ③ 創世

(3) 生長   ① 成長   ② 清澄   ③ 総長

(4) 生態   ① 声帯   ② 聖体   ③ 盛大

3. 다음 빈칸에 알맞은 말을 보기에서 골라 써보시오.

(1) 胎児の_____ 異常が 発見される。

(2) 現代医学で _____の 人工骨が 開発された。

(3) 星の中で 牽牛星と 織女星は _____である。

> 【보기】   せんしょくたい、じしゃく、しんそざい、
>   しんちんたいしゃ、そうせい

4. 다음 문장을 해석하시오.

(1) 強力な 磁石の登場が 期待される。

(2) 体が 新陳代謝するのは 自然の法則である。

(3) 夏には 紫外線が 強いので サングラスを かけている。

● **문제 풀이** ━━━━━━━━━━━━

2. (1) 喪心 (そうしん) 상심／増進 (ぞうしん) 증진／総身 (そうしん) 전신
   (2) 造成 (ぞうせい) 조성／早生 (そうせい) 조생／創世 (そうせい) 창세
   (3) 成長 (せいちょう) 성장／清澄 (せいちょう) 청징／総長 (そうちょう) 총장
   (4) 声帯 (せいたい) 성대／聖体 (せいたい) 성체／盛大 (せいだい) 성대

☑ **しょうもう（消耗）** 名自他 소모   ¶＝しょうこう

地球の資源は すっかり 消耗して しまった。

지구의 자원은 완전히 소모되고 말았다.

☑ **じゅうてん（充填）** 名他 충전

虫歯に セメントを 充填する。

충치에 시멘트를 충전하다(충치에 봉박다).

☑ **しほう（四方）** 名 사방, 천하

四方を 山に かこまれる。

사방이 산으로 둘러싸이다.

☑ **ちょうおんぱ（超音波）** 名 초음파

超音波を 用いて 内臓のがん診断を 行う。

초음파를 이용해서 내장의 암 진단을 실시한다.

☑ **とうさい（搭載）** 名他 탑재, 적재   ¶＝積載(せきさい)

この貨車の搭載 重量は 10トンだ。

이 화물차의 탑재 중량은 10톤이다.

☑ **つうしん（通信）** 名自 통신

本国との通信が とだえる。

본국과의 통신이 끊기다.

☑ **どじょう（土壌）** 名 토양, 땅

やせた 土壌を 改良する。

메마른 토양을 개량하다.

☑ **てんねん（天然）** 名 천연, 자연   ¶＝自然(しぜん)

世界的に めずらしい 動物を 天然記念物に 指定する。

세계적으로 희귀한 동물을 천연기념물로 지정한다.

☑ **たいふう（台風）** 名 태풍   ¶＝タイフーン

台風は 南方海上で 発達している。

태풍은 남방 해상에서 발달하고 있다.

확인 테스트

1. 다음 한자의 히라가나와 뜻을 쓰시오.

(1) 土壌 　＿＿＿＿＿＿　　　　　　＿＿＿＿＿＿

(2) 天然 　＿＿＿＿＿＿　　　　　　＿＿＿＿＿＿

(3) 消耗 　＿＿＿＿＿＿　　　　　　＿＿＿＿＿＿

(4) 超音波 ＿＿＿＿＿＿　　　　　　＿＿＿＿＿＿

2. 다음 낱말의 독음이 다른 것을 고르시오.

(1) 充填　　　① 重点　　　② 充電　　　③ 縦転

(2) 四方　　　① 仕法　　　② 市報　　　③ 時報

(3) 搭載　　　① 当歳　　　② 登載　　　③ 東西

3. 다음 낱말의 독음이 같은 것을 고르시오.

通信　　　　① 通人　　　② 逓信　　　③ 痛心

4. 다음 빈칸에 알맞은 말을 보기에서 골라 써보시오.

(1) ＿＿＿＿＿　は 南方海上で 発達している。

(2) 地球の資源は すっかり ＿＿＿＿＿ して しまった。

【보기】　しょうもう、ちょうおんぱ、てんねん、たいふう

5. 다음 문장을 해석하시오.

(1) やせた 土壌を 改良する。

(2) 超音波を 用いて 内臓のがん診断を 行う。

(3) 世界的に めずらしい 動物を 天然記念物に 指定する。

● 문제 풀이

2. (1) 重点(じゅうてん) 중점／充電(じゅうでん) 충전／縦転(じゅうてん) 종전
(2) 仕法(しほう) 방식／市報(しほう) 시보／時報(じほう) 시보
(3) 当歳(とうさい) 당세／登載(とうさい) 등재, 게재／東西(とうざい) 동서

3. 通人(つうじん) 통인／逓信(ていしん) 체신／痛心(つうしん) 통심

☑ **たいき （大気）** 名 대기

朝の快い 大気の中を 歩く。

아침의 상쾌한 대기 속을 걷다.

☑ **ていぼう （堤防）** 名 제방, 둑   ¶ ＝つつみ、土手(どて)

河が 氾濫するので 堤防を 築く。

강이 범람해서 제방을 쌓다.

☑ **つなみ （津波）** 名 해소, 해일

村に 津波が おしよせる。

마을에 해일이 밀어닥치다.

☑ **でんじは （電磁波）** 名 전자파

電磁波の人体への害が 研究されている。

전자파의 인체의 해가 연구되고 있다.

☑ **でんぱ （電波）** 名 전파   ¶ ＝電磁波(でんじは)

無線電話は 電波を 通じて 話せる。

무선전화는 전파를 통해서 말할 수 있다.

☑ **とっきょ （特許）** 名他 특허

自動制御装置の特許を 取る。

자동 제어 장치의 특허를 따다.

☑ **たんまつ （端末）** 名 단말

メインコンピューターに 端末を つなぐ。

주컴퓨터에 단말을 연결하다.

☑ **とうけい （統計）** 名 통계

その結果は 統計的に 推定できる。

그 결과는 통계적으로 추정할 수 있다.

☑ **ちゅうけい （中継）** 名他 중계   ¶ ＝なかつぎ、リレー

テレビで サッカーの実況 中継を する。

텔레비전에서 축구 실황 중계를 하다.

확인 테스트

1. 다음 한자의 히라가나와 뜻을 쓰시오.

   (1) 津波   _____   _____

   (2) 特許   _____   _____

   (3) 堤防   _____   _____

   (4) 端末   _____   _____

2. 다음 낱말의 독음이 다른 것을 고르시오.

   (1) 大気   ① 大器   ② 大義   ③ 待機

   (2) 統計   ① 闘鶏   ② 東経   ③ 陶芸

   (3) 中継   ① 中堅   ② 中啓   ③ 仲兄

3. 다음 낱말의 독음이 같은 것을 고르시오.

   電波   ① 伝播   ② 電場   ③ 長波

4. 다음 빈칸에 알맞은 말을 보기에서 골라 써보시오.

   (1) 本部コンピューターに _____ を つなぐ。

   (2) _____ の人体への害が 研究されている。

   【보기】   でんじは、ていぼう、たんまつ、ちゅうけい

5. 다음 문장을 해석하시오.

   (1) 村に 津波が おしよせる。

   (2) 自動制御装置の特許を 取る。

   (3) 河が 氾濫するので 堤防を 築く。

● **문제 풀이**

2. (1) 大器 (たいき) 대기／大義 (たいぎ) 대의／待機 (たいき) 대기

   (2) 闘鶏 (とうけい) 투계／東経 (とうけい) 동경／陶芸 (とうげい) 도예

   (3) 中堅 (ちゅうけん) 중견 ／ 中啓 (ちゅうけい) 일본 부채 이름 ／ 仲兄 (ちゅう けい) 둘째 형

3. 伝播 (でんぱ) 전파／電場 (でんば) 전장／長波 (ちょうは) 장파

☑ **たんさ（探査）** 名他 탐사

十分に 月面を 探査できなかった。

충분히 달표면을 탐사하지 못했다.

☑ **とうさ（等差）** 名 등차, 격차

軽重の等差を 知る。

경중의 등차를 알다.

☑ **とうだい（灯台）** 名 등대

灯台を 目当てに 船を こぐ。

등대를 목표로 배를 젓다.

☑ **とうし（透視）** 名他 투시

人の腹の中を 透視するような 目つきで 見る。

사람 뱃속을 투시하는 듯한 눈매로 보다.

☑ **てんち（天地）** 名 천지   ¶＝あめつち

両者の間には 天地の差が ある。

양자 사이에는 천지의 차가 있다.

☑ **てんこう（天候）** 名 날씨   ¶＝そらもよう

天候の回復を 待つ。

날씨가 회복되기를 기다리다.

☑ **てんさい（天災）** 名 천재   ¶＝災難(さいなん)、↔人災(じんさい)

神戸で 天災に 見舞われた。

고베에서 천재를 당했다.

☑ **でんこう（電光）** 名 전광

彼等は 電光石火の早業で テントを 張った。

그들은 전광 석화와 같은 빠른 솜씨로 텐트를 쳤다.

☑ **つうふう（通風）** 名自 통풍   ¶＝換気(かんき)

部屋の通風を 良くする。

방의 통풍이 잘 되게 하다.

확인 테스트

1. 다음 한자의 히라가나와 뜻을 쓰시오.

(1) 電光　　_____　　　　　_____

(2) 通風　　_____　　　　　_____

2. 다음 낱말의 독음이 다른 것을 고르시오.

(1) 透視　　① 投資　　　② 答辞　　　③ 闘志

(2) 天候　　① 点呼　　　② 転向　　　③ 転校

(3) 天災　　① 点在　　　② 天才　　　③ 天際

3. 다음 낱말의 독음이 같은 것을 고르시오.

(1) 探査　　① 端座　　　② 淡彩　　　③ 嘆嗟

(2) 等差　　① 当座　　　② 踏査　　　③ 動作

(3) 灯台　　① 当代　　　② 同体　　　③ 動態

4. 다음 빈칸에 알맞은 말을 보기에서 골라 써보시오.

(1) _____ を 目当てに 船を こぐ。

(2) 彼等は _____ 石火の早業で テントを 張った。

【보기】　　とうし、とうだい、でんこう、てんさい

5. 다음 문장을 해석하시오.

(1) 十分に 月面を 探査できなかった。

(2) 人の腹の中を 透視するような 目つきで 見る。

● **문제 풀이**

2. (1) 投資(とうし) 투자／答辞(とうじ) 답사／闘志(とうし) 투지

(2) 点呼(てんこ) 점호／転向(てんこう) 전향／転校(てんこう) 전학

(3) 点在(てんざい) 점재／天才(てんさい) 천재／天際(てんさい) 하늘 끝

3. (1) 端座(たんざ) 정좌／淡彩(たんさい) 담채／嘆嗟(たんさ) 한탄함

(2) 当座(とうざ) 당좌／踏査(とうさ) 답사／動作(どうさ) 동작

(3) 当代(とうだい) 당대／同体(どうたい) 동체／動態(どうたい) 동태

☑ **にっしょうけん（日照権）** 名 일조권

> そのビルが 建つと 日照権を 脅かされる。
> 그 빌딩이 들어서면 일조권을 위협받는다.

☑ **なだれ（雪崩）** 名 사태, 눈사태   ¶＝雪雪崩(ゆきなだれ)

> 村が 雪崩に 巻き込まれる。
> 마을이 눈사태에 휘말리다.

☑ **にゅうりょく（入力）** 名他 입력   ¶↔出力(しゅつりょく)

> コンピューターに プログラムを 入力する。
> 컴퓨터에 프로그램을 입력하다.

☑ **のうど（濃度）** 名 농도

> 一酸化炭素の濃度は 高かった。
> 일산화탄소의 농도는 높았다.

☑ **のうしゅく（濃縮）** 名他 농축

> 濃縮ウランは 原子炉の燃料として 使われる。
> 농축 우라늄은 원자로의 연료로 쓰인다.

☑ **のうやく（農薬）** 名 농약

> 無農薬 野菜を 広く 普及する。
> 무농약 채소를 널리 보급하다.

☑ **にゅうしゅ（入手）** 名他 입수   ¶＝落手(らくしゅ)

> 有力な 情報を 入手する。
> 유력한 정보를 입수하다.

☑ **のうり（脳裏）** 名 뇌리, 머리속

> 脳裏を 一抹の期待と 不安が かすめる。
> 뇌리를 일말의 기대와 불안이 스치다.

☑ **のうむ（濃霧）** 名 농무, 짙은 안개

> 濃霧に包まれて 船が 難航する。
> 짙은 안개에 싸여서 배가 난항하다.

확인 테스트

1. 다음 한자의 히라가나와 뜻을 쓰시오.

   (1) 入力 _____   _____

   (2) 農薬 _____   _____

   (3) 雪崩 _____   _____

2. 다음 낱말의 독음이 다른 것을 고르시오.

   日照   ① 日出   ② 入声   ③ 日商

3. 다음 낱말의 독음이 같은 것을 고르시오.

   (1) 濃度   ① 農道   ② 能動   ③ 農奴

   (2) 入手   ① 入朱   ② 乳臭   ③ 入所

   (3) 脳裏   ① 脳炎   ② 能吏   ③ 内裏

   (4) 濃霧   ① 南無   ② 任務   ③ 農務

4. 다음 빈칸에 알맞은 말을 보기에서 골라 써보시오.

   (1) 村が _____ に 巻き込まれる。

   (2) _____ ウランは 原子炉の 燃料として 使われる。

       【보기】   なだれ、にっしょうけん、のうしゅく、のうり

5. 다음 문장을 해석하시오.

   (1) 無農薬 野菜を 広く 普及する。

   (2) コンピューターに プログラムを 入力する。

● **문제 풀이**

2. 日出(にっしゅつ) 일출／入声(にっしょう) 입성／日商(にっしょう) 일상

3. (1) 農道(のうどう) 농도／能動(のうどう) 능동／農奴(のうど) 농노

   (2) 入朱(にゅうしゅ) 주필(朱筆)을 가함／乳臭(にゅうしゅう) 유취／入所
        (にゅうしょ) 입소

   (3) 脳炎(のうえん) 뇌염／能吏(のうり) 능리／内裏(だいり) 대궐

   (4) 南無(なむ) 나무／任務(にんむ) 임무／農務(のうむ) 농무

☑ **のうりょう（納涼）** 名自 서늘한 바람을 쐼, 납량　　¶＝すずみ

　　川辺に 納涼に 出かける。

　　강가에 바람 쐬러 나가다.

☑ **にくしょく（肉食）** 名自 육식　　＝にくじき、↔草食(そうしょく)

　　体力を つけるために 肉食に つとめている。

　　체력 향상을 위해 애써 육식하다.

☑ **のうこう（農耕）** 名 농경

　　彼等は そこに 定着すると 農耕を 始めた。

　　그들은 그곳에 정착하자 농경을 시작했다.

☑ **はかい（破壊）** 名他 파괴　　　　　　　　　　　¶↔建設(けんせつ)

　　環境破壊は 経済成長と 関係が 深い。

　　환경파괴는 경제성장과 관계가 깊다.

☑ **はいき（排気）** 名自 배기　　　　　　　　　　　¶↔吸気(きゅうき)

　　自動車の排気量を 測定する。

　　자동차의 배기량을 측정하다.

☑ **はいき（廃棄）** 名他 폐기

　　核兵器は 廃棄すべきだ。

　　핵병기는 폐기해야 한다.

☑ **ふんか（噴火）** 名自 분화

　　熔岩台地で 火山が 次々と 噴火する。

　　용암지대에서 화산이 잇달아 분화하다.

☑ **ひがい（被害）** 名 피해　　　　　　　　　　　¶↔加害(かがい)

　　デパートの崩壊による事故の被害を 最小限に 食い止める。

　　백화점의 붕괴로 인한 사고의 피해를 최소한으로 막다.

☑ **ほうしゃせん（放射線）** 名 방사선

　　ラジウムは 絶えず 放射線を 放射している。

　　라듐은 끊임없이 방사선을 방사하고 있다.

확인 테스트

1. 다음 한자의 히라가나와 뜻을 쓰시오.

   (1) 納涼 _____ _____

   (2) 被害 _____ _____

   (3) 放射線 _____ _____

2. 다음 낱말의 독음이 다른 것을 고르시오.

   (1) 農耕   ① 農具   ② 農工   ③ 濃厚

   (2) 排気   ① 拝跪   ② 平気   ③ 廃棄

3. 다음 낱말의 독음이 같은 것을 고르시오.

   (1) 肉食   ① 肉色   ② 肉声   ③ 日食

   (2) 破壊   ① 破格   ② 崩壊   ③ 破戒

   (3) 噴火   ① 文化   ② 焚火   ③ 分化

4. 다음 빈칸에 알맞은 말을 보기에서 골라 써보시오.

   (1) 核兵器は _____ すべきだ。

   (2) ラジウムは 絶えず _____ を 放射している。

   【보기】   はいき、ほうしゃせん、にくしょく、のうこう

5. 다음 문장을 해석하시오.

   (1) 川辺に 納涼に 出かける。

   (2) デパートの崩壊による事故の被害を 最小限に 食い止める。

● **문제 풀이**

2. (1) 農具 (のうぐ) 농구／農工 (のうこう) 농공／濃厚 (のうこう) 농후

    (2) 拝跪 (はいき) 배궤／平気 (へいき) 태평함／廃棄 (はいき) 폐기

3. (1) 肉色 (にくしょく) 살빛／肉声 (にくせい) 육성／日食 (にっしょく) 일식

    (2) 破格 (はかく) 파격／崩壊 (ほうかい) 붕괴／破戒 (はかい) 파계

    (3) 文化 (ぶんか) 문화／焚火 (ふんか) 분화／分化 (ぶんか) 분화

☑ **びょうげんたい （病原体）** 名 병원체

ウイルスは 病原体のなかで 最も 小さい。

바이러스는 병원체 중에서 가장 작다.

☑ **はんよう （汎用）** 名他 범용

汎用コンピューターを 用いて 計算を する。

범용 컴퓨터를 이용해서 계산을 하다.

☑ **はんどうたい （半導体）** 名 반도체

半導体の分野で 最高水準に 達する。

반도체 분야에서 최고 수준에 달하다.

☑ **びせいぶつ （微生物）** 名 미생물

細菌、かびなどの微生物を 研究する。

세균, 곰팡이 등의 미생물을 연구하다.

☑ **はっしん （発疹）** 名自 발진　　　　　　　　¶ ＝ほっしん

全身に 発疹が 現れる。

전신에 발진이 생기다.

☑ **ぼくめつ （撲滅）** 名他 박멸, 근절

伝染病を 全国的に 撲滅する。

전염병을 전국적으로 박멸하다.

☑ **ばいう （梅雨）** 名 장마　　　　　　　¶ ＝つゆ、五月雨(さみだれ)

毎年 六月から七月上旬にかけて、梅雨前線が 停滞する。

매년 6월부터 7월 상순에 걸쳐 장마 전선이 정체한다.

☑ **はかる （測る）** 他 재다

体重を 測ってから ダイエットを 始める。

몸무게를 재고 나서 다이어트를 시작하다.

☑ **ひなん （避難）** 名自 피난

津波のため 村民は 高台に 避難した。

해일 때문에 마을 사람들은 높은 곳으로 피난했다.

확인 테스트

1. 다음 한자의 히라가나와 뜻을 쓰시오.

(1) 梅雨 _____   _____

(2) 発疹 _____   _____

(3) 半導体 _____   _____

(4) 微生物 _____   _____

2. 다음 낱말의 독음이 다른 것을 고르시오.

測る   ① 計る   ② 謀る   ③ 掘る

3. 다음 낱말의 독음이 같은 것을 고르시오.

(1) 汎用   ① 蛮勇   ② 併用   ③ 繁用

(2) 避難   ① 美男   ② 非難   ③ 非人

4. 다음 빈칸에 알맞은 말을 보기에서 골라 써보시오.

(1) 伝染病を 全国的に _____ する。

(2) 細菌、かびなどの _____ を 研究する。

(3) ウイルスは _____ のなかで 最も 小さい。

> 【보기】 びせいぶつ、はんどうたい、ぼくめつ、
>   ひなん、びょうげんたい

5. 다음 문장을 해석하시오.

(1) 全身に 発疹が 現れる。

(2) 半導体の 分野で 最高水準に 達する。

(3) 毎年 六月から七月上旬にかけて、梅雨前線が 停滞する。

● **문제 풀이**

2. 計る (はかる) 의논하다／謀る (はかる) 꾀하다／掘る (ほる) 파다

3. (1) 蛮勇 (ばんゆう) 만용／併用 (へいよう) 병용／繁用 (はんよう) 번용

(2) 美男 (びなん) 미남／非難 (ひなん) 비난／非人 (ひにん) 비인

☐ **はんのう（反応）** 名自 반응

　液が アルカリ性反応を 呈する。
　액이 알칼리성 반응을 나타내다.

☐ **ばいたい（媒体）** 名 매체　　　　　　　　¶＝メディア

　コミュニケーションの媒体が 発達する。
　커뮤니케이션의 매체가 발달하다.

☐ **はいゆ（廃油）** 名 폐유

　海の上に 浮かんでいる 廃油を 処分する。
　바다 위에 떠 있는 폐유를 처분하다.

☐ **ぶったい（物体）** 名 물체

　人も 死ねば 一個の物体と 化す。
　사람도 죽으면 한낱 물체로 변한다.

☐ **ばくふう（爆風）** 名 폭풍

　アパートの窓ガラスが 爆風で 吹き飛んだ。
　아파트 유리창이 폭풍으로 날아갔다.

☐ **びりょう（微量）** 名 미량

　微量の毒物が 検出された。
　미량의 독물이 검출되었다.

☐ **めんえき（免疫）** 名 면역

　都会の騒音に 免疫が できた。
　도시의 소음에 면역이 되었다.

☐ **むがい（無害）** 名形動 무해　　　　　　　¶↔有害(ゆうがい)

　この木の実は 食べても 無害だ。
　이 나무의 열매는 먹어도 무해하다.

☐ **ゆくえふめい（行方不明）** 名 행방불명

　建物が 崩れたとたん 人々が 行方不明になった。
　건물이 무너지는 순간 사람들이 행방불명되었다.

확인 테스트

1. 다음 한자의 히라가나와 뜻을 쓰시오.

　(1) 廃油　＿＿＿＿＿＿＿　　＿＿＿＿＿＿＿

　(2) 爆風　＿＿＿＿＿＿＿　　＿＿＿＿＿＿＿

　(3) 媒体　＿＿＿＿＿＿＿　　＿＿＿＿＿＿＿

2. 다음 낱말의 독음이 같은 것을 고르시오.

　(1) 反応　　① 半農　　　② 万能　　　③ 反駁

　(2) 物体　　① 仏陀　　　② 物騒　　　③ 仏体

　(3) 微量　　① 鼻梁　　　② 微力　　　③ 比量

　(4) 免疫　　① 免役　　　② 面会　　　③ 免許

　(5) 無害　　① 霧海　　　② 妨害　　　③ 無蓋

3. 다음 빈칸에 알맞은 말을 보기에서 골라 써보시오.

　(1) ＿＿＿＿＿の 毒物が 検出された。

　(2) コミュニケーションの ＿＿＿＿＿が 発達する。

　(3) 建物が 崩れたとたん 人々が ＿＿＿＿＿になった。

　┌─────────────────────────────────┐
　│【보기】　はんのう、ゆくえふめい、ばいたい、　│
　│　　　　　めんえき、びりょう　　　　　　　　　│
　└─────────────────────────────────┘

4. 다음 문장을 해석하시오.

　(1) 海の上に 浮かんでいる 廃油を 処分する。

　(2) アパートの窓ガラスが 爆風で 吹き飛んだ。

● **문제 풀이** ▬▬▬▬▬▬▬▬▬▬▬▬▬▬▬▬▬▬▬▬▬▬▬

2. (1) 半農 (はんのう) 반농／万能 (ばんのう) 만능／反駁 (はんばく) 반박
　　(2) 仏陀 (ぶつだ) 부처／物騒 (ぶっそう) 뒤숭숭함／仏体 (ぶったい) 불체
　　(3) 鼻梁 (びりょう) 비량(콧마루)／微力 (びりょく) 미력／比量 (ひりょう) 비량
　　(4) 免役 (めんえき) 면역／面会 (めんかい) 면회／免許 (めんきょ) 면허
　　(5) 霧海 (むかい) 짙은 안개／妨害 (ぼうがい) 방해／無蓋 (むがい) 무개

☑ **ようがん（溶岩）** 图 용암

火山から 溶岩が 流出する。

화산에서 용암이 분출하다.

☑ **よち（予知）** 图他 예지, 미리 앎

地震を 予知することは 不可能に 近い。

지진을 예지하는 것은 불가능에 가깝다.

☑ **よほう（予報）** 图他 예보

テレビで 天気予報を する。

텔레비전에서 일기예보를 하다.

☑ **よぼう（予防）** 图他 예방

清潔にしていることは 病気の予防になる。

청결히 하고 있는 것은 병의 예방이 된다.

☑ **ようじょう（養生）** 图自 보양, 섭생   ¶ ＝保養(ほよう)

適当な 養生で この病気は 必ず 治る。

적당한 섭생으로 이 병은 반드시 낫는다.

☑ **ようざい（溶剤）** 图 용제   ¶ ＝溶媒(ようばい)

揮発油は 油脂の溶剤だ。

휘발유는 유지의 용제다.

☑ **りんか（輪禍）** 图 윤화, 교통사고

幼い命を 輪禍から 守ろう。

어린 목숨을 교통사고로부터 지키자.

☑ **りゅうせい（流星）** 图 유성, 별똥별   ¶ ＝流れ星(ながれぼし)

夜空に 流星が 飛ぶ。

밤하늘에 유성이 흐른다.

☑ **りゅうし（粒子）** 图 입자, 알갱이

粒子が 細かい おしろいは乗りが いい。

입자가 고운 분이 잘 받는다.

확인 테스트

1. 다음 한자의 히라가나와 뜻을 쓰시오.

　(1) 予報 　＿＿＿＿＿＿＿　　　　＿＿＿＿＿＿＿

　(2) 粒子 　＿＿＿＿＿＿＿　　　　＿＿＿＿＿＿＿

2. 다음 낱말의 독음이 다른 것을 고르시오.

　(1) 予知　　　① 余地　　　　② 輿地　　　　③ 予示

　(2) 養生　　　① 要衝　　　　② 洋上　　　　③ 葉状

　(3) 輪禍　　　① 隣家　　　　② 輪換　　　　③ 燐火

3. 다음 낱말의 독음이 같은 것을 고르시오.

　(1) 溶岩　　　① 容顔　　　　② 洋館　　　　③ 羊羹

　(2) 予防　　　① 予報　　　　② 与望　　　　③ 余分

　(3) 溶剤　　　① 洋裁　　　　② 要塞　　　　③ 用材

4. 다음 빈칸에 알맞은 말을 보기에서 골라 써보시오.

　(1) 幼い命を ＿＿＿＿＿＿から 守ろう。

　(2) テレビで 天気 ＿＿＿＿＿＿を する。

　┌─────────────────────────────────────┐
　│ 【보기】　 よほう、ようじょう、りんか、りゅうし │
　└─────────────────────────────────────┘

5. 다음 문장을 해석하시오.

　(1) 適当な 養生で この病気は 必ず 治る。

　(2) 地震を 予知することは 不可能に 近い。

● **문제 풀이**

2. (1) 余地（よち）여지, 여유／輿地（よち）대지（大地）／予示（よじ）예시

　　(2) 要衝（ようしょう）요충／洋上（ようじょう）해상／葉状（ようじょう）엽상

　　(3) 隣家（りんか）이웃집／輪換（りんかん）윤환／燐火（りんか）도깨비불

3. (1) 容顔（ようがん）용안／洋館（ようかん）양옥／羊羹（ようかん）양갱

　　(2) 予報（よほう）예보／与望（よぼう）여망／余分（よぶん）여분

　　(3) 洋裁（ようさい）양재／要塞（ようさい）요새／用材（ようざい）용재

6. 기 타

☐ **あせる（焦る）** 国 조급하게 굴다, 서두르다   ¶ ＝せく

焦れば 焦るほど 仕事が うまく できない。
초조하게 굴면 굴수록 일이 잘 되지 않는다.

☐ **いつわる（偽る）** 他 속이다   ¶ ＝うそ

病気と 偽って 会社を 休む。
병이라고 속이고 회사를 쉬다.

☐ **うわのせ（上乗せ）** 名他 덧붙임, 추가

サービス料として 酒代の10パーセントを　上乗せする。
서비스료로 술값의 10%를 더 얹다.

☐ **いたむ（悼む）** 他 슬퍼하다, 애도하다

友人の死を 悼む。
친구의 죽음을 애도하다.

☐ **えがく（描く）** 他 그리다

踊手が 円を 描いて 舞う。
무용수가 원을 그리며 춤추다.

☐ **あやまる（謝る）** 自他 사과하다, 빌다   ¶ ＝詫びる(わびる)

この事は 謝って 済む 問題ではない。
이 일은 사과해서 끝날 문제는 아니다.

☐ **あげる（挙げる）** 他 들다

例を 挙げて 説明する。
예를 들어 설명하다.

☐ **あれる（荒れる）** 自 거칠어지다   ¶ ↔しずまる

きのうは 風が 吹いて 海が 荒れた。
어제는 바람이 불어 바다가 거칠었다〔사나웠다〕.

확인 테스트

1. 다음 한자의 히라가나와 뜻을 쓰시오.

(1) 描く   _____   _____

(2) 焦る   _____   _____

(3) 荒れる _____   _____

2. 다음 낱말의 독음이 다른 것을 고르시오.

(1) 悼む   ① 嵩む   ② 痛む   ③ 傷む

(2) 謝る   ① 誤る   ② 謬る   ③ 射る

(3) 挙げる   ① 告げる   ② 揚げる   ③ 上げる

3. 다음 낱말의 독음이 같은 것을 고르시오.

偽る   ① 詐る   ② 係る   ③ 茂る

4. 다음 빈칸에 알맞은 말을 보기에서 골라 써보시오.

(1) 友人の死を _____ 。

(2) 焦れば _____ ほど 仕事が うまく できない。

> 【보기】   いつわる、いたむ、あやまる、あせる

5. 다음 문장을 해석하시오.

(1) 踊手が 円を 描いて 舞う。

(2) きのうは 風が 吹いて 海が 荒れた。

(3) この事は 謝って 済む 問題ではない。

(4) サービス料として 酒代の10パーセントを 上乗せする。

● **문제 풀이**

2. (1) 嵩む (かさむ) 많아지다／痛む (いたむ) 아프다／傷む (いたむ) 아프다

(2) 誤る (あやまる) 실패하다／謬る (あやまる) 그르치다／射る (いる) (활) 쏘다

(3) 告げる (つげる) 알리다／揚げる (あげる) 높이 올리다／上げる (あげる) 올리다

3. 詐る (いつわる) 속이다／係る (かかる) 관계되다／茂る (しげる) 무성하다

☐ **いらい（依頼）** 名 의뢰

　原稿の依頼に 行く。

　원고를 부탁하러 가다.

☐ **おとろえる（衰える）** 自 쇠약해지다　　　　　　『↔栄える(さかえる)

　年を とって 体力が 衰える。

　나이가 들어 체력이 쇠약해지다.

☐ **えんぎ（演技）** 名自 연기

　彼の反対は 本心では なく 演技だ。

　그의 반대는 본심이 아니라 연기다〔연극이다〕.

☐ **あっとう（圧倒）** 名他 압도

　輸入品が 国産品を 圧倒する。

　수입품이 국산품을 압도하다.

☐ **おとずれる（訪れる）** 自 방문하다, 안부하다　　　¶＝たずねる

　離散家族が 20年ぶりで 故郷を 訪れる。

　이산 가족이 20년 만에 고향을 방문하다.

☐ **あまえる（甘える）** 自 어리광부리다

　彼女は 甘えるように 男に すり寄った。

　그녀는 어리광부리듯이 남자에게 바싹 다가갔다.

☐ **いき（粋）** 名形動 멋짐, 세련됨　　　　　　　¶↔野暮(やぼ)

　都会の人のように、粋なところが ない。

　도회지 사람처럼 멋진 데가 없다.

☐ **いんそつ（引率）** 名他 인솔

　生徒を 引率して 見学に 行く。

　학생을 인솔해서 견학하러 가다.

☐ **おんびん（穏便）** 形動 원만함, 온당함　　　　¶＝穏当(おんとう)

　扱いにくい 仕事を 穏便に 取り計らう。

　다루기 힘든 일을 원만하게 처리하다.

확인 테스트

1. 다음 한자의 히라가나와 뜻을 쓰시오.

(1) 引率 _____   _____

(2) 圧倒 _____   _____

(3) 衰える _____   _____

(4) 訪れる _____   _____

2. 다음 낱말의 독음이 다른 것을 고르시오.

(1) 演技   ① 演義   ② 延期   ③ 縁起

(2) 粋   ① 域   ② 息   ③ 酢

3. 다음 낱말의 독음이 같은 것을 고르시오.

(1) 依頼   ① 信頼   ② 以来   ③ 由来

(2) 穏便   ① 音便   ② 音盤   ③ 隠蔽

4. 다음 빈칸에 알맞은 말을 보기에서 골라 써보시오.

(1) 生徒を _____ して 見学に 行く。

(2) 輸入品が 国産品を _____ する。

【보기】 あっとう、おとろえる、いんそつ、おんびん

5. 다음 문장을 해석하시오.

(1) 離散家族が 20年ぶりで 故郷を 訪れる。

(2) 年を とって 体力が 衰える。

(3) 彼女は 甘えるように 男に すり寄った。

● **문제 풀이**

2. (1) 演義(えんぎ) 연의／延期(えんき) 연기／縁起(えんぎ) 기원
    (2) 域(いき) 단계, 경지／息(いき) 호흡／酢(す) 식초

3. (1) 信頼(しんらい) 신뢰／以来(いらい) 이래／由来(ゆらい) 유래
    (2) 音便(おんびん) 음편／音盤(おんばん) 음반／隠蔽(いんぺい) 은폐

☑ **おだやか （穏やか）** 形動 평온함, 안온함   ¶ ＝平穏（へいおん）
> ここ数年は 穏やかに 暮らした。
> 요 몇 년은 평온하게 지냈다.

☑ **うながす （促す）** 他 촉구하다, 재촉하다
> 生活の改善を 促す。
> 생활의 개선을 촉구하다.

☑ **あやまる （誤る）** 自他 잘못하다   ¶ ＝まちがえる
> 機械のあつかい方を 誤って 怪我を する。
> 기계 취급을 잘못하여 다치다.

☑ **おもわく （思惑）** 名 생각, 속셈   ¶ ＝考え（かんがえ）
> 自分の思惑で 行動してはいけない。
> 자기 뜻대로 행동해서는 안된다.

☑ **あまもり （雨漏り）** 名自 (지붕에) 비가 샘   ¶ ＝あめもり
> 内部で 雨漏りを 直す。
> 내부에서 비 새는 데를 고치다.

☑ **おびやかす （脅かす）** 他 위협하다   ¶ ＝おどす
> 放射能は 人間の生命を 脅かす。
> 방사능은 인간의 생명을 위협한다.

☑ **おおぜい （大勢）** 名 여러 사람, 많은 사람   ¶ ＝多勢（たぜい）
> 野球場に 大勢の観衆が 集まる。
> 야구장에 많은 관중이 모이다.

☑ **あやまち （過ち）** 名 잘못, 실수, 과오   ¶ ＝あやまり
> ごろつきが 大きな 過ちを 悔いる。
> 불량배가 큰 잘못을 뉘우치다.

☑ **おくじょう （屋上）** 名 옥상
> ビルの屋上から 立派な 街並みを 眺める。
> 빌딩 옥상에서 훌륭한 집들이 들어선 거리를 바라보다.

확인 테스트

1. 다음 한자의 히라가나와 뜻을 쓰시오.

(1) 促す　＿＿＿＿＿　　　　　＿＿＿＿＿

(2) 思惑　＿＿＿＿＿　　　　　＿＿＿＿＿

(3) 大勢　＿＿＿＿＿　　　　　＿＿＿＿＿

(4) 屋上　＿＿＿＿＿　　　　　＿＿＿＿＿

(5) 過ち　＿＿＿＿＿　　　　　＿＿＿＿＿

2. 다음 낱말의 독음이 같은 것을 고르시오.

誤る　　　　　① 菖蒲　　　　　② 謝る　　　　　③ 操る

3. 다음 빈칸에 알맞은 말을 보기에서 골라 써보시오.

(1) ビルの＿＿＿＿＿から 立派な 街並みを 眺める。

(2) 生活の改善を ＿＿＿＿＿。

(3) 自分の＿＿＿＿＿で 行動しては いけない。

(4) ここ数年は ＿＿＿＿＿に 暮らした。

(5) 放射能は 人間の生命を ＿＿＿＿＿。

> **【보기】**　おもわく、あやまる、うながす、おだやか、
> おびやかす、あやまち、おくじょう

4. 다음 문장을 해석하시오.

(1) 野球場に 大勢の観衆が 集まる。

(2) ごろつきが 大きな 過ちを 悔いる。

(3) 内部で 雨漏りを 直す。

(4) 機械のあつかい方を 誤って 怪我を する。

● **문제 풀이**

2. 菖蒲（あやめ）붓꽃／謝る（あやまる）사죄하다／操る（あやつる）조종하다

☑ **あくしゅう（悪臭）** 名 악취   ¶↔芳香(ほうこう)
この通りは ごみの悪臭が ひどい。
이 거리는 쓰레기의 악취가 심하다.

☑ **おもかげ（面影）** 名 모습
子供の頃の面影を のこす。
어린 시절의 모습을 남기다.

☑ **えがお（笑顔）** 名 웃는 얼굴   ¶=わらいがお
にこやかな 笑顔を 見せる。
방긋 웃는 얼굴을 보이다.

☑ **うばう（奪う）** 他 빼앗아가다   ¶=取り上げる(とりあげる)
在監者は 行動の自由を 奪われる。
재소자는 행동의 자유를 박탈당한다.

☑ **えんかつ（円滑）** 名形動 원활
情報通信は 事務処理の円滑を 図る。
정보통신은 사무 처리의 원활을 꾀한다.

☑ **いっさい（一切）** 名 일체, 모두   ¶=全部(ぜんぶ)、すべて
部下社員に 仕事の一切を 任せる。
부하사원에게 일의 일체를 맡기다.

☑ **おそう（襲う）** 他 습격하다, 덮치다   ¶=襲撃(しゅうげき)する
警察が とばく場を 襲う。
경찰이 도박장을 덮치다.

☑ **いんねん（因縁）** 名 인연   ¶=因果(いんが)、さだめ
前世からの因縁と あきらめる。
전세로부터의 인연이라고 (여겨) 체념하다.

☑ **うるおす（潤す）** 他 풍부〔윤택〕해지다
その発見は 彼らを 大いに 潤した。
그 발견은 그들을 크게〔매우〕윤택하게 했다.

확인 테스트

1. 다음 한자의 히라가나와 뜻을 쓰시오.

(1) 襲う ＿＿＿＿＿＿＿＿　　　＿＿＿＿＿＿＿＿

(2) 因縁 ＿＿＿＿＿＿＿＿　　　＿＿＿＿＿＿＿＿

(3) 潤す ＿＿＿＿＿＿＿＿　　　＿＿＿＿＿＿＿＿

(4) 面影 ＿＿＿＿＿＿＿＿　　　＿＿＿＿＿＿＿＿

(5) 笑顔 ＿＿＿＿＿＿＿＿　　　＿＿＿＿＿＿＿＿

2. 다음 낱말의 독음이 다른 것을 고르시오.

一切　　　　① 一再　　　② 一菜　　　③ 一策

3. 다음 낱말의 독음이 같은 것을 고르시오.

悪臭　　　　① 悪習　　　② 握手　　　③ 悪性

4. 다음 빈칸에 알맞은 말을 보기에서 골라 써보시오.

(1) 部下社員に 仕事の ＿＿＿＿＿ を 任せる。

(2) 警察が とばく場を ＿＿＿＿＿。

(3) にこやかな ＿＿＿＿＿ を 見える。

> 【보기】　いっさい、えがお、あくしゅう、うるおす、おそう

5. 다음 문장을 해석하시오.

(1) 情報通信は 事務処理の 円滑を 図る。

(2) 在監者は 行動の 自由を 奪われる。

(3) 子供の 頃の 面影を のこす。

(4) 前世からの 因縁と あきらめる。

● **문제 풀이**

2. 一再(いっさい) 한두 번／一菜(いっさい) 한 가지의 반찬／一策(いっさく) 일책

3. 悪習(あくしゅう) 악습／握手(あくしゅ) 악수／悪性(あくしょう) 악성

☑ **うったえる（訴える）** 自他 소송하다, 고소하다

　会社を 相手 取って 訴える。
　회사를 상대로 해서 소송하다.

☑ **いと（意図）** 名他 의도　　　　　　　　¶＝考え(かんがえ)、もくろみ

　新しい 事業に 取り組もうと 意図している。
　새로운 사업에 착수하려고 의도하고 있다.

☑ **あばれる（暴れる）** 自 날뛰다, 난동부리다

　暴れた 群衆は 警察署に なだれ込んだ。
　난폭해진 군중은 경찰서로 몰려들었다.

☑ **うむ（有無）** 名 유무　　　　　　　　　　¶＝ありなし

　刑事は 容疑者を 有無を いわせずに 連れて 行く。
　형사는 용의자를 불문 곡직하고 데리고 가다.

☑ **あたいする（値する）** 自 가치가 있다

　この問題は これ 以上の論議に 値しない。
　이 문제는 이 이상의 논의할 가치조차 없다.

☑ **あざやか（鮮やか）** 形動 산뜻함, 선명함

　鮮やかな 紅に 燃える 紅葉。
　산뜻한 다홍색으로 불타는 단풍.

☑ **うすれる（薄れる）** 自 희미해지다, 가시다　　　　¶＝うすらぐ

　公私のけじめが 薄れる。
　공사의 구별이 희미해지다.

☑ **あらた（新た）** 形動 새로움

　人生の新たな 出発を する。
　인생의 새 출발을 하다.

☑ **おす（推す）** 他 밀다, 추천하다　　　　　　　¶＝すすめる

　今月の優良図書に 推す。
　이번 달의 우량 도서로 추천하다.

확인 테스트

1. 다음 한자의 히라가나와 뜻을 쓰시오.

(1) 意図 _____ _____

(2) 有無 _____ _____

(3) 新た _____ _____

(4) 推す _____ _____

(5) 訴える _____ _____

(6) 鮮やか _____ _____

2. 다음 낱말의 독음이 다른 것을 고르시오.

推す   ① 押す   ② 圧す   ③ 貸す

3. 다음 빈칸에 알맞은 말을 보기에서 골라 써보시오.

(1) 今月の 優良図書に _____ 。

(2) 公私のけじめが _____ 。

(3) _____ な 紅に 燃える 紅葉。

(4) 新しい 事業に 取り組もうと _____ している。

(5) 刑事は 容疑者を _____ を いわせずに 連れて 行く。

> 【보기】 いと、あばれる、あざやか、あたいする、うむ
> あらた、うすれる、おす、うったえる

4. 다음 문장을 해석하시오.

(1) 人生の新たな 出発を する。

(2) 会社を 相手取って 訴える。

(3) 暴れた 群衆は 警察署に なだれ込んだ。

(4) この問題は これ 以上の論議に 値しない。

● **문제 풀이**

2. 押す (おす) 밀다／圧す (おす) 누르다／貸す (かす) 빌려주다

☑ **いさましい（勇ましい）** 彫 용감하다　　　　　¶＝おおしい
┃ 勇ましい 兵士が 敵に 立ち向かう。
┃ 용감한 병사가 적과 맞서다.

☑ **あわてる（慌てる）** 自 허둥지둥하다, 당황하다　¶＝うろたえる
┃ 近所の 火事で 慌てる。
┃ 근처의 화재로 당황하다.

☑ **あぶない（危ない）** 彫 위험하다, 위태롭다　　¶＝あやうい
┃ 道路で 遊ぶのは 危ない。
┃ 길에서 노는 것은 위험하다.

☑ **いっこう（一行）** 名 일행　　　　　　¶＝道づれ(みちづれ)
┃ 私たち 一行 十人は 日本へ 行く。
┃ 우리 일행 10명은 일본에 간다.

☑ **えしゃく（会釈）** 名自 인사　　　　　¶＝挨拶(あいさつ)
┃ 先生に 軽く 会釈する。
┃ 선생님에게 가볍게 인사하다.

☑ **いきどおる（憤る）** 自 노하다, 개탄하다　¶＝怒る(いかる)
┃ 道徳の 頽廃を 憤る。
┃ 도덕의 퇴폐를 개탄하다.

☑ **おおう（覆う）** 他 덮다　　　　　　¶＝かぶせる
┃ 傷口を 布で 覆う。
┃ 상처를 천으로 싸다.

☑ **いとなむ（営む）** 他 영위하다, 경영하다
┃ 安楽な 生活を 営む。
┃ 안락한 생활을 영위하다.

☑ **あざむく（欺く）** 他 속이다, 기만하다　¶＝だます
┃ 彼は 友達を 欺いて 家から 連れ出した。
┃ 그는 친구를 속여서 집으로부터 꾀어냈다.

확인 테스트

1. 다음 한자의 히라가나와 뜻을 쓰시오.

(1) 会釈 _____   _____

(2) 憤る _____   _____

(3) 営む _____   _____

(4) 危ない _____   _____

(5) 慌てる _____   _____

2. 다음 낱말의 독음이 다른 것을 고르시오.

(1) 一行   ① 一考   ② 一刻   ③ 一項

(2) 覆う   ① 被う   ② 蔽う   ③ 迷う

3. 다음 빈칸에 알맞은 말을 보기에서 골라 써보시오.

(1) 安楽な 生活を _____。

(2) 先生に 軽く _____ する。

(3) 道路で 遊ぶのは _____。

(4) 私たち _____ 十人は 日本へ 行く。

> 【보기】   あぶない、いとなむ、おおう、えしゃく、
>   いっこう、いさましい、あわてる

4. 다음 문장을 해석하시오.

(1) 道徳の 頽廃を 憤る。

(2) 近所の 火事で 慌てる。

(3) 勇ましい 兵士が 敵に 立ち向かう。

(4) 彼は 友達を 欺いて 家から 連れ出した。

● **문제 풀이**

2. (1) 一考(いっこう) 일고／一刻(いっかく) 일각／一項(いっこう) 일항

(2) 被う(おおう) 덮다／蔽う(おおう) 감추다／迷う(まよう) 헤매다

☑ **おりる（降りる）** 圓 내려오다, 내리다 ¶ ＝下る(くだる)、↔あがる

2階から 降りて げんかんへ 行く。
이층에서 내려와 현관으로 가다.

☑ **いちよう（一様）** 形動 똑같음, 한결같음

みな 一様に 黒い服を 着る。
모두 한결같이 검은 옷을 입다.

☑ **おどろく（驚く）** 圓 놀라다   ¶ ＝たまげる

驚くに 当らない 事実で 失神した。
놀랄 일이 못되는 사실로 실신했다.

☑ **うらむ（恨む）** 他 원망하다

だれも 恨むわけには いかない。
아무도 원망할 수는 없다.

☑ **うでまえ（腕前）** 名 솜씨, 기량, 수완   ¶ ＝手なみ(てなみ)

観客に ピアノの腕前を 見せる。
관객에게 피아노 솜씨를 보이다.

☑ **いちじるしい（著しい）** 形 뚜렷하다, 현저하다

アジアは 発展のあとが 著しい。
아시아는 발전한 흔적이 뚜렷하다.

☑ **いちいん（一員）** 名 일원, 한 사람

党の一員として 演説を する。
당의 일원으로서 연설을 하다.

☑ **あばく（暴く）** 他 폭로하다, 들추어내다   ¶ ＝すっぱぬく

論理の矛盾を 暴く。
논리의 모순을 들추어내다.

☑ **おぼえる（覚える）** 他 느끼다, 기억하다

今でも 80年代を はっきり 覚えている。
지금도 80년대를 확실히 기억하고 있다.

확인 테스트

1. 다음 한자의 히라가나와 뜻을 쓰시오.

(1) 腕前 _____   _____

(2) 驚く _____   _____

(3) 著しい _____   _____

2. 다음 낱말의 독음이 다른 것을 고르시오.

(1) 恨む   ① 挟む   ② 怨む   ③ 憾む

(2) 一員   ① 一因   ② 一院   ③ 一円

3. 다음 낱말의 독음이 같은 것을 고르시오.

(1) 降りる   ① 借りる   ② 下りる   ③ 足りる

(2) 一様   ① 一翼   ② 一律   ③ 一葉

(3) 暴く   ① 扱く   ② 発く   ③ 向く

4. 다음 빈칸에 알맞은 말을 보기에서 골라 써보시오.

(1) 論理の矛盾を _____ 。

(2) だれも _____ わけには いかない。

【보기】 おどろく、うらむ、あばく、うでまえ

5. 다음 문장을 해석하시오.

(1) みな 一様に 黒い服を 着る。

(2) 今でも ８０年代を はっきり 覚えている。

● **문제 풀이**

2. (1) 挟む (はさむ) 끼우다／怨む (うらむ) 원망하다／憾む (うらむ) 애석해 하다

(2) 一因 (いちいん) 일인／一院 (いちいん) 일원／一円 (いちえん) 일원

3. (1) 借りる (かりる) 빌다／下りる (おりる) 내리다／足りる (たりる) 충분하다

(2) 一翼 (いちよく) 일익／一律 (いちりつ) 일률／一葉 (いちよう) 일엽

(3) 扱う (しごく) 훑다／発く (あばく) 파헤치다／向く (むく) 향하다

☑ **おしあてる（押し当てる）** 他 바짝 대다, 파묻다

母の胸に額を 押し当てて 泣き崩れる。

어머님의 가슴에 이마를 파묻고 정신없이 울어대다.

☑ **かいする（解する）** 他 알다, 이해하다, 해석하다 　¶ =わかる

民主化を 自己流に 解しては いけない。

민주화를 자기 나름대로 이해해서는 안 된다.

☑ **けいこう（傾向）** 名 경향

物価が 下がる 傾向が ある。

물가가 내려가는 경향이 있다.

☑ **かいだく（快諾）** 名他 쾌히 승낙함

資金の援助を 快諾する。

자금의 원조를 쾌히 승낙하다.

☑ **こころよい（快い）** 形 상쾌〔유쾌〕하다

仕事を しながら 快い 一日を すごした。

일을 하면서 유쾌한 하루를 보냈다.

☑ **かんしん（関心）** 名 관심 　　　　　　　　　¶ =興味(きょうみ)

異常なまでの関心を 寄せる。

이상하리만큼 관심을 모으다.

☑ **かんしん（感心）** 名自 감탄

感心しない 話が 世間に 伝えられている。

탐탁지 않은 이야기가 세상에 퍼져 있다.

☑ **ぎゃくたい（虐待）** 名他 학대

収容所での虐待に 耐え兼ねて 捕虜が 逃げる。

수용소에서 학대를 견디지 못하고 포로가 도망쳤다.

☑ **げばひょう（下馬評）** 名 하마평

下馬評にも 上がらない 新人である。

하마평에도 오르지 않은 신인이다.

확인 테스트

1. 다음 한자의 히라가나와 뜻을 쓰시오.

(1) 虐待　 _____　　　　 _____

(2) 快い　 _____　　　　 _____

(3) 感心　 _____　　　　 _____

(4) 快諾　 _____　　　　 _____

(5) 下馬評　 _____　　　　 _____

2. 다음 낱말의 독음이 다른 것을 고르시오.

(1) 解する　　① 害する　　② 会する　　③ 介する

(2) 傾向　　① 経口　　② 迎合　　③ 蛍光

(3) 関心　　① 甘心　　② 寒心　　③ 肝心

3. 다음 빈칸에 알맞은 말을 보기에서 골라 써보시오.

(1) 資金の 援助を _____ する。

(2) 物価が 下がる _____ が ある。

(3) _____ しない 話が 世間に 伝えられている。

【보기】　げばひょう、かんしん、かいだく、けいこう

4. 다음 문장을 해석하시오.

(1) 仕事を しながら 快い 一日を すごした。

(2) 下馬評にも 上がらない 新人である。

(3) 母の胸に 額を 押し当てて 泣き崩れる。

(4) 収容所での 虐待に 耐え兼ねて 捕虜が 逃げる。

● **문제 풀이**

2. (1) 害する(がいする) 해치다／会する(かいする) 모이다／介する(かいする) 끼우다, 개재시키다

(2) 経口(けいこう) 경구, 내복／迎合(げいごう) 영합／蛍光(けいこう) 형광

(3) 甘心(かんしん) 달게 여김／寒心(かんしん) 오싹함／肝心(かんじん) 긴요함

☑ **かんげい（歓迎）** 名他 환영　　　　　　　　　　　¶ ↔歓送(かんそう)

　　国賓を 歓迎するため 空港へ でかける。

　　국빈을 환영하기 위해 공항에 나가다.

☑ **かえりみる（省みる）** 他 뒤돌아보다, 반성하다

　　きょうの行動を 省みる。

　　오늘의 행동을 반성하다.

☑ **かえる（返る）** 自 되돌아가다〔오다〕

　　もとの職業に 返る。

　　원래의 직업으로 되돌아오다〔가다〕.

☑ **こうそく（拘束）** 名他 구속

　　従来の方針には 拘束されない。

　　종래의 방침에는 구속되지 않는다.

☑ **かくりつ（確立）** 名自他 확립

　　交通渋滞に 対する 対策が 確立されていない。

　　교통 체증에 대한 대책이 확립되어 있지 않다.

☑ **かくさん（拡散）** 名自 확산

　　核兵器の拡散を 防ぐ。

　　핵무기의 확산을 막다.

☑ **けねん（懸念）** 名他 걱정, 근심　　　　　　　¶ ＝気掛かり(きがかり)

　　父母は 子の入学試験の結果を 懸念する。

　　부모는 자식의 입학 시험 결과를 걱정〔근심〕하다.

☑ **こどく（孤独）** 名形動 고독

　　外国で 孤独な生活に たえる。

　　외국에서 고독한 생활을 견디다.

☑ **こうろん（口論）** 名自 말다툼, 언쟁　　　　　¶ ＝くちげんか

　　私は 口論などを したことは 一度もない。

　　나는 말다툼을 벌인 적이 한번도 없다.

확인 테스트

1. 다음 한자의 히라가나와 뜻을 쓰시오.

(1) 孤独 _____   _____

(2) 懸念 _____   _____

2. 다음 낱말의 독음이 다른 것을 고르시오.

(1) 返る   ① 回る   ② 帰る   ③ 代る

(2) 拘束   ① 光束   ② 高速   ③ 後続

(3) 確立   ① 格率   ② 建立   ③ 確率

(4) 口論   ① 空論   ② 抗論   ③ 高論

3. 다음 낱말의 독음이 같은 것을 고르시오.

(1) 省みる   ① 顧みる   ② 染みる   ③ 凍みる

(2) 拡散   ① 解散   ② 核酸   ③ 甘酸

4. 다음 빈칸에 알맞은 말을 보기에서 골라 써보시오.

(1) 交通渋滞に 対する 対策が _____ されていない。

(2) きょうの行動を _____。

【보기】   かんげい、かえりみる、かくりつ、かくさん

5. 다음 문장을 해석하시오.

(1) 外国で 孤独な生活に たえる。

(2) 国賓を 歓迎するため 空港へ でかける。

● **문제 풀이** ━━━━━━━━━━━━━━━━━━━━━━━━

2. (1) 回る(まわる) 돌다／帰る(かえる) 돌아가다／代る(かえる) 대신하다

(2) 光束(こうそく) 광속／高速(こうそく) 고속／後続(こうぞく) 후속

(3) 格率(かくりつ) 격률／建立(こんりゅう) 건립／確率(かくりつ) 확률

(4) 空論(くうろん) 공론／抗論(こうろん) 항론／高論(こうろん) 고론

3. (1) 顧みる(かえりみる) 돌아보다／染みる(しみる) 스며들다／凍みる(しみる)
얼어붙다

(2) 解散(かいさん) 해산／核酸(かくさん) 핵산／甘酸(かんさん) 감산, 고락

☑ **こうはい（荒廃）** 名自 황폐
  戦争が 起って 都市が 荒廃される。
  전쟁이 일어나고 나서 인심이 황폐해지다.

☑ **こころみる（試みる）** 他 (시도)해보다
  日本語の能力測定を 試みる。
  일본어의 능력 측정을 해보다.

☑ **かくとく（獲得）** 名他 획득, 얻음
  米国で 市民権を 獲得する。
  미국에서 시민권을 획득하다.

☑ **がいさん（概算）** 名他 개산, 어림셈   ¶↔精算(せいさん)
  この国の人口は 概算5000万に 達する。
  이 나라의 인구는 어림잡아 5000만에 달한다.

☑ **くばる（配る）** 他 나누어주다, 배달하다
  旅行のおみやげを 同僚に 配る。
  여행 선물을 동료에게 나누어주다.

☑ **くずす（崩す）** 他 무너뜨리다
  がけを 崩して 道を 開く。
  벼랑을 무너뜨려서 길을 내다.

☑ **きせい（規制）** 名他 규제   ¶＝きまり
  政治資金を 法律によって 規制する。
  정치 자금을 법률로 규제하다.

☑ **こる（凝る）** 自 공들이다, 열중하다
  店の内装は 凝っている。
  가게의 내부 장식은 공들여 있다.

☑ **けつぼう（欠乏）** 名自 결핍   ¶＝不足(ふそく)
  肥料の欠乏で 収穫が 上がらなかった。
  비료의 결핍으로 수확이 오르지 않았다.

확인 테스트

1. 다음 한자의 히라가나와 뜻을 쓰시오.

(1) 獲得 ＿＿＿＿＿＿＿   ＿＿＿＿＿＿＿

(2) 配る ＿＿＿＿＿＿＿   ＿＿＿＿＿＿＿

(3) 欠乏 ＿＿＿＿＿＿＿   ＿＿＿＿＿＿＿

(4) 崩す ＿＿＿＿＿＿＿   ＿＿＿＿＿＿＿

2. 다음 낱말의 독음이 다른 것을 고르시오.

(1) 荒廃   ① 向背   ② 公売   ③ 交配

(2) 規制   ① 既成   ② 寄生   ③ 犠牲

(3) 凝る   ① 切る   ② 梱る   ③ 樵る

3. 다음 빈칸에 알맞은 말을 보기에서 골라 써보시오.

(1) 日本語の能力測定を ＿＿＿＿＿＿。

(2) 旅行のおみやげを 同僚に ＿＿＿＿＿＿。

(3) 肥料の＿＿＿＿＿＿で 収穫が 上がらなかった。

(4) この国の人口は ＿＿＿＿＿＿5000万に 達する。

> 【보기】 こうはい、こころみる、かくとく、がいさん、
>   くばる、こる、けつぼう

4. 다음 문장을 해석하시오.

(1) 米国で 市民権を 獲得する。

(2) がけを 崩して 道を 開く。

(3) 政治資金を 法律によって 規制する。

● **문제 풀이**

2. (1) 向背 (こうはい) 향배, 거취 / 公売 (こうばい) 공매 / 交配 (こうはい) 교배

(2) 既成 (きせい) 기성 / 寄生 (きせい) 기생 / 犠牲 (ぎせい) 희생

(3) 切る (きる) 베다 / 梱る (こる) 짐을 꾸리다 / 樵る (こる) 나무를 하다

☑ **かかす　（欠かす）** 他 거르다, 빠뜨리다　　　　　¶＝抜かす(ぬかす)

> どんなに 忙^{いそが}しくても 三度^{さんど}の 食事^{しょくじ}は 欠かさない。
> 아무리 바빠도 세 끼 식사는 거르지 않는다.

☑ **ごかい　（誤解）** 名他 오해

> 文章^{ぶんしょう}は 明瞭^{めいりょう}で 誤解の 余地^{よち}は ない。
> 문장은 명료해서 오해의 여지는 없다.

☑ **かせぐ　（稼ぐ）** 他 (돈을) 벌다　　　　　¶＝働く(はたらく)

> 有名^{ゆうめい}な プロ野球選手^{やきゅうせんしゅ}は、年間^{ねんかん} 数億円^{すうおくえん} 稼ぐ。
> 유명한 프로 야구 선수는 연간 수억 엔 번다.

☑ **こさめ　（小雨）** 名 가랑비, 보슬비　　　　　¶↔大雨(おおあめ)

> 車^{くるま}の 窓^{まど}から 小雨に 煙^{けむ}る町^{なが}を 眺める。
> 차창을 통해서 가랑비로 뿌옇게 된 마을을 바라보다.

☑ **きずつける　（傷つける）** 他 파손시키다, 상처입히다

> 絵^えを 傷つけて 叱^{しか}られる。
> 그림을 파손하여 야단맞다.

☑ **こいしい　（恋しい）** 形 그립다　　　　　¶＝したわしい

> しばらく 外国^{がいこく}に 滞在^{たいざい}すると 韓国食^{かんこくしょく}が 恋しくなる。
> 오랫동안 외국에 체재하면 한국 음식이 그리워진다.

☑ **くさる　（腐る）** 自 썩다, 상하다

> 魚^{さかな}が 腐ってしまった。
> 생선이 썩고 말았다.

☑ **きょうい　（脅威）** 名他 위협

> 世界平和^{せかいへいわ}に 対^{たい}する 脅威を 感^{かん}ずる。
> 세계 평화에 대한 위협을 느끼다.

☑ **こんざつ　（混雑）** 名自 혼잡

> 混雑を 解消^{かいしょう}するため、出入^{でい}り口^{ぐち}を 広^{ひろ}くする。
> 혼잡을 해소하기 위해 출입구를 넓힌다.

확인 테스트

1. 다음 한자의 히라가나와 뜻을 쓰시오.

(1) 小雨　＿＿＿＿＿＿＿＿　　　＿＿＿＿＿＿＿＿

(2) 腐る　＿＿＿＿＿＿＿＿　　　＿＿＿＿＿＿＿＿

(3) 混雑　＿＿＿＿＿＿＿＿　　　＿＿＿＿＿＿＿＿

(4) 恋しい　＿＿＿＿＿＿＿　　　＿＿＿＿＿＿＿＿

(5) 欠かす　＿＿＿＿＿＿＿　　　＿＿＿＿＿＿＿＿

2. 다음 낱말의 독음이 다른 것을 고르시오.

(1) 誤解　　　① 五戒　　　② 戸外　　　③ 碁会

(2) 脅威　　　① 驚異　　　② 教義　　　③ 強意

3. 다음 빈칸에 알맞은 말을 보기에서 골라 써보시오.

(1) 世界平和に 対する ＿＿＿＿＿＿ を 感ずる。

(2) 文章は 明瞭で ＿＿＿＿＿＿ の余地は ない。

(3) ＿＿＿＿＿＿ を 解消するため、出入り口を 広くする。

(4) 有名な プロ野球選手は、年間 数億円 ＿＿＿＿＿＿。

> 【보기】　ごかい、こいしい、かせぐ、かかす、
> 　　　　　きょうい、きずつける、こんざつ

4. 다음 문장을 해석하시오.

(1) 絵を 傷つけて 叱られる。

(2) 車の窓から 小雨に 煙る町を 眺める。

(3) どんなに 忙しくても 三度の食事は 欠かさない。

(4) しばらく 外国に 滞在すると 韓国食が 恋しくなる。

● **문제 풀이** ▬▬▬▬▬▬▬▬▬▬▬▬▬▬▬▬▬

2. (1) 五戒 (ごかい) 오계／戸外 (こがい) 호외／碁会 (ごかい) 기회(바둑 두는 모임)

　　(2) 驚異 (きょうい) 경이／教義 (きょうぎ) 교의／強意 (きょうい) 강의

☑ **かおり（香り）** 名 향기, 향내

事務室で 香水の香りが ただよう。

사무실에서 향수 냄새가 풍긴다.

☑ **かしつ（過失）** 名 과실   ¶ ↔故意(こい)

過失傷害罪で、罰金を 払う。

과실 상해죄로 벌금을 지불하다.

☑ **きんぱく（緊迫）** 名自 긴박

世界情勢が 極度に 緊迫する。

세계 정세가 극도로 긴박하다.

☑ **けっか（結果）** 名 결과

たいていの交通事故は 不注意の結果である。

대부분의 교통사고는 부주의의 결과이다.

☑ **からまわり（空回り）** 名自 공전, 헛돎

議論が いつまでたっても 空回りしている。

의논이 언제까지나 공전하고〔겉돌고〕 있다.

☑ **くさい（臭い）** 形 냄새나다, 구리다

下水が 詰まって 臭い。

하수가 막혀서 냄새난다.

☑ **ごうか（豪華）** 名形動 호화

今夜の食事は 豪華版だな。

오늘밤의 식사는 호화판이군.

☑ **からむ（絡む）** 自 휘감기다, 얽매이다   ¶ ＝まきつく

事件には 女が 絡んでいる。

사건에는 여자가 관계되어 있다.

☑ **かける（架ける）** 他 가설하다, 꾸미다

橋に 電線を 架ける。

다리에 전선을 가설하다.

확인 테스트

1. 다음 한자의 히라가나와 뜻을 쓰시오.

(1) 絡む ＿＿＿＿＿＿＿＿   ＿＿＿＿＿＿＿＿

(2) 臭い ＿＿＿＿＿＿＿＿   ＿＿＿＿＿＿＿＿

(3) 空回り ＿＿＿＿＿＿＿＿   ＿＿＿＿＿＿＿＿

2. 다음 낱말의 독음이 다른 것을 고르시오.

(1) 過失	① 果実	② 火室	③ 家室
(2) 豪華	① 号火	② 豪家	③ 効果
(3) 架ける	① 欠ける	② 抜ける	③ 駆ける

3. 다음 낱말의 독음이 같은 것을 고르시오.

| (1) 香り | ① 凝り | ② 薫り | ③ 反り |
| (2) 緊迫 | ① 金箔 | ② 銀箔 | ③ 緊縛 |

4. 다음 빈칸에 알맞은 말을 보기에서 골라 써보시오.

(1) 事務室で 香水の ＿＿＿＿＿＿＿ が ただよう。

(2) たいていの交通事故は 不注意の ＿＿＿＿＿＿＿ である。

【보기】　かおり、かしつ、ごうか、けっか

5. 다음 문장을 해석하시오.

(1) 世界情勢が 極度に 緊迫する。

(2) 議論が いつまでたっても 空回りしている。

● 문제 풀이

2. (1) 果実(かじつ) 과실／火室(かしつ) 화실, 보일러실／家室(かしつ) 집
   (2) 号火(ごうか) 신호의 불／豪家(ごうか) 호가／効果(こうか) 효과
   (3) 欠ける(かける) 이지러지다／抜ける(ぬける) 빠지다／駆ける(かける) 달리다

3. (1) 凝り(こり) 응고／薫り(かおり) 향기／反り(そり) 휘어짐
   (2) 金箔(きんぱく) 금박／銀箔(ぎんぱく) 은박／緊縛(きんばく) 긴박

☑ **ぎょうてん（仰天）** 名自 매우 놀람, 아연실색

　値段の高さに 仰天する。
　값이 비싸서 입이 딱 벌어지게 놀라다.

☑ **かっせん（合戦）** 名自 접전, 전투　　　　　¶ ＝会戦(かいせん)

　休戦線で 最後に ひと合戦する。
　휴전선에서 최후의 일전(一戰)을 하다.

☑ **きょうふ（恐怖）** 名自 공포

　昔から 宗教は 人々を 死の恐怖から 救ってきた。
　옛날부터 종교는 사람들을 죽음의 공포로부터 구제해왔다.

☑ **こわい（怖い）** 形 무섭다, 겁나다, 두렵다

　昨日の地震は 本当に 怖かった。
　어제의 지진은 정말로 무서웠다.

☑ **こんらん（混乱）** 名自 혼란

　社会を 混乱に 陥れる。
　사회를 혼란에 빠뜨리다.

☑ **かざる（飾る）** 他 장식하다, 꾸미다

　有終の美を 飾る。
　유종의 미를 장식하다〔꾸미다〕.

☑ **ことわる（断る）** 他 양해를 얻다, 사퇴하다, 사절하다

　だれにも 断らずに 帰った。
　누구도 양해를 얻지 않고 돌아갔다.

☑ **げんじゅう（厳重）** 形動 엄중

　空港では 麻薬の密輸を 厳重に チェックする。
　공항에서는 마약의 밀수를 엄중하게 체크한다.

☑ **かいてき（快適）** 名形動 쾌적

　飛行機で 快適な旅を 続ける。
　비행기에서 쾌적한 여행을 계속하다.

확인 테스트

1. 다음 한자의 히라가나와 뜻을 쓰시오.

(1) 飾る ＿＿＿＿＿＿＿＿＿　　　　　　＿＿＿＿＿＿＿＿＿

(2) 混乱 ＿＿＿＿＿＿＿＿＿　　　　　　＿＿＿＿＿＿＿＿＿

(3) 厳重 ＿＿＿＿＿＿＿＿＿　　　　　　＿＿＿＿＿＿＿＿＿

(4) 快適 ＿＿＿＿＿＿＿＿＿　　　　　　＿＿＿＿＿＿＿＿＿

2. 다음 낱말의 독음이 다른 것을 고르시오.

(1) 合戦　　　① 活栓　　　② 割線　　　③ 滑走

(2) 恐怖　　　① 胸部　　　② 教父　　　③ 驚怖

3. 다음 낱말의 독음이 같은 것을 고르시오.

(1) 仰天　　　① 暁天　　　② 狂癲　　　③ 経典

(2) 怖い　　　① 狂い　　　② 近い　　　③ 強い

4. 다음 빈칸에 알맞은 말을 보기에서 골라 써보시오.

(1) 社会を ＿＿＿＿＿＿ に 陥れる。

(2) 飛行機で ＿＿＿＿＿＿ な 旅を 続ける。

【보기】　こわい、こんらん、かいてき、かざる

5. 다음 문장을 해석하시오.

(1) 値段の高さに 仰天する。

(2) だれにも 断らずに 帰った。

(3) 空港では 麻薬の密輸を 厳重に チェックする。

● **문제 풀이**

2. (1) 活栓 (かっせん) 활전, 밸브／割線 (かっせん) 할선／滑走 (かっそう) 활주

(2) 胸部 (きょうぶ) 흉부／教父 (きょうふ) 교부／驚怖 (きょうふ) 경포

3. (1) 暁天 (ぎょうてん) 새벽녘／狂癲 (きょうてん) 미치광이／経典 (きょうてん) 경전

(2) 狂い (くるい) 미침, 듦／近い (ちかい) 가깝다／強い (こわい) 질기다

☑ **きく （効く）** 自 듣다, 효과가 있다

> よく 効く 薬には 副作用を 伴うものも ある。
> 잘 듣는 약에는 부작용을 수반하는 것도 있다.

☑ **かたむく （傾く）** 自 기울어지다

> 塔は 少し 東に 傾いている。
> 탑은 약간 동쪽으로 기울어져 있다.

☑ **きゃっこう （脚光）** 名 각광 ¶ ＝フットライト

> ベストセラー作家として 脚光を 浴びる。
> 베스트셀러 작가로서 각광을 받다.

☑ **けいたい （携帯）** 名他 휴대

> この辞書は 携帯に 便利である。
> 이 사전은 휴대에 편리하다.

☑ **きょてん （拠点）** 名 거점 ¶ ＝足場(あしば)

> 最後の拠点を 失う。
> 최후의 거점을 잃다.

☑ **かんしょく （感触）** 名 감촉 ¶ ＝手触り(てざわり)

> 毛布の柔かい 感触を 感じる。
> 모포의 부드러운 감촉을 느끼다.

☑ **きざし （兆し）** 名 조짐, 징조 ¶ ＝兆候(ちょうこう)

> 景気は やっと 回復の兆しが 見えてきた。
> 경기는 가까스로 회복의 조짐이 보이고 있다.

☑ **かくす （隠す）** 他 감추다, 숨기다

> それを 人目に つかない所に 隠しなさい。
> 그것을 남의 눈에 띄지 않는 곳에 감추세요.

☑ **かんじょう （勘定）** 名他 셈, 계산 ¶ ＝計算(けいさん)

> 指を おって 勘定する。
> 손가락을 꼽아 셈하다.

확인 테스트

1. 다음 한자의 히라가나와 뜻을 쓰시오.

(1) 傾く _____   _____

(2) 拠点 _____   _____

(3) 兆し _____   _____

(4) 隠す _____   _____

(5) 脚光 _____   _____

2. 다음 낱말의 독음이 다른 것을 고르시오.

(1) 効く   ① 利く   ② 好く   ③ 聞く

(2) 携帯   ① 形体   ② 恵沢   ③ 形態

(3) 感触   ① 顔色   ② 官職   ③ 間食

(4) 勘定   ① 感状   ② 鑑賞   ③ 感情

3. 다음 빈칸에 알맞은 말을 보기에서 골라 써보시오.

(1) ベストセーラ作家として _____ を 浴びる。

(2) 景気は やっと 回復の _____ が 見えてきた。

(3) よく _____ 薬には 副作用を 伴うものも ある。

> 【보기】　きゃっこう、きざし、かんじょう、かたむく、きく

4. 다음 문장을 해석하시오.

(1) 毛布の柔かい 感触を 感じる。

(2) 塔は 少し 東に 傾いている。

(3) それを 人目に つかない所に 隠しなさい。

● **문제 풀이**

2. (1) 利く (きく) 잘 움직이다／好く (すく) 좋아하다／聞く (きく) 듣다

(2) 形体 (けいたい) 형체／恵沢 (けいたく) 혜택／形態 (けいたい) 형태

(3) 顔色 (がんしょく) 안색／官職 (かんしょく) 관직／間食 (かんしょく) 간식

(4) 感状 (かんじょう) 감상／鑑賞 (かんしょう) 감상／感情 (かんじょう) 감정

☑ **かんじん（肝心）** 形動 중요함, 긴요함 ¶ =肝要(かんよう)
> 彼は いつも 肝心なところで 失敗する。
> 그는 항상 중요한 곳에서 실패한다.

☑ **こんてい（根底）** 名 근저, 근본 ¶ =根元(ねもと)
> 思想の根底から くつがえす。
> 사상의 근저〔근본〕부터 뒤엎다.

☑ **けはい（気配）** 名 기색, 낌새 ¶ =けしき、けわい
> 春の気配を 感じる。
> 봄의 기색〔감촉〕을 느끼다.

☑ **かしょう（過小）** 名形動 과소 ¶ ↔過大(かだい)
> 事件を 過小評価する。
> 사건을 과소 평가하다.

☑ **かもす（醸す）** 他 (술을) 빚다, 조성하다
> 明るい 雰囲気を 醸す。
> 밝은 분위기를 조성하다.

☑ **かくだい（拡大）** 名自他 확대 ¶ ↔縮小(しゅくしょう)
> 工場は 増産のため 設備を 拡大した。
> 공장은 증산을 위해 설비를 확대했다.

☑ **かんかく（間隔）** 名 간격 ¶ =隔たり(へだたり)
> 6時間間隔で 薬を のむ。
> 6시간 간격으로 약을 먹다.

☑ **きかく（企画）** 名他 기획 ¶ =プラン
> 今年の出版界では 歴史物の企画が 多い。
> 금년의 출판계에서는 역사물의 기획이 많다.

☑ **くわだてる（企てる）** 他 시도하다 ¶ =目論む(もくろむ)
> 来年には 旅行を 企てている。
> 내년에는 여행을 계획하고 있다.

확인 테스트

1. 다음 한자의 히라가나와 뜻을 쓰시오.
  (1) 気配　＿＿＿＿＿＿＿＿　　　　　　＿＿＿＿＿＿＿＿
  (2) 醸す　＿＿＿＿＿＿＿＿　　　　　　＿＿＿＿＿＿＿＿
  (3) 拡大　＿＿＿＿＿＿＿＿　　　　　　＿＿＿＿＿＿＿＿

2. 다음 낱말의 독음이 다른 것을 고르시오.
  (1) 肝心　　①関心　　　②閑人　　　③寛仁
  (2) 過小　　①仮称　　　②歌唱　　　③箇条
  (3) 間隔　　①看客　　　②感覚　　　③管楽
  (4) 企画　　①器楽　　　②規格　　　③棋客

3. 다음 낱말의 독음이 같은 것을 고르시오.
  根底　　　　①金泥　　　②基底　　　③昆弟

4. 다음 빈칸에 알맞은 말을 보기에서 골라 써보시오.
  (1) 春の＿＿＿＿＿＿を 感じる。
  (2) 工場は 増産のため 設備を ＿＿＿＿＿＿した。

  【보기】　こんてい、かくだい、けはい、きかく

5. 다음 문장을 해석하시오.
  (1) 明るい 雰囲気を 醸す。
  (2) 来年には 旅行を 企てている。

● **문제 풀이**

2. (1) 関心(かんしん) 관심／閑人(かんじん) 한가한 사람／寛仁(かんじん) 관대한 사람
  (2) 仮称(かしょう) 가칭／歌唱(かしょう) 가창／箇条(かじょう) 개조
  (3) 看客(かんかく) 구경꾼／感覚(かんかく) 감각／管楽(かんがく) 관악
  (4) 器楽(きがく) 기악／規格(きかく) 규격／棋客(きかく) 기객, 기사
3. 金泥(こんでい) 금니, 금박／基底(きてい) 기저／昆弟(こんてい) 형제

☐ **きょえいしん（虚栄心）** 名 허영심

　　買物は 女の虚栄心を 満足させる。
　　쇼핑은 여자의 허영심을 만족시킨다.

☐ **きふ（寄付）** 名他 기부

　　長老は 教会に オルガンを 寄付した。
　　장로는 교회에 오르간을 기부했다.

☐ **きずく（築く）** 他 구축하다, 노력하다

　　国民の努力が 今日の発展を 築いた。
　　국민의 노력이 오늘의 발전을 이룩했다.

☐ **こうせい（後世）** 名 후세　　　　　　　　　¶ ＝後代(こうだい)

　　その絵を 家宝として 後世に 伝える。
　　그 그림을 가보로서 후세에 전하다.

☐ **かおく（家屋）** 名 가옥　　　　　　　　　　¶ ＝家(いえ)

　　火災で 家屋6棟が 全焼した。
　　화재로 가옥 6동이 전소했다.

☐ **こしつ（固執）** 名他 고집　　　　　　　　　¶ ＝こしゅう

　　新しい計画は 昔の案に 固執する 必要は ない。
　　새로운 계획은 옛 생각에 고집할 필요는 없다.

☐ **げきれい（激励）** 名他 격려

　　もっと 努力するよう 選手を 激励する。
　　더욱 노력하도록 선수를 격려하다.

☐ **きんちょう（緊張）** 名自 긴장　　　　　　　¶ ↔弛緩(しかん)

　　東西 両陣営間の緊張の色が 見える。
　　동서 양진영간의 긴장의 빛이 보이다.

☐ **かまえ（構え）** 名 외관, 구조　　　　　　　¶ ＝構造(こうぞう)

　　どっしりした 構えの建物が 見える。
　　묵직한 구조의 건물이 보이다.

확인 테스트

1. 다음 한자의 히라가나와 뜻을 쓰시오.

   (1) 家屋 _____   _____

   (2) 築く _____   _____

   (3) 後世 _____   _____

   (4) 構え _____   _____

2. 다음 낱말의 독음이 다른 것을 고르시오.

   (1) 寄付   ① 棋譜   ② 基部   ③ 肌膚

   (2) 固執   ① 個室   ② 故実   ③ 痼疾

   (3) 緊張   ① 拡張   ② 禽鳥   ③ 謹聴

3. 다음 빈칸에 알맞은 말을 보기에서 골라 써보시오.

   (1) 長老は 教会に オルガンを _____ した。

   (2) その絵を 家宝として _____ に 伝える。

   (3) どっしりした _____ の建物が 見える。

   (4) もっと 努力するよう 選手を _____ する。

> 【보기】　げきれい、きんちょう、かまえ、こうせい、
> 　　　　　きふ、きく、かたむく、きゃっこう

4. 다음 문장을 해석하시오.

   (1) 東西 両陣営間の 緊張の色が 見える。

   (2) 買物は 女の 虚栄心を 満足させる。

   (3) 新しい計画は 昔の案に 固執する 必要は ない。

● **문제 풀이**

2. (1) 棋譜 (きふ) 기보／基部 (きぶ) 기부／肌膚 (きふ) 피부, 살갗

   (2) 個室 (こしつ) 개실／故実 (こじつ) 전고(典故)／痼疾 (こしつ) 고질

   (3) 拡張 (かくちょう) 확장／禽鳥 (きんちょう) 날짐승／謹聴 (きんちょう) 근청

☑ **けがす（汚す）** 他 더럽히다

入学試験の不正事件が 大学の名誉を 汚した。

입학 시험의 부정 사건이 대학의 명예를 더럽혔다.

☑ **けずる（削る）** 他 깎다, 삭감하다

経費節約のため 接待費を 削ることになった。

경비 절약을 위해 접대비를 줄이기로 했다.

☑ **きじゅん（基準）** 名 규범, 기준

輸入品に対する 検査の基準は 国によって 異なる。

수입품에 대한 검사 기준은 나라에 따라 다르다.

☑ **こうたい（交替）** 名自 교대, 교체

選手を 交替してから 楽に 勝った。

선수를 교체하고 나서 가볍게 이겼다.

☑ **こえる（超える）** 自 넘다, 넘어가다

議席の過半数を 超える。

의석의 과반수를 넘다.

☑ **ころぶ（転ぶ）** 自 넘어지다, 자빠지다

老俳優は 舞台で 転び、しばらく 動かなかった。

노배우는 무대에서 구르더니 잠시 동안 움직이지 않았다.

☑ **けんきょ（謙虚）** 名形動 겸허   ¶ ↔傲慢(ごうまん)

竹内氏の謙虚な 態度に 人々は 好感を もった。

다케우치씨의 겸허한 태도에 사람들은 호감을 가졌다.

☑ **かこむ（囲む）** 他 둘러싸다, 에워싸다

恩師を 囲んで 10年ぶりで 同窓生が 集まった。

은사를 둘러싸고 10년 만에 동창생이 모였다.

☑ **こんじょう（根性）** 名 근성, 성질   ¶ ＝本性(ほんしょう)

役人 根性の卑しい 人だ。

관리 근성이 야비한 사람이다.

확인 테스트

1. 다음 한자의 히라가나와 뜻을 쓰시오.

(1) 汚す   _____   _____

(2) 転ぶ   _____   _____

(3) 根性   _____   _____

2. 다음 낱말의 독음이 다른 것을 고르시오.

(1) 基準   ① 季春   ② 規準   ③ 帰順

(2) 交替   ① 抗体   ② 広大   ③ 光体

(3) 超える   ① 越える   ② 肥える   ③ 消える

3. 다음 낱말의 독음이 같은 것을 고르시오.

(1) 削る   ① 梳る   ② 剃る   ③ 刈る

(2) 謙虚   ① 原拠   ② 検挙   ③ 堅強

4. 다음 빈칸에 알맞은 말을 보기에서 골라 써보시오.

(1) 議席の過半数を _____。

(2) 役人 _____ の卑しい 人だ。

【보기】   こえる、こうたい、こんじょう、ころぶ

5. 다음 문장을 해석하시오.

(1) 入学試験の不正事件が 大学の名誉を 汚した。

(2) 恩師を 囲んで 10年ぶりで 同窓生が 集まった。

● **문제 풀이**

2. (1) 季春 (きしゅん) 계춘／規準 (きじゅん) 규준／帰順 (きじゅん) 귀순

(2) 抗体 (こうたい) 항체／広大 (こうだい) 광대／光体 (こうたい) 광체

(3) 越える (こえる) 넘어가다／肥える (こえる) 살이 찌다／消える (きえる) 꺼지다

3. (1) 梳る (けずる) (빗으로) 빗다／剃る (そる) 깎다／刈る (かる) 베다

(2) 原拠 (げんきょ) 원거／検挙 (けんきょ) 검거／堅強 (けんきょう) 견강

☑ **きゅうじょ （救助）** 名他 구조   ¶ ＝救援(きゅうえん)

難破船の乗員を 救助する。

난파선의 승무원을 구조하다.

☑ **こうだん （降壇）** 名自 강단, 하단   ¶ ↔登壇(とうだん)

大学教授が 講演を 終えて 降壇する。

대학 교수가 강연을 끝내고 하단하다.

☑ **きんよう （緊要）** 名形動 긴요

歩行者の安全を 守ることが 最も 緊要だ。

보행자의 안전을 지키는 것이 가장 긴요하다.

☑ **すじみち （筋道）** 名 사리, 조리, 절차   ¶ ＝条理(じょうり)

相手に わかるように、筋道を 立てて 説明する。

상대에게 알 수 있도록 조리를 세워서 설명하다.

☑ **せっとく （説得）** 名他 설득

親を 説得して 都会に 出て 生活する。

아버지를 설득해서 도회에 나가 생활하다.

☑ **しげき （刺激）** 名他 자극

相手を 刺激するような 表現は いけない。

상대를 자극하는 듯한 표현은 안 된다.

☑ **じみち （地道）** 形動 착실함, 성실함, 건실함

地道な 努力が 報われる。

성실한 노력이 보답받는다.

☑ **しゅうしゅう （収拾）** 名他 수습

事態を 早急に 収拾するため 譲歩する。

사태를 빨리 수습하기 위해 양보하다.

☑ **そち （措置）** 名他 조치   ¶ ＝処置(しょち)

君のとった 最初の 措置は 間違っていた。

자네가 취한 처음 조치는 잘못되어 있었다.

확인 테스트

1. 다음 한자의 히라가나와 뜻을 쓰시오.

(1) 地道 ＿＿＿＿＿＿ ＿＿＿＿＿＿

(2) 救助 ＿＿＿＿＿＿ ＿＿＿＿＿＿

(3) 措置 ＿＿＿＿＿＿ ＿＿＿＿＿＿

(4) 説得 ＿＿＿＿＿＿ ＿＿＿＿＿＿

2. 다음 낱말의 독음이 다른 것을 고르시오.

(1) 降壇 ① 公団 ② 強談 ③ 講壇

(2) 刺激 ① 時刻 ② 史劇 ③ 詩劇

(3) 収拾 ① 収集 ② 修習 ③ 主従

3. 다음 빈칸에 알맞은 말을 보기에서 골라 써보시오.

(1) 難破船の乗員を ＿＿＿＿＿＿ する。

(2) 大学教授が 講演を 終えて ＿＿＿＿＿＿ する。

(3) 親を ＿＿＿＿＿＿ して 都会に 出て 生活する。

(4) 君のとった 最初の＿＿＿＿＿＿ は 間違っていた。

> **【보기】** せっとく、そち、じみち、きゅうじょ、
> こうだん、きんよう、しゅうしゅう

4. 다음 문장을 해석하시오.

(1) 事態を 早急に 収拾するため 譲歩する。

(2) 相手を 刺激するような 表現は いけない。

(3) 歩行者の安全を 守ることが 最も 緊要だ。

● **문제 풀이**

2. (1) 公団 (こうだん) 공단／強談 (ごうだん) 강담／講壇 (こうだん) 강단
   (2) 時刻 (じこく) 시각／史劇 (しげき) 사극／詩劇 (しげき) 시극
   (3) 収集 (しゅうしゅう) 수집／修習 (しゅうしゅう) 수습／主従 (しゅうじゅう) 주종

☑ **せんたく　（選択）**　名他　선택

> 選択は　私の自由だ。
> 선택은 나의 자유이다.

☑ **せしゅう　（世襲）**　名他　세습

> 日本では　世襲の経営者が　かなり　多い。
> 일본에서는 세습의 경영자가 꽤 많다.

☑ **しさ　（示唆）**　名他　시사　　　　　　　　　　¶＝暗示(あんじ)

> 彼の演説は　与党との協調の可能性を　示唆した。
> 그의 연설은 여당과의 협조 가능성을 시사했다.

☑ **しめす　（示す）**　他　내보이다, 제시하다　　　　　¶＝暗示(あんじ)

> 相手は　こちらの提案に　難色を　示した。
> 상대는 이쪽의 제안에 난색을 표했다.

☑ **せっしょう　（殺生）**　名他　살생

> 仏教では　殺生することを　戒めている。
> 불교에서는 살생하는 것을 금하고 있다.

☑ **しんちょう　（慎重）**　名形動　신중　　　　　　¶↔軽率(けいそつ)

> 審査は　慎重を　要する。
> 심사는 신중을 요한다.

☑ **さぎょう　（作業）**　名自　작업

> 翻訳は　知的な　作業である。
> 번역은 지적인 작업이다.

☑ **せっきょく　（積極）**　名　적극　　　　　　¶↔消極(しょうきょく)

> クラブに　参加するのに　積極的な　姿勢を　打ち出す。
> 클럽에 참가하는데 적극적인 자세를 내보이다.

☑ **しゃざい　（謝罪）**　名自　사죄

> 先生に　謝罪の手紙を　書く。
> 선생님에게 사죄의 편지를 쓰다.

확인 테스트

1. 다음 한자의 히라가나와 뜻을 쓰시오.
(1) 作業 _____　　　_____
(2) 世襲 _____　　　_____

2. 다음 낱말의 독음이 다른 것을 고르시오.
(1) 殺生　　① 摂政　　　② 絶勝　　　③ 折衝
(2) 慎重　　① 心中　　　② 伸張　　　③ 深長

3. 다음 낱말의 독음이 같은 것을 고르시오.
(1) 選択　　① 選定　　　② 承諾　　　③ 洗濯
(2) 示唆　　① 視差　　　② 視座　　　③ 時差
(3) 示す　　① 試す　　　② 湿す　　　③ 差す
(4) 謝罪　　① 社債　　　② 瀉剤　　　③ 死罪

4. 다음 빈칸에 알맞은 말을 보기에서 골라 써보시오.
(1) 翻訳は 知的な _____ である。
(2) 仏教では _____ することを 戒めている。

> 【보기】　せしゅう、せっしょう、さぎょう、しゃざい

5. 다음 문장을 해석하시오.
(1) 日本では 世襲の経営者が かなり 多い。
(2) クラブに 参加するのに 積極的な 姿勢を 打ち出す。

● **문제 풀이**

2. (1) 摂政 (せっしょう) 섭정／絶勝 (ぜっしょう) 절승／折衝 (せっしょう) 절충
(2) 心中 (しんちゅう) 마음속／伸張 (しんちょう) 신장／深長 (しんちょう) 심장
3. (1) 選定 (せんてい) 선정／承諾 (しょうだく) 승낙／洗濯 (せんたく) 세탁
(2) 視差 (しさ) 시차／視座 (しざ) 시좌, 관점／時差 (じさ) 시차
(3) 試す (ためす) 시험하다／湿す (しめす) 적시다／差す (さす) 가리다
(4) 社債 (しゃさい) (회)사채／瀉剤 (しゃざい) 사제／死罪 (しざい) 사죄

☑ **ずのう（頭脳）** 名 두뇌, 머리   ¶ =脳(のう)

世界の優秀な 頭脳を 集める。

세계의 우수한 두뇌를 모으다.

☑ **じょうけん（条件）** 名 조건

労働条件が 難しい。

노동 조건이 까다롭다.

☑ **じょうれん（常連）** 名 단골손님, 패거리 ¶ =常客(じょうきゃく)

居酒屋には いつ 行っても 常連がいる。

선술집에는 언제 가도 단골손님이 있다.

☑ **さっとう（殺到）** 名自 쇄도

お昼前、オフィス街では 弁当の注文が 殺到する。

점심 시간 전에 오피스 가에서는 도시락 주문이 쇄도한다.

☑ **すいじゃく（衰弱）** 名自 쇠약

母は ひどく 衰弱して やせていた。

어머니는 무척 쇠약해서 야위어 있었다.

☑ **さそう（誘う）** 他 권유하다, 불러내다   ¶ =連れ出す(つれだす)

友達を 誘って 映画を 見に行く。

친구를 불러내어 영화를 보러 가다.

☑ **せいつう（精通）** 名自 정통

各国の経済事情に 精通している。

각국의 경제 사정에 정통해 있다.

☑ **しや（視野）** 名 시야   ¶ =識見(しきけん)

外国旅行を して 視野を 広げる。

외국 여행을 해서 시야를 넓히다.

☑ **じゅんすい（純粋）** 名形動 순수

彼は 純粋に 学問に 専念した。

그는 순수하게 학문에 전념했다.

확인 테스트

1. 다음 한자의 히라가나와 뜻을 쓰시오.

(1) 殺到 ＿＿＿＿＿＿＿   ＿＿＿＿＿＿

(2) 視野 ＿＿＿＿＿＿＿   ＿＿＿＿＿＿

(3) 精通 ＿＿＿＿＿＿＿   ＿＿＿＿＿＿

(4) 頭脳 ＿＿＿＿＿＿＿   ＿＿＿＿＿＿

2. 다음 낱말의 독음이 같은 것을 고르시오.

(1) 条件   ① 上繭   ② 上限   ③ 証言

(2) 衰弱   ① 虚弱   ② 軟弱   ③ 垂迹

(3) 純粋   ① 純水   ② 泉水   ③ 精粋

3. 다음 빈칸에 알맞은 말을 보기에서 골라 써보시오.

(1) 世界の 優秀な ＿＿＿＿＿＿ を 集める。

(2) 外国旅行を して ＿＿＿＿＿＿ を 広げる。

(3) 各国の 経済事情に ＿＿＿＿＿＿ している。

(4) 母は ひどく ＿＿＿＿＿＿ して やせていた。

> 【보기】 せいつう、しや、さっとう、ずのう、
>   じょうれん、すいじゃく、じょうけん

4. 다음 문장을 해석하시오.

(1) 彼は 純粋に 学問に 専念した。

(2) 友達を 誘って 映画を 見に行く。

(3) 居酒屋には いつ 行っても 常連がいる。

● **문제 풀이** ▬▬▬▬▬

2. (1) 上繭(じょうけん) 상견／上限(じょうげん) 상한／証言(しょうげん) 증언
(2) 虚弱(きょじゃく) 허약／軟弱(なんじゃく) 연약／垂迹(すいじゃく) 수적
(3) 純水(じゅんすい) 순수／泉水(せんすい) 천수／精粋(せいすい) 정수

☑ **しんけん（真剣）** 名形動 진지함　　　　　　　¶＝本気(ほんき)
> エイズの撲滅運動に 真剣に 取り組む。
> 에이즈의 박멸 운동에 진지하게 대처하다.

☑ **そくしん（促進）** 名他 촉진
> 東南アジアの経済開発を 促進する。
> 동남 아시아의 경제 개발을 촉진하다.

☑ **そそぐ（注ぐ）** 自 흘러들어가다
> 川が 海に 注ぐ 所である。
> 강이 바다로 흘러들어가는 곳이다.

☑ **しゅうちゃく（執着）** 名自 집착　　　　　¶＝しゅうじゃく
> 若者は 品質より 格好のよさに 執着する。
> 젊은이는 품질보다 겉 모양에 집착한다.

☑ **せんにゅうかん（先入観）** 名 선입관 ¶＝先入見(せんにゅうけん)
> よからぬ先入観を 捨てなさい。
> 좋지 않은 선입관을 버리시오.

☑ **さっかく（錯覚）** 名自 착각
> 目の錯覚で 丸く 見えたのです。
> 눈의 착각으로 둥글게 보인 것입니다.

☑ **そぼく（素朴）** 名形動 소박　　　　　　　¶＝純朴(じゅんぼく)
> 郷土料理には 素朴な味わいが ある。
> 향토 요리에는 소박한 맛이 있다.

☑ **すなお（素直）** 形動 순결함, 자연스러움
> 自分の欠点を 指摘され、素直に 反省する。
> 자신의 결점을 지적받고 솔직하게 반성한다.

☑ **しょうがい（障害）** 名他 장해, 장애　　　　¶＝障碍(しょうがい)
> 何が 成功の障害に なっているのか 分からなかった。
> 무엇이 성공의 장애가 되고 있는지 알 수 없었다.

확인 테스트

1. 다음 한자의 히라가나와 뜻을 쓰시오.

(1) 素朴 _____   _____

(2) 素直 _____   _____

(3) 傷害 _____   _____

2. 다음 낱말의 독음이 다른 것을 고르시오.

(1) 真剣   ① 神権   ② 親権   ③ 進言

(2) 注ぐ   ① 雪ぐ   ② 濯ぐ   ③ 嗅ぐ

(3) 執着   ① 修築   ② 祝着   ③ 終着

3. 다음 낱말의 독음이 같은 것을 고르시오.

(1) 促進   ① 測深   ② 俗人   ③ 賊臣

(2) 錯覚   ① 視覚   ② 錯角   ③ 雑学

4. 다음 빈칸에 알맞은 말을 보기에서 골라 써보시오.

(1) よからぬ_____ を 捨てなさい。

(2) 自分の欠点を 指摘され、_____に 反省する。

【보기】   しんけん、せんにゅうかん、そぼく、すなお

5. 다음 문장을 해석하시오.

(1) 郷土料理には 素朴な味わいが ある。

(2) 何が 成功の障害に なっているのか 分からなかった。

● **문제 풀이**

2. (1) 神権（しんけん）신권／親権（しんけん）친권／進言（しんげん）진언

(2) 雪ぐ（そそぐ）설욕하다／濯ぐ（そそぐ）씻다／嗅ぐ（かぐ）냄새 맡다

(3) 修築（しゅうちく）수축／祝着（しゅうちゃく）경축／終着（しゅうちゃく）종착

3. (1) 測深（そくしん）측심／俗人（ぞくじん）속인／賊臣（ぞくしん）반역하는 신하

(2) 視覚（しかく）시각／錯角（さっかく）착각／雑学（ざつがく）잡학

☑ **しりぞく （退く）** 自 물러나다, 물러가다   ¶↔進む(すすむ)

彼は 一歩も 退かなかった。

그는 한 발짝도 물러나지〔양보하지〕 않았다.

☑ **しきち （敷地）** 名 부지

建築敷地内に 建て増す。

건축 부지의 안에 증축하다.

☑ **せいび （整備）** 名自他 정비

全国に 網の目のように 道路が 整備されている。

전국에 그물망처럼 도로가 정비되고 있다.

☑ **しゅつば （出馬）** 名自 출마

委員長は 次の総選挙に 出馬する 意志を 固めた。

위원장은 다음의 총선거에 출마할 의지를 굳혔다.

☑ **せまる （迫る）** 自 다가오다, 닥쳐오다

入学手続きの締め切りが 明日に 迫っている。

입학 수속의 마감 날짜가 내일로 임박해 있다.

☑ **そくばく （束縛）** 名他 속박   ¶↔解放(かいほう)

第五共和国政府は 言論の自由を 束縛した。

제5공화국 정부는 언론의 자유를 속박했다.

☑ **さぎ （詐欺）** 名 사기

詐欺に ひっかかって 金を 巻き上げられた。

사기에 걸려서 돈을 빼앗겼다.

☑ **じゅくすい （熟睡）** 名自 숙면

昨日は 熟睡のおかげで 疲れがとれた。

어제는 숙면 덕분에 피로가 풀렸다.

☑ **じゅくす （熟す）** 自 (과실이) 익다   ¶＝熟れる(うれる)

今は 条件が 悪いので 機が 熟すのを 待つ。

지금은 조건이 나빠서 기회가 무르익을 때를 기다린다.

확인 테스트

1. 다음 한자의 히라가나와 뜻을 쓰시오.

(1) 詐欺 ＿＿＿＿＿＿＿＿＿ ＿＿＿＿＿＿＿＿＿

(2) 熟す ＿＿＿＿＿＿＿＿＿ ＿＿＿＿＿＿＿＿＿

(3) 熟睡 ＿＿＿＿＿＿＿＿＿ ＿＿＿＿＿＿＿＿＿

(4) 出馬 ＿＿＿＿＿＿＿＿＿ ＿＿＿＿＿＿＿＿＿

(5) 退く ＿＿＿＿＿＿＿＿＿ ＿＿＿＿＿＿＿＿＿

2. 다음 낱말의 독음이 다른 것을 고르시오.

整備   ① 精微   ② 精美   ③ 正否

3. 다음 빈칸에 알맞은 말을 보기에서 골라 써보시오.

(1) 建築＿＿＿＿＿＿内に 建て増す。

(2) 今は 条件が 悪いので 機が ＿＿＿＿＿＿のを 待つ。

(3) ＿＿＿＿＿＿に ひっかかって 金を 巻き上げられた。

(4) 昨日は ＿＿＿＿＿＿のおかげで 疲れがとれた。

(5) 全国に 網の目のように 道路が ＿＿＿＿＿＿されている。

> 【보기】   しりぞく、せいび、しきち、じゅくすい
>
>   そくばく、さぎ、せまる、じゅくす

4. 다음 문장을 해석하시오.

(1) 彼は 一歩も 退かなかった。

(2) 第五共和国政府は 言論の自由を 束縛した。

(3) 入学手続きの締め切りが 明日に 迫っている。

(4) 委員長は 次の総選挙に 出馬する 意志を 固めた。

● **문제 풀이**

2. 精微（せいび）정미／精美（せいび）정미／正否（せいひ）정부, 옳고 그름

☑ **しゅうねん （執念）** 名 집념, 집요

> 彼は 執念深く 説明を 求めた。
> 그는 집요하게 설명을 요구했다.

☑ **しょうこ （証拠）** 名 증거   ¶ ＝証し(あかし)

> 検事は 容疑者の 確かな 証拠を 握っている。
> 검사는 용의자의 확실한 증거를 쥐고 있다.

☑ **じょうほ （譲歩）** 名自 양보

> 労使双方の 譲歩で 解決される。
> 노사 쌍방의 양보로 해결되다.

☑ **そうぜん （騒然）** 形動 소연, 시끄러움

> 停電で 場内は 騒然となった。
> 정전으로 장내는 시끄러워졌다.

☑ **さわぐ （騒ぐ）** 自 떠들다, 시끄럽다

> 賃上げを 要求して 騒ぐ。
> 임금 인상을 요구하여 소란스럽다.

☑ **そうしょく （装飾）** 名他 장식   ¶ ＝飾り付け(かざりつけ)

> 新しい 室内装飾を ほどこす。
> 새로운 실내 장식을 공들여 꾸미다.

☑ **するどい （鋭い）** 形 날카롭다, 예리하다

> 新聞は 政府に対して 鋭い攻撃を 加えた。
> 신문은 정부에 대하여 날카로운 공격을 가했다.

☑ **ぜつめつ （絶滅）** 名自他 절멸, 멸종

> ドードー鳥は 絶滅の危機に さらされる。
> 도도새는 멸종의 위기에 직면하다.

☑ **そっちょく （率直）** 形動 솔직

> 自分の意見を 率直に 述べる。
> 자신의 의견을 솔직하게 이야기하다.

확인 테스트

1. 다음 한자의 히라가나와 뜻을 쓰시오.

(1) 騒ぐ _____   _____

(2) 鋭い _____   _____

(3) 絶滅 _____   _____

(4) 譲歩 _____   _____

2. 다음 낱말의 독음이 다른 것을 고르시오.

(1) 証拠   ① 尚古   ② 称呼   ③ 正午

(2) 騒然   ① 造船   ② 蒼然   ③ 愴然

(3) 装飾   ① 草食   ② 増殖   ③ 僧職

3. 다음 낱말의 독음이 같은 것을 고르시오.

執念   ① 周年   ② 十念   ③ 少年

4. 다음 빈칸에 알맞은 말을 보기에서 골라 써보시오.

(1) 賃上げを 要求して _____。

(2) ドードー鳥は _____ の危機に さらされる。

【보기】 しゅうねん、 ぜつめつ、 さわぐ、 そうしょく

5. 다음 문장을 해석하시오.

(1) 自分の意見を 率直に 述べる。

(2) 労使双方の譲歩で 解決される。

(3) 新聞は 政府に対して 鋭い攻撃を 加えた。

● **문제 풀이**

2. (1) 尚古(しょうこ) 상고／称呼(しょうこ) 칭호／正午(しょうご) 정오

(2) 造船(ぞうせん) 조선／蒼然(そうぜん) 창연／愴然(そうぜん) 창연

(3) 草食(そうしょく) 초식／増殖(ぞうしょく) 증식／僧職(そうしょく) 승직

3. 周年(しゅうねん) 주년／十念(じゅうねん) 십념／少年(しょうねん) 소년

☑ **せっち　（設置）**　名他　설치

事務所に　新しい電話を　設置する。
じむしょ　あたら　でんわ

사무소에 새로운 전화를 설치하다.

☑ **すぐれる　（優れる）**　自　뛰어나다　　　¶ ＝優る(まさる)

政治家は　雄弁家として　優れている。
せいじか　ゆうべんか

정치가는 웅변가로서 뛰어나다.

☑ **せんめい　（鮮明）**　名形動　선명

最近のテレビの画質は、鮮明で　美しい。
さいきん　がしつ　うつく

최근 텔레비전의 화질은 선명해서 예쁘다.

☑ **さんぴ　（賛否）**　名　찬부

彼の提言に　対し、賛否両論が　巻き起った。
かれ　ていげん　たい　りょうろん　ま　おこ

그의 제언에 대해 찬반 양론이 일어났다.

☑ **せいけつ　（清潔）**　名形動　청결, 깨끗함　　　¶ ↔不潔(ふけつ)

食品を　扱う店は　まず　清潔でなければならない。
しょくひん　あつか　みせ

식품을 취급하는 가게는 우선 청결해야 한다.

☑ **さける　（裂ける）**　自　찢어지다, 터지다, 갈라지다

大地震で　地面が　裂けた。
だいじしん　じめん

대지진으로 지면이 갈라졌다.

☑ **じく　（軸）**　名　축, 굴대, 심대　　　¶ ＝心棒(しんぼう)

左足を　軸にして　3回転する。
ひだりあし　さんかいてん

왼발을 축으로 해서 3회전 한다.

☑ **しゅうちゅう　（集中）**　名自他　집중　　　¶ ↔分散(ぶんさん)

議論は　その点に　集中した。
ぎろん　てん

의론은 그 점에 집중했다.

☑ **そなえる　（備える）**　自他　대비하다

将来に　備えて　貯金する。
しょうらい　ちょきん

장래에 대비해서 저금하다.

확인 테스트

1. 다음 한자의 히라가나와 뜻을 쓰시오.

   (1) 賛否 _____   _____

   (2) 集中 _____   _____

   (3) 設置 _____   _____

   (4) 裂ける _____   _____

   (5) 備える _____   _____

2. 다음 낱말의 독음이 같은 것을 고르시오.

   (1) 優れる   ① 勝れる   ② 採れる   ③ 取れる

   (2) 鮮明   ① 清明   ② 闡明   ③ 全滅

3. 다음 빈칸에 알맞은 말을 보기에서 골라 써보시오.

   (1) 議論は その点に _____ した。

   (2) 左足を _____ にして 3回転する。

   (3) 事務所に 新しい電話を _____ する。

   (4) 最近のテレビの画質は、_____ で 美しい。

> 【보기】 せっち、せんめい、せいけつ、しゅうちゅう、
> じく、そなえる、すぐれる

4. 다음 문장을 해석하시오.

   (1) 将来に 備えて 貯金する。

   (2) 政治家は 雄弁家として 優れている。

   (3) 彼の提言に 対し、賛否両論が 巻き起った。

   (4) 食品を 扱う店は まず 清潔で なければならない。

● **문제 풀이**

2. (1) 勝れる(すぐれる) 우수하다／採れる(とれる) 채취하다／取れる(とれる) 떨어지다, 빠지다

   (2) 清明(せいめい) 청명／闡明(せんめい) 천명／全滅(ぜんめつ) 전멸

☑ **すいけい（推計）** 名他 추계, 추산　　　　　　¶ ＝推算(すいさん)

百年後の人口を 推計する。
백 년 후의 인구를 추계한다.

☑ **さける（避ける）** 他 피하다

会社側は 賃上げの時期について 回答を 避けた。
회사측은 (임금) 인상 시기에 대하여 회답을 피했다.

☑ **しんこく（深刻）** 形動 심각

光州の事態は 一段と 深刻になった。
광주 사태는 더욱 심각해졌다.

☑ **さぐる（探る）** 他 살피다, 더듬어 찾다

新聞社は 与論調査で 社会の動向を 探る。
신문사는 여론 조사에서 사회의 동향을 살피다.

☑ **ぜっする（絶する）** 自 뛰어나다, 초월하다　　¶ ＝超える(こえる)

地震の怖さは 想像を 絶するものだ。
지진의 공포는 상상을 초월한 것이다.

☑ **そこなう（損なう）** 他 파손하다, 상하게 하다

彼女の感情を 損なわないようにする。
그녀의 감정을 손상당하지 않도록 하다.

☑ **すいしん（推進）** 名他 추진

助け合い 運動を 推進する。
서로 돕기 운동을 추진하다.

☑ **しゅうさい（秀才）** 名 수재　　　　　　　¶ ↔鈍才(どんさい)

彼女は 学校一の秀才であった。
그녀는 학교(전교)에서 첫손 꼽히는 수재였다.

☑ **じゅうだん（縦断）** 名他 종단　　　　　　¶ ↔横断(おうだん)

夏休みに 自動車で 韓国縦断を 計画中だ。
여름 방학에 자동차로 한국 종단을 계획 중이다.

확인 테스트

1. 다음 한자의 히라가나와 뜻을 쓰시오.

    (1) 絶する   _____   _____

    (2) 損なう   _____   _____

2. 다음 낱말의 독음이 다른 것을 고르시오.

    (1) 推計   ① 水刑   ② 水系   ③ 早計

    (2) 深刻   ① 親祭   ② 申告   ③ 親告

    (3) 推進   ① 水深   ② 垂心   ③ 粋人

3. 다음 낱말의 독음이 같은 것을 고르시오.

    (1) 避ける   ① 抜ける   ② 欠ける   ③ 裂ける

    (2) 秀才   ① 集材   ② 収載   ③ 重罪

    (3) 縦断   ① 愁嘆   ② 集団   ③ 銃弾

4. 다음 빈칸에 알맞은 말을 보기에서 골라 써보시오.

    (1) 彼女は 学校一の _____ であった。

    (2) 地震の 怖さは 想像を _____ ものだ。

    ┌───┐
    │ 【보기】   ぜっする、すいしん、しゅうさい、そこなう │
    └───┘

5. 다음 문장을 해석하시오.

    (1) 彼女の 感情を 損なわないようにする。

    (2) 新聞社は 与論調査で 社会の 動向を 探る。

● **문제 풀이**

2. (1) 水刑 (すいけい) 물고문／水系 (すいけい) 수계／早計 (そうけい) 경솔한 생각

    (2) 親祭 (しんさい) 친제／申告 (しんこく) 신고／親告 (しんこく) 친고

    (3) 水深 (すいしん) 수심／垂心 (すいしん) 수심／粋人 (すいじん) 풍류인

3. (1) 抜ける (ぬける) 빠지다／欠ける (かける) 빠지다／裂ける (さける) 찢어지다

    (2) 集材 (しゅうざい) 집재／収載 (しゅうさい) 수재／重罪 (じゅうざい) 중죄

    (3) 愁嘆 (しゅうたん) 수탄／集団 (しゅうだん) 집단／銃弾 (じゅうだん) 총탄

☑ **すこやか（健やか）** 形動 건강함, 튼튼함   ¶ ＝達者(たっしゃ)

> お健やかに お過しのことと 存じます。
> 건강하게 지내실 줄로 생각합니다.

☑ **さまたげる（妨げる）** 他 방해하다, 막다

> 国道で トラックが 横転し、車の通行を 妨げた。
> 국도에서 트럭이 옆으로 굴러서 차의 통행을 막았다.

☑ **さっきゅう（早急）** 形動 속히, 재빨리   ¶ ＝そうきゅう

> 早急に 連絡して ください。
> 속히 연락해 주세요.

☑ **しせい（姿勢）** 名 자세, 태도

> 明確な 姿勢を 示す。
> 명확한 자세〔태도〕를 보이다.

☑ **さく（割く）** 他 가르다

> 忙しい 時間を 割いて、友人を 見舞に 行く。
> 바쁜 시간을 쪼개서, 친구를 위문하러 가다.

☑ **さめる（冷める）** 自 식다   ¶ ＝冷える(ひえる)

> スープが 冷めないうちに どうぞ 召上がってください。
> 스프가 식기 전에 어서 드십시오.

☑ **すすめる（勧める）** 他 권하다, 권고하다

> ヨガは 心身の健康に いいと 友達に 勧められた。
> 요가는 심신의 건강에 좋다고 친구에게 권해주었다.

☑ **すみやか（速やか）** 形動 신속함, 빠름   ¶ ＝たちまち

> 商品に 対する 苦情に、店は 速やかに 対応した。
> 상품에 대한 불만에, 가게는 재빨리 대응했다.

☑ **じゅうし（重視）** 名他 중시   ¶ ↔軽視(けいし)

> 人柄を 最も 重視して 人を 雇う。
> 인품을 가장 중시하여 사람을 고용하다.

확인 테스트

1. 다음 한자의 히라가나와 뜻을 쓰시오.

(1) 早急　　＿＿＿＿＿＿＿　　　　＿＿＿＿＿＿＿

(2) 速やか　＿＿＿＿＿＿＿　　　　＿＿＿＿＿＿＿

(3) 健やか　＿＿＿＿＿＿＿　　　　＿＿＿＿＿＿＿

(4) 妨げる　＿＿＿＿＿＿＿　　　　＿＿＿＿＿＿＿

2. 다음 낱말의 독음이 다른 것을 고르시오.

(1) 姿勢　　① 市井　　　② 市制　　　③ 時勢

(2) 割く　　① 利く　　　② 咲く　　　③ 裂く

(3) 勧める　① 薦める　　② 進める　　③ 止める

(4) 重視　　① 従姉　　　② 十字　　　③ 獣脂

3. 다음 빈칸에 알맞은 말을 보기에서 골라 써보시오.

(1) 明確な ＿＿＿＿＿＿ を 示す。

(2) ＿＿＿＿＿＿ に 連絡して ください。

(3) 人柄を 最も ＿＿＿＿＿＿ して 人を 雇う。

> 【보기】　じゅうし、さく、すすめる、さっきゅう、しせい

4. 다음 문장을 해석하시오.

(1) お健やかに お過しのことと 存じます。

(2) 商品に 対する 苦情に、店は 速やかに 対応した。

(3) スープが 冷めないうちに どうぞ 召上がってください。

● **문제 풀이**

2. (1) 市井 (しせい) 시정, 거리／市制 (しせい) 시의 제도／時勢 (じせい) 시세

(2) 利く (きく) 기능을 발휘하다／咲く (さく) 피다／裂く (さく) 찢다

(3) 薦める (すすめる) 추천하다／進める (すすめる) 나아가게 하다／止める (とどめる) 멈추다

(4) 従姉 (じゅうし) 사촌 누이／十字 (じゅうじ) 십자／獣脂 (じゅうし) 수지 (짐승의 기름)

☑ **せめる （責める）** 他 책망하다, 나무라다   ¶＝とがめる

人の過失を 責める。

남의 잘못을 책망하다.

☑ **せいきょう （盛況）** 名 성황

冬休みに 入り、スキー場は どこも 盛況だ。

겨울 방학에 접어들자 스키장은 어디나 성황이다.

☑ **すっぱい （酸っぱい）** 形 시큼하다, 시다   ¶＝酸い(すい)

梅干しは 酸っぱい。

매실장아찌는 시큼하다.

☑ **しょうめい （照明）** 名他 조명

そのビルは いろいろな 種類の明りで 照明される。

그 빌딩은 여러 종류의 빛으로 조명된다.

☑ **そし （阻止）** 名他 저지   ¶＝防止(ぼうし)

警察が デモ行進を 阻止した。

경찰이 데모 행진을 저지했다.

☑ **しゅくめい （宿命）** 名 숙명   ¶＝宿運(しゅくうん)

宿命だと 思って あきらめる。

숙명이라 생각하고 단념하다.

☑ **さしず （指図）** 名自他 지시, 명령

先生の指図で 作業する。

선생님의 지시로 작업하다.

☑ **すくう （救う）** 他 구하다, 돕다

貧しい人を 救うための募金を 行っている。

가난한 사람을 돕기 위해 모금을 실시하고 있다.

☑ **さめる （覚める）** 自 눈이 뜨이다

朝になると ひとりでに 目が 覚める。

아침이 되면 저절로 눈이 뜨인다〔잠이 깨다〕.

확인 테스트

1. 다음 한자의 히라가나와 뜻을 쓰시오.

(1) 宿命 _____ _____

(2) 指図 _____ _____

2. 다음 낱말의 독음이 다른 것을 고르시오.

(1) 盛況 ① 政況 ② 正教 ③ 盛業

(2) 照明 ① 上命 ② 召命 ③ 証明

(3) 阻止 ① 素地 ② 素子 ③ 素志

(4) 救う ① 食う ② 掬う ③ 抄う

3. 다음 낱말의 독음이 같은 것을 고르시오.

(1) 責める ① 攻める ② 締める ③ 絞める

(2) 覚める ① 冷める ② 詰める ③ 泊める

4. 다음 빈칸에 알맞은 말을 보기에서 골라 써보시오.

(1) 人の過失を _____ 。

(2) _____ だと 思って あきらめる。

【보기】 せいきょう、せめる、しゅくめい、すくう

5. 다음 문장을 해석하시오.

(1) 梅干しは 酸っぱい。

(2) 警察が デモ行進を 阻止した。

● **문제 풀이** ━━━━━━━━━━━━━━━

2. (1) 政況 (せいきょう) 정황／正教 (せいきょう) 정교／盛業 (せいぎょう) 성업

(2) 上命 (じょうめい) 상명／召命 (しょうめい) 소명／証明 (しょうめい) 증명

(3) 素地 (そじ) 바탕／素子 (そし) 소자／素志 (そし) 평소의 생각

(4) 食う (くう) 먹다／掬う (すくう) (물을) 떠내다／抄う (すくう) 떠내다

3. (1) 攻める (せめる) 공격하다／締める (しめる) 죄다／絞める (しめる) 졸라매다

(2) 冷める (さめる) 식다／詰める (つめる) 채우다／泊める (とめる) 숙박시키다

☑ **しんぷう （新風）** 名 신풍, 새 바람

> 学界に 新風を 起こす。
> 학계에 새 바람을 일으키다.

☑ **つうがる （通がる）** 自 정통한 체하다   ¶＝通ぶる(つうぶる)

> 彼は 何でも 通がる癖が ある。
> 그는 무엇에든지 정통한 체하는 버릇이 있다.

☑ **つうかい （痛快）** 名 形動 통쾌

> 痛快な ホームランを とばす。
> 통쾌한 홈런을 날리다.

☑ **ていげん （提言）** 名他 제언   ¶＝提議(ていぎ)

> 僕の提言を 容れなかった。
> 나의 제언을 받아들이지 않았다.

☑ **たずさわる （携わる）** 自 관계하다, 종사하다   ¶＝かかわりあう

> 先端技術の開発に 携わる。
> 첨단 기술의 개발에 관계하다.

☑ **ていさい （体裁）** 名 체재, 형식   ¶＝外見(がいけん)

> 短編としての体裁を 備える。
> 단편으로서의 체재〔형식〕를 갖추다.

☑ **つちかう （培う）** 他 가꾸다, 배양하다, 기르다

> 苗木を 大事に 培う。
> 묘목을 소중하게 배양하다.

☑ **つつしむ （慎む）** 他 삼가다

> お話しを 慎んで 拝聴いたします。
> 말씀을 삼가 배청하겠습니다.

☑ **ついとう （追悼）** 名他 추도

> 故人の追悼会を した。
> 고인의 추도회를 열었다.

확인 테스트

1. 다음 한자의 히라가나와 뜻을 쓰시오.

(1) 新風 _____ _____

(2) 培う _____ _____

(3) 提言 _____ _____

(4) 体裁 _____ _____

2. 다음 낱말의 독음이 같은 것을 고르시오.

(1) 痛快   ① 爽快   ② 通解   ③ 通過

(2) 慎む   ① 包む   ② 畳む   ③ 謹む

(3) 追悼   ① 追討   ② 追突   ③ 哀悼

3. 다음 빈칸에 알맞은 말을 보기에서 골라 써보시오.

(1) 故人の＿＿＿＿＿会を した。

(2) 学界に ＿＿＿＿＿を 起こす。

(3) 先端技術の開発に ＿＿＿＿＿。

(4) 短編としての＿＿＿＿＿を 備える。

> 【보기】 しんぷう、たずさわる、ていげん、つちかう、
>   ていさい、ついとう、つつしむ

4. 다음 문장을 해석하시오.

(1) 苗木を 大事に 培う。

(2) 僕の提言を 容れなかった。

(3) 彼は 何でも 通がる癖が ある。

● **문제 풀이**

2. (1) 爽快 (そうかい) 상쾌／通解 (つうかい) 통해／通過 (つうか) 통과

(2) 包む (くるむ) 휩싸다／畳む (たたむ) 접 (치)다／謹む (つつしむ) 황공해 하다

(3) 追討 (ついとう) 추토／追突 (ついとつ) 추돌／哀悼 (あいとう) 애도

☑ **でいすい （泥酔）** 名自 만취

泥酔して 路上で 寝てしまった。

만취해서 노상에서 자 버렸다.

☑ **ためす （試す）** 他 시험하다

機械の調子が いいかどうか 試す。

기계의 상태가 좋은지 어떤지 시험하다.

☑ **とぼしい （乏しい）** 形 모자라다　　　　　¶ ＝足りない(たりない)

親は 乏しい収入の中から 子供の学費を 出した。

아버지는 모자라는 수입 중에서 아이들의 학비를 냈다.

☑ **たいりく （大陸）** 名 대륙

コロンブスの発見した 新大陸が アメリカである。

콜롬부스가 발견한 신대륙이 아메리카이다.

☑ **たいくつ （退屈）** 名自形動 지루함

話術が 巧みで 人を 退屈させない。

화술이 좋아서 사람을 지루하게 하지 않는다.

☑ **だんぞく （断続）** 名自 단속

台風の影響で、断続的に 雨が 降る。

태풍의 영향으로, 단속적으로 비가 내리다.

☑ **ちゅうもく （注目）** 名自他 주목　　　　　¶ ＝注視(ちゅうし)

彼の活躍ぶりが 世人の注目を ひく。

그의 활약상이 세상 사람의 주목을 끌다.

☑ **とくい （得意）** 名形動 득이, 장기　　　　　¶ ＝得手(えて)

英語は 私の得意の学科では なかった。

영어는 내가 잘하는 학과는 아니었다.

☑ **となえる （唱える）** 他 외치다, 주창하다

軍縮の必要性を 唱える。

군축의 필요성을 주창하다.

확인 테스트

1. 다음 한자의 히라가나와 뜻을 쓰시오.

(1) 退屈 ＿＿＿＿＿＿＿   ＿＿＿＿＿＿＿

(2) 得意 ＿＿＿＿＿＿＿   ＿＿＿＿＿＿＿

(3) 断続 ＿＿＿＿＿＿＿   ＿＿＿＿＿＿＿

(4) 試す ＿＿＿＿＿＿＿   ＿＿＿＿＿＿＿

(5) 乏しい ＿＿＿＿＿＿＿   ＿＿＿＿＿＿＿

2. 다음 낱말의 독음이 같은 것을 고르시오.

(1) 泥酔   ① 泥水   ② 定数   ③ 低声

(2) 唱える   ① 絶える   ② 整える   ③ 称える

3. 다음 빈칸에 알맞은 말을 보기에서 골라 써보시오.

(1) 軍縮の必要性を ＿＿＿＿＿＿。

(2) 話術が 巧みで 人を ＿＿＿＿＿＿ させない。

(3) 彼の活躍ぶりが 世人の ＿＿＿＿＿＿ を ひく。

(4) 台風の影響で、 ＿＿＿＿＿＿ 的に 雨が 降る。

> 【보기】   となえる、たいりく、とぼしい、たいくつ、
>   ためす、ちゅうもく、だんぞく

4. 다음 문장을 해석하시오.

(1) 機械の調子が いいかどうか 試す。

(2) 英語は 私の得意の学科では なかった。

(3) 親は 乏しい収入の中から 子供の学費を 出した。

(4) コロンブスの発見した 新大陸が アメリカである。

● **문제 풀이**

2. (1) 泥水 (でいすい) 흙탕물／定数 (ていすう) 정수／低声 (ていせい) 저음
    (2) 絶える (たえる) 끊어지다／整える (ととのえる) 조정하다／称える (となえる)
       호칭하다

☑ ととのう （整う）　⾃ 조절되다, 갖춰지다

> 機械のぐあいが 整う。
>
> 기계 상태가 조절되다.

☑ たいせい （大勢）　名 대세

> 選挙の大勢は 明朝には わかる。
>
> 선거의 대세는 내일 아침이면 알 수 있다.

☑ つらなる （連なる）　⾃ 늘어서다, 이어지다

> 深夜の町を オートバイが 連なって 走る。
>
> 심야에 마을을 오토바이가 연달아 달리다.

☑ つめ （詰め）　名 채움, 최종 국면

> 交渉は いよいよ 大詰めの段階に 入った。
>
> 교섭은 드디어 최종 단계에 들어섰다.

☑ だっしゅつ （脱出）　名⾃ 탈출

> 戦闘が 続く 市内から やっと 脱出した。
>
> 전투가 계속되는 시내에서 가까스로 탈출했다.

☑ だっする （脱する）　⾃他 벗어나다　　　¶ ＝抜け出る(ぬけでる)

> 敵の包囲を 脱する。
>
> 적의 포위를 벗어나다.

☑ つのる （募る）　⾃ 심해지다, 他 모집하다

> 希望者を 募って 団体旅行を する。
>
> 희망자를 모집해서 단체 여행을 하다.

☑ たくわえ （蓄え）　名 비축, 저금　　　¶ ＝貯金(ちょきん)

> 韓国は 日本に くらべ、個人の蓄えが 多い。
>
> 한국은 일본에 비해 개인의 저축이 많다.

☑ だんりょく （弾力）　名 탄력

> 頭の軟らかい人は 弾力性のある 考え方が できる。
>
> 머리가 부드러운 사람은 탄력성 있는 사고를 할 수 있다.

확인 테스트

1. 다음 한자의 히라가나와 뜻을 쓰시오.

(1) 詰め _____ _____

(2) 募る _____ _____

(3) 弾力 _____ _____

(4) 脱出 _____ _____

2. 다음 낱말의 독음이 다른 것을 고르시오.

大勢   ① 大成   ② 体積   ③ 体制

3. 다음 낱말의 독음이 같은 것을 고르시오.

(1) 整う   ① 合う   ② 調う   ③ 会う

(2) 連なる   ① 列なる   ② 異なる   ③ 重なる

4. 다음 빈칸에 알맞은 말을 보기에서 골라 써보시오.

(1) 機械のぐあいが _____。

(2) 選挙の_____は 明朝には わかる。

(3) 戦闘が 続く 市内から やっと _____ した。

(4) 頭の 軟らかい 人は _____ 性のある 考え方が できる。

> 【보기】   たくわえ、だっしゅつ、だんりょく、
>   たいせい、つらなる、ととのう、つのろ

5. 다음 문장을 해석하시오.

(1) 敵の包囲を 脱する。

(2) 希望者を 募って 団体旅行を する。

● **문제 풀이**

2. 大成 (たいせい) 대성／体積 (たいせき) 체적／体制 (たいせい) 체제

3. (1) 合う (あう) 합쳐지다／調う (ととのう) 성립되다／会う (あう) 만나다

(2) 列なる (つらなる) 줄지어 있다／異なる (ことなる) 다르다／重なる (かさなる) 포개지다

☑ **どうさ（動作）** 名自 동작
> 舞踊は 基本動作が 敏捷だ。
> 무용은 기본 동작이 민첩하다.

☑ **だんねん（断念）** 名他 단념
> 彼は 家庭の事情で 進学を 断念した。
> 그는 가정의 사정으로 진학을 단념했다.

☑ **たつ（断つ）** 他 끊다   ¶＝さえぎる
> 大雪のため 軍隊は 補給を 断たれた。
> 대설 때문에 군대는 보급이 끊겼다.

☑ **とどく（届く）** 自 도착하다, 닿다   ¶＝着く(つく)
> 母から 小荷物が 届く。
> 어머니로부터 소화물이 도착하다.

☑ **たえる（絶える）** 自 끊어지다   ¶＝とぎれる
> 油の供給が 絶えた。
> 기름의 공급이 끊어졌다〔중단되었다〕.

☑ **たずねる（尋ねる）** 他 찾다, 더듬다, 질문하다
> 難解な箇所を 師に 尋ねる。
> 난해한 부분을 스승에게 묻다〔질문하다〕.

☑ **とうひ（逃避）** 名自 도피
> 現実から 逃避していては 問題は 解決しない。
> 현실에서 도피한다고 해서 문제는 해결되지 않는다.

☑ **てんか（転嫁）** 名他 전가, 재가
> 彼は 自分の失敗を 部下に 転嫁した。
> 그는 자신의 실패를 부하에게 전가했다.

☑ **つど（都度）** 名 그때마다, 매번
> 歯を みがく都度 血が 出る。
> 이를 닦을 때마다 피가 나온다.

확인 테스트

1. 다음 한자의 히라가나와 뜻을 쓰시오.
   (1) 断念 _____   _____
   (2) 都度 _____   _____

2. 다음 낱말의 독음이 다른 것을 고르시오.
   (1) 断つ   ① 建つ   ② 経つ   ③ 撃つ
   (2) 絶える   ① 耐える   ② 例える   ③ 堪える
   (3) 逃避   ① 当否   ② 掉尾   ③ 等比
   (4) 転嫁   ① 殿下   ② 点火   ③ 天下

3. 다음 낱말의 독음이 같은 것을 고르시오.
   (1) 動作   ① 陶砂   ② 同座   ③ 等差
   (2) 尋ねる   ① 兼ねる   ② 訪ねる   ③ 拗ねる

4. 다음 빈칸에 알맞은 말을 보기에서 골라 써보시오.
   (1) 母から 小荷物が _____ 。
   (2) 彼は 自分の失敗を 部下に _____ した。

   【보기】   たずわる、てんか、とどく、だんねん

5. 다음 문장을 해석하시오.
   (1) 難解な箇所を 師に 尋ねる。
   (2) 彼は 家庭の事情で 進学を 断念した。

● 문제 풀이

2. (1) 建つ (たつ) 세워지다／経つ (たつ) 경과하다／撃つ (うつ) 공격하다
   (2) 耐える (たえる) 견디다／例える (たとえる) 예를 들다／堪える (たえる) 참다
   (3) 当否 (とうひ) 당부／掉尾 (とうび) 도미／等比 (とうひ) 등비
   (4) 殿下 (でんか) 전하／点火 (てんか) 점화／天下 (てんか) 천하

3. (1) 陶砂 (どうさ) 도사, 반수／同座 (どうざ) 동석(同席)／等差 (とうさ) 등차
   (2) 兼ねる (かねる) 겸하다／訪ねる (たずねる) 방문하다／拗ねる (すねる) 비꼬이다

☑ **てんかい （展開）** 名自他 전개

眼下に 銀世界が 展開する。

눈 아래에 은세계가 전개되다〔펼쳐지다〕.

☑ **どうじょう （同情）** 名自 동정　　　　　　¶＝思いやり(おもいやり)

同情のこもった 手紙を 書く。

동정어린 편지를 쓰다.

☑ **ちんもく （沈黙）** 名自 침묵

長い沈黙のあと、彼は やっと 口を 開いた。

긴 침묵 후에, 그는 겨우 입을 열었다.

☑ **つくす （尽くす）** 他 다하다, 진력하다

人事を 尽くして 天命を 待つ。

사람이 할 수 있는 일을 다하고 천명을 기다리다.

☑ **ちんたい （賃貸）** 名他 임대　　　　　　¶↔賃借(ちんしゃく)

主人は 賃貸価格を 上げようと 思った。

주인은 임대 가격을 올리려고 생각했다.

☑ **てる （照る）** 自 비치다, 개다　　　　　　¶＝光る(ひかる)

太陽が さんさんと 照る 南の国に あこがれる。

태양이 눈부시게 비치는 남쪽 나라를 동경하다.

☑ **だかい （打開）** 名他 타개

経済界の難局を 打開する。

경제계의 난국을 타개하다.

☑ **つうかん （通観）** 名他 통관, 개관

政界の動きを 通観する。

정계의 움직임을 통관하다.

☑ **つうか （通過）** 名自 통과

予算案が 議会を 通過する。

예산안이 의회를 통과하다.

확인 테스트

1. 다음 한자의 히라가나와 뜻을 쓰시오.
(1) 打開 _____   _____
(2) 沈黙 _____   _____
(3) 照る _____   _____

2. 다음 낱말의 독음이 다른 것을 고르시오.
(1) 展開   ① 天界   ② 転回   ③ 天涯
(2) 同情   ① 登場   ② 同乗   ③ 堂上
(3) 通観   ① 痛感   ② 通巻   ③ 通勤

3. 다음 낱말의 독음이 같은 것을 고르시오.
(1) 賃貸   ① 沈殿   ② 沈滞   ③ 沈下
(2) 通過   ① 通貨   ② 通解   ③ 痛快

4. 다음 빈칸에 알맞은 말을 보기에서 골라 써보시오.
(1) 長い _____ のあと、彼は やっと 口を 開いた。
(2) 太陽が さんさんと _____ 南の国に あこがれる。

【보기】   てる、つうかん、どうじょう、ちんもく

5. 다음 문장을 해석하시오.
(1) 経済界の 難局を 打開する。
(2) 人事を 尽くして 天命を 待つ。

● **문제 풀이**

2. (1) 天界 (てんかい) 천계／転回 (てんかい) 전회／天涯 (てんがい) 천애
(2) 登場 (とうじょう) 등장／同乗 (どうじょう) 동승／堂上 (どうじょう) 당상
(3) 痛感 (つうかん) 통감／通巻 (つうかん) 통권／通勤 (つうきん) 통근
3. (1) 沈殿 (ちんでん) 침전／沈滞 (ちんたい) 침체／沈下 (ちんか) 침하
(2) 通貨 (つうか) 통화／通解 (つうかい) 통해／痛快 (つうかい) 통쾌

☑ **なやむ （悩む）** <u>自</u> 괴로워하다　　　　　　¶ ＝思(おも)いわずらう

　家庭の不和に 悩む。
　가정의 불화에 괴로워하다〔고민하다〕.

☑ **なぐさめる （慰める）** <u>他</u> 위로하다, 달래다　　　¶ ＝いたわる

　都会の中の緑は、忙しい 人々の目を 慰める。
　도심의 녹지는 바쁜 사람들의 눈을 위로한다.

☑ **ねらい （狙い）** <u>名</u> 겨냥

　矢の狙いが 外れた。
　화살의 겨냥이 빗나갔다.

☑ **にせもの （偽物）** <u>名</u> 가짜(물건) ¶ ＝まがいもの、↔本物(ほんもの)

　似ても 似つかぬ 偽物を 買った。
　전혀 비슷하지 않은 가짜를 샀다.

☑ **にげる （逃げる）** <u>自</u> 도망치다, 달아나다, 피하다

　銀行強盗が 1億円を 奪って 逃げた。
　은행 강도가 1억 엔을 빼앗아 도망쳤다.

☑ **ながす （流す）** <u>他</u> 흐르게 하다, (음악을) 틀다

　静かな 音楽を 流して 勉強する。
　조용한 음악을 틀어놓고 공부하다.

☑ **ぬぐ （脱ぐ）** <u>他</u> 벗다　　　　　　　　　¶ ＝着る(きる)

　韓国では 家の中では くつを 脱いで 生活する。
　한국에서는 집안에서 구두를 벗고 생활한다.

☑ **なめらか （滑らか）** <u>形動</u> 미끈미끈함

　王さんは 韓国語を、とても 滑らかに 話す。
　왕씨는 한국어를 무척 매끄럽게 말한다.

☑ **なつかしい （懐かしい）** <u>形</u> 그립다, 반갑다　　　¶ ＝したわしい

　雨つづきで 太陽が 懐かしい。
　비가 계속 내려서 태양이 그립다.

확인 테스트

1. 다음 한자의 히라가나와 뜻을 쓰시오.

(1) 脱ぐ ＿＿＿＿＿＿＿＿   ＿＿＿＿＿＿＿

(2) 悩む ＿＿＿＿＿＿＿＿   ＿＿＿＿＿＿＿

(3) 狙い ＿＿＿＿＿＿＿＿   ＿＿＿＿＿＿＿

(4) 滑らか ＿＿＿＿＿＿＿   ＿＿＿＿＿＿＿

(5) 逃げる ＿＿＿＿＿＿＿   ＿＿＿＿＿＿＿

(6) 慰める ＿＿＿＿＿＿＿   ＿＿＿＿＿＿＿

2. 다음 낱말의 독음이 같은 것을 고르시오.

偽物   ① 偽札   ② 偽首   ③ 偽者

3. 다음 빈칸에 알맞은 말을 보기에서 골라 써보시오.

(1) 家庭の 不和に ＿＿＿＿＿＿＿。

(2) 雨つづきで 太陽が ＿＿＿＿＿＿。

(3) 王さんは 韓国語を、とても ＿＿＿＿＿＿に 話す。

(4) 似ても 似つかぬ ＿＿＿＿＿＿ を 買った。

(5) 都会の 中の緑は、忙しい 人々の目を ＿＿＿＿＿＿。

> 【보기】   なやむ、なぐさめる、にせもの、にげる、
>   なつかしい、ねらい、なめらか、なやむ

4. 다음 문장을 해석하시오.

(1) 矢の 狙いが 外れた。

(2) 静かな 音楽を 流して 勉強する。

(3) 銀行強盗が 1億円を 奪って 逃げた。

(4) 韓国では 家の中では くつを 脱いで 生活する。

● **문제 풀이** ▬▬▬▬▬▬▬▬▬▬▬▬▬▬▬▬▬▬▬▬▬▬▬

2. 偽札 (にせさつ) 위조 지폐 / 偽首 (にせくび) 그 사람의 목이라고 가장한 남의
   목 / 偽者 (にせもの) 가짜

☑ **なっとく （納得）** 名他 납득, 이해   ¶＝理解(りかい)

　外国行きを あきらめるように 納得させた。
　외국행을 포기하도록 이해시켰다.

☑ **にる （煮る）** 他 삶다, 끓이다

　大根や にんじんは、よく 煮るほど 味がしみる。
　무나 당근은 잘 익을수록 맛이 난다.

☑ **のがれる （逃れる）** 自 벗어나다, 피하다

　世間から 逃れて ひっそり 暮らす。
　세상 사람들을 피하여 조용히 살다.

☑ **なまいき （生意気）** 名形動 건방짐, 주제 넘음   ¶＝なま

　新入りのくせに 生意気だ。
　신참인 주제에 건방지다.

☑ **なまつば （生唾）** 名 군침

　銀行の札束を 見て 生唾を 飲み込む。
　은행의 지폐 뭉치를 보고 군침을 삼키다.

☑ **にがわらい （苦笑い）** 名自 쓴웃음   ¶＝苦笑(くしょう)

　子供に やられて 苦笑いする。
　아이한테 지고 쓴웃음을 짓다.

☑ **ぶんや （分野）** 名 분야, 영역   ＝区域(くいき)、領域(りょういき)

　彼は 彫刻の分野では 第一人者だ。
　그는 조각 분야에서 제 1인자이다.

☑ **びんじょう （便乗）** 名自 편승

　友達の車に 便乗して プサンまで 行った。
　친구의 차에 편승해서 부산까지 갔다.

☑ **ぶなん （無難）** 名形動 무난

　無難な 選択ばかりでは おもしろみが ない。
　무난한 선택만으로는 재미가 없다.

확인 테스트

1. 다음 한자의 히라가나와 뜻을 쓰시오.

(1) 便乗 _____   _____

(2) 無難 _____   _____

(3) 納得 _____   _____

(4) 苦笑い _____   _____

(5) 生意気 _____   _____

2. 다음 낱말의 독음이 같은 것을 고르시오.
煮る   ① 似る   ② 反る   ③ 競る

3. 다음 빈칸에 알맞은 말을 보기에서 골라 써보시오.

(1) 新入りのくせに _____ だ。

(2) 銀行の札束を 見て _____ を 飲み込む。

(3) 友達の車に _____ して プサンまで 行った。

(4) 外国行きを あきらめるように _____ させた。

(5) 大根や にんじんは、よく _____ ほど 味がしみる。

> **【보기】** びんじょう、のがれる、なっとく、なまつば、
>   なまいき、にる、ぶんや、にがわらい

4. 다음 문장을 해석하시오.

(1) 子供に やられて 苦笑いする。

(2) 彼は 彫刻の分野では 第一人者だ。

(3) 無難な 選択ばかりでは おもしろみが ない。

(4) 世間から 逃れて ひっそり 暮らす。

● **문제 풀이**

2. 似る (にる) 닮다／反る (そる) 휘다, 젖혀지다／競る (せる) 다투다

☑ **へいがい（弊害）** 名 폐해

> 専制政治の弊害を ただす。
> 전제 정치의 폐해를 바로잡다.

☑ **ぼうだい（膨大）** 名形動 방대

> 新規事業に 膨大な資金を つぎ込む。
> 신규 사업에 방대한 자금을 쏟아넣다.

☑ **はんせい（反省）** 名他 반성

> 自分の出すぎた 態度を 反省する。
> 자기의 지나친 태도를 반성하다.

☑ **ひなん（非難）** 名自他 비난

> 彼女は 非難の目を 私に 向けた。
> 그녀는 비난의 눈초리를 나에게 보냈다.

☑ **はたじるし（旗印）** 名 목표, 기치

> 消費税反対を 旗印に、社会党が 躍進した。
> 소비세 반대를 목표로 사회당이 약진했다.

☑ **はっそう（発送）** 名他 발송

> 鉄道便で 商品を 発送する。
> 철도편으로 상품을 발송하다.

☑ **はっそう（発想）** 名 발상

> 指揮者の発想に よって 受ける 感じが 異なる。
> 지휘자의 발상에 따라 받는 느낌이 다르다.

☑ **ぼっとう（没頭）** 名自 몰두

> 寝食を 忘れて、研究に 没頭する。
> 침식을 잊은 채, 연구에 몰두하다.

☑ **ひびく（響く）** 自 울리다   ¶ ＝きこえる

> 太鼓の音が 響く。
> 북소리가 울려퍼지다.

확인 테스트

1. 다음 한자의 히라가나와 뜻을 쓰시오.

(1) 旗印 _____   _____

(2) 没頭 _____   _____

(3) 弊害 _____   _____

2. 다음 낱말의 독음이 다른 것을 고르시오.

(1) 反省   ① 反正   ② 半生   ③ 万世

(2) 発送   ① 発声   ② 発想   ③ 八相

(3) 発想   ① 発生   ② 発走   ③ 八双

3. 다음 낱말의 독음이 같은 것을 고르시오.

(1) 膨大   ① 包帯   ② 傍題   ③ 砲台

(2) 非難   ① 避難   ② 美男   ③ 皮肉

4. 다음 빈칸에 알맞은 말을 보기에서 골라 써보시오.

(1) 寝食を 忘れて、研究に _____ する。

(2) 消費税反対を _____ に、社会党が 躍進した。

【보기】   はたじるし、はっそう、ぼっとう、ぼうだい

5. 다음 문장을 해석하시오.

(1) 太鼓の音が 響く。

(2) 専制政治の弊害を ただす。

(3) 自分の出すぎた 態度を 反省する。

● **문제 풀이**

2. (1) 反正 (はんせい) 반정／半生 (はんせい) 반생／万世 (ばんせい) 만세

(2) 発声 (はっせい) 발성／発想 (はっそう) 발상／八相 (はっそう) 팔상

(3) 発生 (はっせい) 발생／発走 (はっそう) 발주／八双 (はっそう) 팔쌍

3. (1) 包帯 (ほうたい) 포대／傍題 (ぼうだい) 부제 (副題)／砲台 (ほうだい) 포대

(2) 避難 (ひなん) 피난／美男 (びなん) 미남／皮肉 (ひにく) 비꼼

☑ **ほうよう（包容）** 名他 포용

彼女は 母親のような 包容力を 持っている。

그녀는 어머니와 같은 포용력을 가지고 있다.

☑ **ぶんたん（分担）** 名他 분담   ¶ ＝分掌(ぶんしょう)

仕事を 分担して、能率を 上げる。

일을 분담해서 능률을 올리다.

☑ **びょうしゃ（描写）** 名他 묘사

この作家は 人物の描写が うまい。

이 작가는 인물 묘사를 잘한다.

☑ **ほうき（放棄）** 名他 포기

自分の権利を 放棄する。

자신의 권리를 포기하다.

☑ **びんぼう（貧乏）** 名自形動 빈곤, 가난

子供のころ家が 貧乏で 満足に 勉強できなかった。

어렸을 때 집이 가난해서 만족하게 공부할 수 없었다.

☑ **ひはん（批判）** 名他 비판

人種差別的な 発言に 批判が 浴びせられた。

인종 차별적인 발언으로 비판이 쏟아졌다.

☑ **はいりょ（配慮）** 名自他 배려, 심려   ¶ ＝心(こころ)づかい

よろしく 御配慮ください。

잘 배려해 주세요.

☑ **ほうかい（崩壊）** 名自 붕괴

地震で 古い建物が 崩壊した。

지진으로 오래된 건물이 붕괴했다.

☑ **ひみつ（秘密）** 名形動 비밀   ¶ ＝内緒(ないしょ)

彼女が 秘密の鍵を 握っている。

그녀가 비밀의 열쇠를 쥐고 있다.

확인 테스트

1. 다음 한자의 히라가나와 뜻을 쓰시오.

(1) 秘密 　_____　　　　　　_____

(2) 配慮 　_____　　　　　　_____

(3) 分担 　_____　　　　　　_____

(4) 貧乏 　_____　　　　　　_____

2. 다음 낱말의 독음이 다른 것을 고르시오.

(1) 包容　　　① 法容　　　② 抱擁　　　③ 茫洋

(2) 描写　　　① 病者　　　② 複写　　　③ 廟社

(3) 放棄　　　① 謀議　　　② 法規　　　③ 蜂起

3. 다음 낱말의 독음이 같은 것을 고르시오.

崩壊　　　　① 法外　　　② 抱懐　　　③ 妨害

4. 다음 빈칸에 알맞은 말을 보기에서 골라 써보시오.

(1) よろしく 御_____ ください。

(2) 仕事を _____ して、能率を 上げる。

【보기】　ほうかい、ぶんたん、びょうしゃ、はいりょ

5. 다음 문장을 해석하시오.

(1) 彼女が 秘密の鍵を 握っている。

(2) 人種差別的な 発言に 批判が 浴びせられた。

(3) 子供のころ家が 貧乏で 満足に 勉強できなかった。

● **문제 풀이** ▬▬▬▬▬▬▬▬▬▬▬▬▬▬▬▬▬▬▬▬▬▬▬▬▬

2. (1) 法容(ほうよう) 법용／抱擁(ほうよう) 포옹／茫洋(ぼうよう) 범양

　　(2) 病者(びょうしゃ) 병자／複写(ふくしゃ) 복사／廟社(びょうしゃ) 묘사

　　(3) 謀議(ぼうぎ) 모의／法規(ほうき) 법규／蜂起(ほうき) 봉기

3. 法外(ほうがい) 법외／抱懐(ほうかい) 포회／妨害(ぼうがい) 방해

☑ **はんじょう （繁盛）** 名自 번성, 번창

繁盛している店は 活気が ある。
번창하고 있는 가게는 활기가 있다.

☑ **ひにく （皮肉）** 名 빈정거림, 비꼼   ¶＝あてこすり

仕事上のことで、上司から 皮肉を 言われた。
일로 인하여 상사로부터 빈정거리는 말을 들었다.

☑ **ひょうばん （評判）** 名 평판, 유명

クラスでも 美人という 評判が 立つ。
클래스에서도 미인이라는 평판이 나다.

☑ **ひきいる （率いる）** 他 거느리다, 인솔하다

校長先生は 生徒を 率いて 山に 登っている。
교장 선생님은 학생을 거느리고 산에 오르고 있다.

☑ **びんかん （敏感）** 名 形動 민감   ¶↔鈍感(どんかん)

肌が 敏感なので、化粧品は なるべく 使わない。
피부가 민감함으로, 화장품은 되도록 사용하지 않는다.

☑ **ほうりゅう （放流）** 名 他 방류

水門を あけて 放流する。
수문을 열고 방류한다.

☑ **ふはい （腐敗）** 名自 부패

気候が 暑いと ミルクが 腐敗する。
날씨가 더우면 우유가 부패한다.

☑ **ぼうけん （冒険）** 名自 모험

むかし、ヨーロッパから 東洋へ 来るのは 大冒険だった。
옛날, 유럽에서 동양으로 오는 것은 대모험이었다.

☑ **ほうふ （豊富）** 名 形動 풍부

辞書の内容を 豊富にする。
사전의 내용을 풍부하게 하다.

확인 테스트

1. 다음 한자의 히라가나와 뜻을 쓰시오.

(1) 皮肉   _____   _____

(2) 放流   _____   _____

(3) 敏感   _____   _____

(4) 評判   _____   _____

2. 다음 낱말의 독음이 같은 것을 고르시오.

(1) 繁盛   ① 半畳   ② 万象   ③ 晩照

(2) 腐敗   ① 浮薄   ② 不敗   ③ 不買

(3) 豊富   ① 抱負   ② 防腐   ③ 防風

3. 다음 빈칸에 알맞은 말을 보기에서 골라 써보시오.

(1) 水門を あけて _____ する。

(2) _____ している店は 活気が ある。

(3) 肌が _____ なので、化粧品は なるべく 使わない。

(4) 仕事上のことで、上司から _____ を 言われた。

> 【보기】   はんじょう、ひょうばん、ひにく、ひきいる、
> びんかん、ほうりゅう、ぼうかん

4. 다음 문장을 해석하시오.

(1) クラスでも 美人という 評判が 立つ。

(2) 校長先生は 生徒を 率いて 山に 登っている。

(3) むかし、ヨーロッパから 東洋へ 来るのは 大冒険だった。

● **문제 풀이**

2. (1) 半畳 (はんじょう) 다다미의 반장／万象 (ばんしょう) 만상／晩照 (ばんしょう) 만조

(2) 浮薄 (ふはく) 부박／不敗 (ふはい) 불패／不買 (ふばい) 불매

(3) 抱負 (ほうふ) 포부／防腐 (ぼうふ) 방부／防風 (ぼうふう) 방풍

☑ **びちく （備蓄）** ②⑩ 비축
> 後日のために 石油を 備蓄する。
> 후일을 위해 석유를 비축하다.

☑ **ひってき （匹敵）** ②⑪ 필적, 맞먹음
> 彼に 匹敵する 者は ない。
> 그에게 필적할 만한 사람은 없다.

☑ **はずみ （弾み）** ② 튐, 탄력   ¶ ＝弾力(だんりょく)
> ボールの弾みが 悪い。
> 공이 잘 튀지 않는다.

☑ **ひえる （冷える）** ⑪ 차가워지다, 추워지다
> 二人の中は 急激に 冷え、とうとう 離婚した。
> 두 사람 사이는 급격히 차가워져서, 마침내 이혼했다.

☑ **ふうしゅう （風習）** ②⑪ 풍습, 습관
> めんどうな 風習を 止めて、合理的な 生活を する。
> 번잡하고 성가신 풍습을 없애고, 합리적인 생활을 한다.

☑ **はかる （図る）** ⑩ 꾀하다, 도모하다
> 経済の伸長を 図る。
> 경제의 신장을 꾀하다.

☑ **びしょう （微笑）** ②⑪ 미소
> 王妃は 終始微笑して 歓迎に こたえた。
> 왕비는 시종 미소로서 환영에 답했다.

☑ **ひやあせ （冷や汗）** ② 식은땀, 진땀   ¶ ＝冷汗(れいかん)
> 演壇に 立った 途端に 冷や汗を かく。
> 연단에 서자마자 식은땀이 흐르다.

☑ **ふれる （触れる）** ⑪ 닿다, 만지다   ¶ ＝触る(さわる)
> この布に 触れて 確かめて ごらんなさい。
> 이 천을 만져서 확인해 보시오.

확인 테스트

1. 다음 한자의 히라가나와 뜻을 쓰시오.
   (1) 匹敵 ＿＿＿＿＿＿＿＿   ＿＿＿＿＿＿＿
   (2) 弾み ＿＿＿＿＿＿＿＿   ＿＿＿＿＿＿＿
   (3) 備蓄 ＿＿＿＿＿＿＿＿   ＿＿＿＿＿＿＿
   (4) 冷や汗 ＿＿＿＿＿＿＿＿   ＿＿＿＿＿＿＿

2. 다음 낱말의 독음이 다른 것을 고르시오.
   (1) 図る   ① 計る   ② 測る   ③ 送る
   (2) 微笑   ① 微小   ② 微傷   ③ 尾錠

3. 다음 낱말의 독음이 같은 것을 고르시오.
   触れる   ① 晴れる   ② 振れる   ③ 腫れる

4. 다음 빈칸에 알맞은 말을 보기에서 골라 써보시오.
   (1) 経済の 伸長を ＿＿＿＿＿＿。
   (2) 後日の ために 石油を ＿＿＿＿＿＿ する。
   (3) 王妃は 終始＿＿＿＿＿＿ して 歓迎に こたえた。

   > 【보기】　 びちく、ひえる、はかる、ぶれる、びしょう

5. 다음 문장을 해석하시오.
   (1) ボールの 弾みが 悪い。
   (2) 演壇に 立った 途端に 冷や汗を かく。
   (3) 二人の中は 急激に 冷え、とうとう 離婚した。
   (4) めんどうな 風習を 止めて、合理的な 生活を する。

● 문제 풀이

2. (1) 計る (はかる) 상의하다／測る (はかる) 재다／送る (おくる) 보내다
   (2) 微小 (びしょう) 미소／微傷 (びしょう) 가벼운 상처／尾錠 (びじょう) 고리
3. 晴れる (はれる) (하늘이) 개다／振れる (ふれる) 흔들리다／腫れる (はれる) 붓다

☑ **はく（履く）** 他 신다

최근、運動靴を 履いて 通勤する 女性が 増えた。

최근에 운동화를 신고 통근하는 여성이 늘었다.

☑ **はっき（発揮）** 名他 발휘

実力を 十分に 発揮して 試合に 勝った。

실력을 충분히 발휘하여 시험에 이겼다.

☑ **へんざい（遍在）** 名自 편재, 두루 퍼져 있음　¶ ＝偏在(へんざい)

神さまは 宇宙に 遍在している。

하나님은 우주에 두루 퍼져 있다.

☑ **ひかえる（控える）** 自他 대기하다, 기다리다

社長は 別室に 控えている。

사장은 별실에 기다리고 있다.

☑ **ぶんかつ（分割）** 名他 분할

地所を 3人の息子で 分割した。

토지를 세 아들에게 분할했다.

☑ **ぶんれつ（分裂）** 名自 분열

政党が 派閥争いで 分裂した。

정당이 파벌 싸움으로 분열했다.

☑ **へだてる（隔てる）** 他 사이에 두다

道を 隔てて 大きな スーパーが できた。

길을 사이에 두고 큰 슈퍼가 생겼다.

☑ **はだか（裸）** 名 알몸, 벌거숭이　　　　　　　　　　¶ ＝裸体(らたい)

林は まだ ほとんど 裸だった。

숲은 아직 거의 벌거숭이었다.

☑ **はげしい（激しい）** 形 심하다, 격렬하다

朝から 交通渋滞が 激しい。

아침부터 교통 체증이 심하다.

확인 테스트

1. 다음 한자의 히라가나와 뜻을 쓰시오.

(1) 隔てる _____ _____

(2) 控える _____ _____

2. 다음 낱말의 독음이 다른 것을 고르시오.

(1) 履く ① 抜く ② 掃く ③ 吐く

(2) 遍在 ① 偏在 ② 弁済 ③ 辺材

3. 다음 낱말의 독음이 같은 것을 고르시오.

(1) 発揮 ① 発議 ② 初着 ③ 白旗

(2) 分割 ① 分解 ② 分館 ③ 分轄

(3) 分裂 ① 分領 ② 分列 ③ 分類

(4) 激しい ① 美しい ② 烈しい ③ 涼しい

4. 다음 빈칸에 알맞은 말을 보기에서 골라 써보시오.

(1) 林は まだ ほとんど _____ だった。

(2) 実力を 十分に _____ して 試合に 勝った。

【보기】 ひかえる、はっき、はだか、ぶんだつ

5. 다음 문장을 해석하시오.

(1) 社長は 別室に 控えている。

(2) 道を 隔てて 大きな スーパーが できた。

● **문제 풀이** ━━━━━━━━━━━━━━━━━━━━━━━

2. (1) 抜く (ぬく) 빼다／掃く (はく) 쓸다／吐く (はく) 토하다

(2) 偏在 (へんざい) 편재／弁済 (べんさい) 변제／辺材 (へんざい) 변재

3. (1) 発議 (はつぎ) 발의／初着 (はつぎ) 첫 외출복／白旗 (はっき) 백기

(2) 分解 (ぶんかい) 분해／分館 (ぶんかん) 분관／分轄 (ぶんかつ) 분할

(3) 分領 (ぶんりょう) 분령／分列 (ぶんれつ) 분열／分類 (ぶんるい) 분류

(4) 美しい (うつくしい) 아름답다／烈しい (はげしい) 격렬하다／涼しい (すずしい) 시원하다

☐ はぶく（省く） (他) 생략하다, 없애다, 제거하다

じかん　かんけい　こま　せつめい
時間の関係で、細かい 説明は 省いた。
시간 관계로 자세한 설명은 생략했다.

☐ はげむ（励む） (自) 힘쓰다, 전심하다 ¶ ＝精を出す(せいをだす)

しごと　かてい　かえり
仕事に 励む あまり 家庭を 顧みなかった。
일에 전심한 나머지 가정을 돌보지 않았다.

☐ ふやす（増やす） (他) (수량을) 늘리다 ¶↔減らす(へらす)

ひとで　はいそう　しごと　お
人手を 増やさないと 配送の仕事は 追いつかない。
일손을 늘리지 않으면 배달 일은 따라가지 못한다.

☐ はあく（把握） (名)(他) 파악

ぶん　いみ
文の意味を 把握している。
문장의 뜻을 파악하고 있다.

☐ ひめい（悲鳴） (名) 비명

う
売れすぎて うれしい 悲鳴を あげる。
너무 잘 팔려서 즐거운 비명을 지르다.

☐ ひそむ（潜む） (自) 숨다, 잠재하다

はんにん　しない　ひそ
犯人は まだ 市内に 潜んでいるらしい。
범인은 아직 시내에 숨어 있는 듯하다.

☐ へる（経る） (自) 줄다, 적어지다 ¶↔増える(ふえる)

はんしょくみんちとうそう　おお　くに　どくりつ
反植民地闘争を 経て、多くの国が 独立した。
반식민지 투쟁을 거쳐, 많은 나라가 독립했다.

☐ はばむ（阻む） (他) 저지하다, 막다

かれ　しんりゃく
彼らの侵略を 阻む。
그들의 침략을 저지하다〔막다〕.

☐ ばくろ（暴露） (名)(自)(他) 폭로

きゅうあく　き
旧悪が 暴露しないかと 気にしている。
구악이 폭로되지 않을까 두려워하고 있다.

확인 테스트

1. 다음 한자의 히라가나와 뜻을 쓰시오.

   (1) 把握 _____ _____

   (2) 潜む _____ _____

   (3) 省く _____ _____

   (4) 暴露 _____ _____

2. 다음 낱말의 독음이 다른 것을 고르시오.

   悲鳴   ① 美名   ② 非命   ③ 碑銘

3. 다음 낱말의 독음이 같은 것을 고르시오.

   (1) 増やす   ① 燃やす   ② 冷やす   ③ 殖やす

   (2) 経る   ① 刈る   ② 減る   ③ 乗る

4. 다음 빈칸에 알맞은 말을 보기에서 골라 써보시오.

   (1) 彼らの侵略を _____ 。

   (2) 売れすぎて うれしい _____ を あげる。

   (3) 仕事に _____ あまり 家庭を 顧みなかった。

   【보기】   ひめい、 ひそむ、 はばむ、 はあく、 はげむ

5. 다음 문장을 해석하시오.

   (1) 犯人は まだ 市内に 潜んでいるらしい。

   (2) 時間の関係で、細かい 説明は 省いた。

   (3) 文の意味を 把握している。

   (4) 反植民地闘争を 経て、多くの国が 独立した。

● 문제 풀이

2. 美名 (びめい) 미명／非命 (ひめい) 비명／碑銘 (ひめい) 비명

3. (1) 燃やす (もやす) 불태우다／冷やす (ひやす) 차게 하다／殖やす (ふやす) 증식
   시키다
   (2) 刈る (かる) 베다／減る (へる) 줄이다／乗る (のる) 타다

☑ **まんせい（慢性）** 名 만성　　　　　　　　　¶ ↔急性(きゅうせい)

> 建設業は 慢性的な 人手不足に 悩んでいる。
> 건설업은 만성적인 일손 부족으로 시달리고 있다.

☑ **むかえる（迎える）** 他 (사람을) 맞다, 맞이하다　　¶ ↔おくる

> 飛行場へ 父を 迎えに 行く。
> 비행장에 아버지를 맞으러 가다.

☑ **まずしい（貧しい）** 形 가난하다, 빈약하다　　　　¶ ＝とぼしい

> その学者は 貧しい家に 生まれた。
> 그 학자는 가난한 집에서 태어났다.

☑ **みぶり（身振り）** 名 몸짓

> 外国人と言葉が 通じないので、身振り手振りで 話した。
> 외국인과 말이 통하지 않아서 몸짓 손짓으로 말했다.

☑ **みだれる（乱れる）** 自 흐트러지다, 난잡해지다

> 列は 最後まで 乱れなかった。
> 줄은 마지막까지 흐트러지지 않았다.

☑ **めんじょ（免除）** 名他 면제

> 特別の理由が あれば、授業料が 免除される。
> 특별한 이유가 있으면 수업료가 면제된다.

☑ **まぬがれる（免れる）** 他 면하다　　　　　　　¶ ＝まぬかれる

> レポートを 提出して、ぎりぎり 留年を 免れた。
> 레포트를 제출해서 간신히 유급을 면했다.

☑ **まかせる（任せる）** 他 (추세에) 맡기다, 일임하다

> 社長は 若手社員に 責任ある 仕事を 任せる 方針だ。
> 사장은 젊은 사원에게 책임있는 일을 맡길 방침이다.

☑ **みにくい（醜い）** 形 추(악)하다

> 兄弟で 親の遺産を 取り合うのは 醜いものだ。
> 형제끼리 아버지 재산을 가지고 쟁탈하는 것은 추악하다.

확인 테스트

1. 다음 한자의 히라가나와 뜻을 쓰시오.

(1) 貧しい ＿＿＿＿＿＿＿＿＿   ＿＿＿＿＿＿＿＿＿

(2) 免れる ＿＿＿＿＿＿＿＿＿   ＿＿＿＿＿＿＿＿＿

(3) 迎える ＿＿＿＿＿＿＿＿＿   ＿＿＿＿＿＿＿＿＿

(4) 乱れる ＿＿＿＿＿＿＿＿＿   ＿＿＿＿＿＿＿＿＿

2. 다음 낱말의 독음이 같은 것을 고르시오.

(1) 慢性   ① 無性   ② 満載   ③ 蔓生

(2) 任せる   ① 委せる   ② 褪せる   ③ 失せる

(3) 醜い   ① 暑い   ② 見悪い   ③ 憎い

3. 다음 빈칸에 알맞은 말을 보기에서 골라 써보시오.

(1) その学者は ＿＿＿＿＿＿家に 生まれた。

(2) 特別の理由が あれば、授業料が ＿＿＿＿＿＿される。

(3) 建設業は ＿＿＿＿＿＿的な 人手不足に 悩んでいる。

(4) 社長は 若手社員に 責任ある 仕事を ＿＿＿＿＿＿方針だ。

> 【보기】   まんせい、まずしい、まかせる、みにくい、
>   まぬがれる、めんじょ、みだれる

4. 다음 문장을 해석하시오.

(1) 列は 最後まで 乱れなかった。

(2) 飛行場へ 父を 迎えに 行く。

(3) 外国人と言葉が 通じないので、身振り手振りで 話した。

● **문제 풀이**

2. (1) 無性 (むせい) 무성／満載 (まんさい) 만재／蔓生 (まんせい) 만생, 덩굴나기

(2) 委せる (まかせる) 맡기다／褪せる (あせる) 바래다／失せる (うせる) 없어지다

(3) 暑い (あつい) 덥다／見悪い (みにくい) 추하다／憎い (にくい) 밉다

☑ **もうける（設ける）** 他 마련하다, 베풀다   ¶=用意(よう い)する

ユーザーのために 質問(しつもん)コーナーが 設けられた。

사용자를 위한 질문 코너가 마련되었다.

☑ **まさる（優る）** 自 낫다   ¶↔劣る(おとる)

この辞典(じてん)は すべての点(てん)に おいて 優る。

이 사전은 모든 점에 있어서 우수하다.

☑ **みとめる（認める）** 他 판단하다, 인정하다

外国(がいこく)の医師(いし)の資格(しかく)は 韓国(かんこく)では 認められない。

외국의 의사 자격은 한국에서는 인정받지 못한다.

☑ **まげる（曲げる）** 他 구부리다, 왜곡하다   ¶=歪める(ゆがめる)

真意(しんい)を 曲げて 伝(つた)える。

진의를 왜곡하여 전달하다.

☑ **もうてん（盲点）** 名 맹점, 허점

捜査(そうさ)の盲点を つく。

수사의 맹점〔허점〕을 찌르다.

☑ **むぞうさ（無造作）** 名形動 아무렇게나 함, 손쉬움

札束(さつたば)を 無造作に ポケットに 突(つ)っ込(こ)む。

돈다발을 아무렇게나 주머니에 집어넣다.

☑ **ます（増す）** 自 많아지다, 불어나다   ¶↔減る(へる)

大雨(おおあめ)で 川(かわ)の水量(すいりょう)が 見(み)る見るうちに 増してきた。

큰비로 강수량이 삽시간에 불어가고 있다.

☑ **めいわく（迷惑）** 名自 귀찮음, 폐

電車(でんしゃ)の中(なか)で 大声(おおごえ)で 話(はな)すのは 他人(たにん)に 迷惑だ。

전차 속에서 큰소리로 말하는 것은 타인에게 폐를 끼친다.

☑ **まかなう（賄う）** 他 조달하다, 마련하다

本(ほん)を 売(う)って 建築費(けんちくひ)を 賄う。

책을 팔아서 건축비를 마련하다.

확인 테스트

1. 다음 한자의 히라가나와 뜻을 쓰시오.

(1) 盲点   _____   _____

(2) 賄う   _____   _____

(3) 迷惑   _____   _____

(4) 曲げる _____   _____

(5) 無造作 _____   _____

2. 다음 낱말의 독음이 다른 것을 고르시오.

增す   ① 坐す   ② 益す   ③ 成す

3. 다음 낱말의 독음이 같은 것을 고르시오.

(1) 設ける   ① 預ける   ② 躾ける   ③ 儲ける

(2) 優る   ① 勝る   ② 参る   ③ 守る

4. 다음 빈칸에 알맞은 말을 보기에서 골라 써보시오.

(1) 捜査の_____を つく。

(2) 本を 売って 建築費を _____。

(3) 札束を _____に ポケットに 突っ込む。

【보기】   もうてん、みとめる、むぞうさ、ます、まかなう

5. 다음 문장을 해석하시오.

(1) 真意を 曲げて 伝える。

(2) この辞典は すべての点に おいて 優る。

(3) 電車の中で 大声で 話すのは 他人に 迷惑だ。

● **문제 풀이**

2. 坐す (ます) 계시다／益す (ます) 커지다／成す (なす) 이루다

3. (1) 預ける (あずける) 맡기다／躾ける (しつける) (예의 범절을) 가르치다／儲ける (もうける) 벌다

(2) 勝る (まさる) 낫다／参る (まいる) 가다. 오다. 들다／守る (まもる) 지키다

☑ **みつぐ（貢ぐ）** 他 공물을 바치다, (생활비 등을) 대주다

男は 公金横領した 金を 全部 女に 貢いだ。
<small>おとこ こうきんおうりょう かね ぜん ぶ おんな</small>

남자는 공금 횡령한 돈을 전부 여자에게 대주다.

☑ **やさしい（優しい）** 形 우아하다, 다정하다

聖母マリア像のお顔は たいそう 優しい。
<small>せい ぼ ぞう かお</small>

성모 마리아상의 얼굴은 매우 우아하다.

☑ **やわらぐ（和らぐ）** 自 누그러지다, 풀리다

3月も 中旬に なると 寒さが 和らいでくる。
<small>がつ ちゅうじゅん さむ</small>

3월 중순이 되면 추위가 부드러워진다.

☑ **ゆうわく（誘惑）** 名他 유혹

甘い 誘惑に 負け、悪の 道にのめり込む。
<small>あま ま あく みち こ</small>

달콤한 유혹에 넘어가서 악의 길에 빠져들어가다.

☑ **ゆかい（愉快）** 名形動 유쾌, 즐거움   ¶↔不愉快(ふゆかい)

愉快な 仲間と 飲んだり 話したりする。
<small>なか ま の はな</small>

유쾌한 동료와 마시면서 이야기한다.

☑ **ゆたか（豊か）** 形動 유복함, 풍부함   ¶＝裕福(ゆうふく)

彼は 豊かな 暮らしを している。
<small>かれ く</small>

그는 유복한 생활을 하고 있다.

☑ **ゆずる（譲る）** 他 물려주다, 양도하다   ¶＝与える(あたえる)

文化遺産を 後代に 譲る。
<small>ぶん か い さん こうだい</small>

문화유산을 후대에게 물려주다.

☑ **ゆだねる（委ねる）** 他 내맡기다, 바치다   ¶＝任せる(まかせる)

委員に 交渉の 責任を 委ねる。
<small>い いん こうしょう せきにん</small>

위원에게 교섭의 책임을 내맡기다.

☑ **ゆうそう（郵送）** 名他 우송

合格通知は 郵送されることに なっている。
<small>ごうかくつう ち</small>

합격 통지는 우송되기로 되어 있다.

확인 테스트

1. 다음 한자의 히라가나와 뜻을 쓰시오.

    (1) 委ねる ＿＿＿＿＿＿＿＿　　　　　＿＿＿＿＿＿＿＿

    (2) 誘惑 ＿＿＿＿＿＿＿＿　　　　　＿＿＿＿＿＿＿＿

    (3) 豊か ＿＿＿＿＿＿＿＿　　　　　＿＿＿＿＿＿＿＿

    (4) 郵送 ＿＿＿＿＿＿＿＿　　　　　＿＿＿＿＿＿＿＿

2. 다음 낱말의 독음이 같은 것을 고르시오.

    (1) 優しい　　① 易しい　　② 美しい　　③ 楽しい

    (2) 郵送　　　① 油送　　　② 勇壮　　　③ 輸送

3. 다음 빈칸에 알맞은 말을 보기에서 골라 써보시오.

    (1) 彼は ＿＿＿＿＿＿ な 暮らしを している。

    (2) 委員に 交渉の責任を ＿＿＿＿＿＿。

    (3) ＿＿＿＿＿＿ な 仲間と 飲んだり 話したりする。

    (4) 聖母マリア像のお顔は たいそう ＿＿＿＿＿＿。

> 【보기】　やさしい、やわらぐ、ゆかい、ゆうわく、
> 　　　　　ゆたか、ゆだねる、ゆうそう

4. 다음 문장을 해석하시오.

    (1) 合格通知は 郵送される ことに なっている。

    (2) 甘い 誘惑に 負け、悪の道にのめり込む。

    (3) 3月も 中旬に なると 寒さが 和らいでくる。

    (4) 男は 公金横領した 金を 全部 女に 貢いだ。

● **문제 풀이**

2. (1) 易しい (やさしい) 쉽다／美しい (うつくしい) 아름답다／楽しい (たのしい)
　　즐겁다

　　(2) 油送 (ゆそう) 송유／勇壮 (ゆうそう) 용장／輸送 (ゆそう) 수송

☑ **やしなう（養う）** 他 기르다, 부양하다

　家族を 養うために 彼は 夜遅くまで 働いた。

　가족을 부양하기 위해 그는 밤늦게까지 일했다.

☑ **ようい（容易）** 名 形動 용이, 간단함

　頑固な 相手を 説得するのは 容易ではない。

　완고한 상대를 설득하는 것은 쉽지 않다.

☑ **よそおい（装い）** 名 준비, 옷차림, 복장　　　　　　¶ ＝みなり

　スキーヤーの装いは 年々 派手に なっている。

　스키어 복장은 해마다 화려해지고 있다.

☑ **ゆうずう（融通）** 名 他 융통　　　　　　　　　　¶ ＝ゆずう

　銀行から 資金を 融通する。

　은행으로부터 자금을 융통하다.

☑ **らくがき（落書き）** 名 自 他 낙서　　　　　¶ ＝落書(らくしょ)

　便所の壁の落書きを 消す。

　화장실 벽의 낙서를 지우다.

☑ **れっとうかん（劣等感）** 名 열등감　　¶ ↔優越感(ゆうえつかん)

　失敗により、劣等感に とらわれる。

　실패로 인하여 열등감에 사로잡히다.

☑ **りゅうちょう（流暢）** 名 形動 유창

　先生は 流暢に 英語で 話す。

　선생님은 유창하게 영어로 이야기하다.

☑ **りべん（利便）** 名 편의　　　　　　　　　¶ ＝便宜(べんぎ)

　この病院は あらゆる 利便を 病人に 与える。

　이 병원은 온갖 편의를 환자에게 제공한다.

☑ **れんさ（連鎖）** 名 연쇄

　その事件が きっかけで 連鎖反応が 起った。

　이 사건이 계기가 되어 연쇄 반응을 일으켰다.

확인 테스트

1. 다음 한자의 히라가나와 뜻을 쓰시오.

(1) 装い _____ _____

(2) 養う _____ _____

(3) 利便 _____ _____

(4) 連鎖 _____ _____

(5) 融通 _____ _____

2. 다음 낱말의 독음이 다른 것을 고르시오.

容易   ① 用意   ② 妖異   ③ 安易

3. 다음 낱말의 독음이 같은 것을 고르시오.

流暢   ① 流通   ② 留置   ③ 留鳥

4. 다음 빈칸에 알맞은 말을 보기에서 골라 써보시오.

(1) 便所の壁の_____を 消す。

(2) 失敗により、_____に とらわれる。

(3) 先生は _____に 英語で 話す。

(4) この病院は あらゆる _____を 病人に 与える。

> 【보기】   らくがき、 ような、 れっとうかん、 りべん、
>   れんさ、 よそおい、 りゅうちょう、 ゆうずう

5. 다음 문장을 해석하시오.

(1) 銀行から 資金を 融通する。

(2) 家族を 養うために 彼は 夜遅くまで 働いた。

(3) その事件が きっかけで 連鎖反応が 起った。

● **문제 풀이**

2. 用意 (よう） 용의／妖異 (よう） 괴물／安易 (あんい） 안이

3. 流通 (りゅうつう） 유통／留置 (りゅうち） 유치／留鳥 (りゅうちょう） 유조, 텃새

☑ **りんり（倫理）** 名 윤리

不正選挙は 政治倫理に そむく。

부정 선거는 정치 윤리에 어긋난다.

☑ **らんぼう（乱暴）** 名自形動 난폭, 난동

気に入らない 事が あっても 乱暴だけは やめたまえ。

마음에 들지 않는 일이 있더라도 난동만은 부리지 말게.

☑ **りょうし（漁師）** 名 어부, 고기잡이   ¶＝漁夫(ぎょふ)

漁師は 魚を 釣り上げる 人を いう。

어부는 물고기를 낚아올리는 사람을 말한다.

☑ **りっち（立地）** 名 입지

工場は、立地条件が 大切だ。

공장은 입지 조건이 중요하다.

☑ **れいたん（冷淡）** 名形動 냉담   ¶＝無関心(むかんしん)

仕事に 冷淡な 態度を 示す。

일에 냉담한 태도를 보이다.

☑ **れいぼう（冷房）** 名他 냉방   ¶↔暖房(だんぼう)

客間は 冷房の 利いた 部屋である。

객실은 냉방이 잘된 방이다.

☑ **わく（枠）** 名 테두리, 범위

一定の枠を 設けて、市場を 開放する。

일정한 범위를 만들어서 시장을 개방하다.

☑ **わらう（笑う）** 自他 웃다

彼は いつも 自分の失敗を 笑ってごまかす。

그는 항상 자신의 실패를 웃으면서 얼버무리다.

확인 테스트

1. 다음 한자의 히라가나와 뜻을 쓰시오.

　(1) 冷淡　_____　_____

　(2) 立地　_____　_____

　(3) 笑う　_____　_____

2. 다음 낱말의 독음이 다른 것을 고르시오.

　(1) 漁師　　① 量子　　　② 領事　　　③ 猟師

　(2) 冷房　　① 令望　　　② 礼法　　　③ 冷房

3. 다음 낱말의 독음이 같은 것을 고르시오.

　倫理　　　① 淋漓　　　② 林立　　　③ 論理

4. 다음 빈칸에 알맞은 말을 보기에서 골라 써보시오.

　(1) 工場は、_____条件が 大切だ。

　(2) 気に入らない 事が あっても _____だけは やめたまえ。

　(3) 一定の_____を 設けて、市場を 開放する。

　【보기】　りょうし、りっち、わく、わらう、らんぼう

5. 다음 문장을 해석하시오.

　(1) 仕事に 冷淡な 態度を 示す。

　(2) 不正選挙は 政治倫理に そむく。

　(3) 彼は いつも 自分の失敗を 笑ってごまかす。

　(4) 漁師は 魚を 釣り上げる 人を いう。

● **문제 풀이**

2. (1) 量子(りょうし) 양자／領事(りょうじ) 영사／猟師(りょうし) 사냥꾼

　　(2) 令望(れいぼう) 영망／礼法(れいほう) 예법／冷房(れいぼう) 냉방

3. 淋漓(りんり) 임리／林立(りんりつ) 임립／論理(ろんり) 논리

부 록

상황별 기초 어휘

1 시 간

- ☑ **こよみ**(暦) 달력
- ☑ **ことし**(今年) 금년
- ☑ **さくねん**(昨年) 작년　¶=去年(きょねん)
- ☑ **おととし**(一昨年) 재작년
- ☑ **まいとし**(毎年) 매년　¶=まいねん
- ☑ **せんげつ**(先月) 지난달
- ☑ **こんげつ**(今月) 이달
- ☑ **らいげつ**(来月) 다음달
- ☑ **げっかん**(月刊) 월간
- ☑ **げつまつ**(月末) 월말　¶=つきずえ
- ☑ **まいつき**(毎月) 매월, 달마다　¶=月々(つきづき)
- ☑ **いっしゅうかん**(一週間) 일주일
- ☑ **せんしゅう**(先週) 지난주
- ☑ **らいしゅう**(来週) 내주
- ☑ **ようび**(曜日) 요일
- ☑ **さきおととい** 그끄저께
- ☑ **きのう**(昨日) 어제
- ☑ **きょう**(今日) 오늘　¶=本日(ほんじつ)
- ☑ **けさ**(今朝) 오늘 아침
- ☑ **こんばん**(今晩) 오늘밤
- ☑ **あす**(明日) 내일　¶=あした
- ☑ **あさって**(明後日) 모레
- ☑ **ごぜん**(午前) 오전
- ☑ **しょうご**(正午) 정오
- ☑ **あさ**(朝) 아침
- ☑ **ゆうがた**(夕方) 저녁
- ☑ **よる**(夜) 밤　¶=晩(ばん)
- ☑ **よなか**(夜中) 밤중

- ☑ **とし**(年) 년, 해
- ☑ **らいねん**(来年) 내년
- ☑ **こんしゅう**(今週) 금주
- ☑ **まいしゅう**(毎週) 매주
- ☑ **しゅうまつ**(週末) 주말
- ☑ **おととい** 그저께
- ☑ **しあさって** 글피
- ☑ **ごご**(午後) 오후
- ☑ **ちょうど**(丁度) 정각
- ☑ **ひる**(昼) 낮

2 기본 동작

- うごく(動く) 움직이다
- とまる(止まる) 멈추다
- あがる(上がる) 올라가다   ¶＝上る(のぼる)
- さがる(下がる) 내려오다   ¶＝下る(くだる)
- とぶ(跳ぶ) 뛰다, 도약하다
- とぶ(飛ぶ) (하늘을) 날다
- すべる(滑る) 미끄러지다
- ころがる(転がる) 구르다, 자빠지다   ¶＝転ぶ(ころぶ)
- たつ(立つ) (일어)서다
- たおれる(倒れる) 넘어지다, 쓰러지다
- まがる(曲がる) 구부러지다, 기울다
- おれる(折れる) 부러지다
- はいる(入る) 들어가다, 첨가되다
- でる(出る) 나가다
- おちる(落ちる) 떨어지다
- まわる(回る) 돌다, 들르다
- みる(見る) 보다, 돌보다
- きく(聞く) 듣다, 묻다   ¶＝問う(とう)
- はなす(話す) 말하다
- かく(書く) (글씨・글)을 쓰다
- ひく(引く) 끌다, (활 시위를) 당기다
- おす(押す) 밀다
- まげる(曲げる) 구부리다
- おる(折る) 접다, 굽히다, 꺾다
- なげる(投げる) 던지다
- うける(受ける) 받다
- つかむ(掴む) 잡다, 손에 넣다
- はなす(放す) 놓다, 풀어주다
- たべる(食べる) 먹다, 생활하다
- のむ(飲む) 마시다
- とめる(止める) 정지시키다
- おとす(落とす) 떨어뜨리다
- すわる(座る) 앉다
- よむ(読む) 읽다
- ねる(寝る) 자다

3 직 업

- ■ しょくぎょう（職業） 직업　■ がくせい（学生） 학생
- ■ せんせい（先生） 선생님　¶＝教師（きょうし）
- ■ かいしゃいん（会社員） 회사원
- ■ いしゃ（医者） 의사　¶＝医師（いし）
- ■ こうむいん（公務員） 공무원　■ けんちくか（建築家） 건축가
- ■ かんごふ（看護婦） 간호원　¶＝看病人（かんびょうにん）
- ■ けいかん（警官） 경찰관　¶＝巡査（じゅんさ）
- ■ うんてんしゅ（運転手） 운전수
- ■ おんがくか（音楽家） 음악가
- ■ スチュワーデス（stewardess） 스튜어디스
- ■ コック（cook） 요리사　¶＝料理師（りょうりし）
- ■ せいじか（政治家） 정치가
- ■ だいとうりょう（大統領） 대통령
- ■ こくむそうり（国務総理） 국무총리
- ■ ちょうかん（長官） 장관　■ しゅしょう（首相） 수상
- ■ こっかいぎいん（国会議員） 국회의원
- ■ はんじ（判事） 판사　■ けんじ（検事） 검사
- ■ しょうせつか（小説家） 소설가
- ■ しじん（詩人） 시인　■ がか（画家） 화가
- ■ きょうじゅ（教授） 교수　■ こうし（講師） 강사
- ■ だいがくそうちょう（大学総長） 대학총장
- ■ がくちょう（学長） 학장
- ■ こうちょう（校長） 교장　■ きょうとう（教頭） 교감
- ■ ぎじゅつしゃ（技術者） 기술자
- ■ ぎし（技師） 기사　■ ぎのうこう（技能工） 기능공
- ■ のうふ（農夫） 농부　■ りょうし（漁師） 어부
- ■ しょうにん（商人） 상인　■ がくしゃ（学者） 학자
- ■ ぎんこういん（銀行員） 은행원

4 숫 자

- いち（一） 1 　　¶＝ひとつ（서수）
- に（二） 2 　　¶＝ふたつ（서수）
- さん（三） 3 　　¶＝みっつ（서수）
- し、よん（四） 4 　　¶＝よっつ（서수）
- ご（五） 5 　　¶＝いつつ（서수）
- ろく（六） 6 　　¶＝むっつ（서수）
- しち、なな（七） 7 　　¶＝ななつ（서수）
- はち（八） 8 　　¶＝やっつ（서수）
- く、きゅう（九） 9 　　¶＝ここのつ（서수）
- じゅう（十） 10 　　¶＝とお（서수）
- じゅういち（十一） 11
- じゅうに（十二） 12 　　じゅうさん（十三） 13
- じゅうし、じゅうよん（十四） 14
- じゅうご（十五） 15 　　じゅうろく（十六） 16
- じゅうしち、じゅうなな（十七） 17
- じゅうはち（十八） 18
- じゅうく、じゅうきゅう（十九） 19
- にじゅう（二十） 20
- さんじゅう（三十） 30 　　さんじゅうろく（三十六） 36
- ろくじゅう（六十） 60 　　はちじゅう（八十） 80
- きゅうじゅう（九十） 90 　　ひゃく（百） 100
- ひゃくろくじゅうに（百六十二） 162
- にひゃく（二百） 200
- さんびゃく（三百） 300 　　よんひゃく（四百） 400
- ごひゃく（五百） 500 　　ろっぴゃく（六百） 600
- ななひゃく（七百） 700 　　はっぴゃく（八百） 800
- きゅうひゃく（九百） 900 　　せん（千） 1000
- いちまん（一万） 10000 　　いちおく（一億） 100000000

5　신　체

- ■ しんたい(身体)　신체
- ■ かお(顔)　얼굴
- ■ あたま(頭)　머리
- ■ かみのけ(髪の毛)　머리카락
- ■ ひたい(額)　이마
- ■ め(目)　눈
- ■ ひとみ(瞳)　눈동자
- ■ まゆ(眉)　눈썹
- ■ はな(鼻)　코
- ■ くち(口)　입
- ■ くちびる(唇)　입술
- ■ くび(首)　목
- ■ あご(顎)　턱
- ■ みみ(耳)　귀
- ■ ほお(頬)　볼, 뺨　¶=ほっぺた
- ■ ひげ(髭)　수염　¶=鬚髯(しゅぜん)
- ■ かた(肩)　어깨
- ■ むね(胸)　가슴
- ■ ちぶさ(乳房)　유방
- ■ はら(腹)　배　¶=おなか
- ■ へそ(臍)　배꼽
- ■ こし(腰)　허리
- ■ せなか(背中)　등
- ■ しり(尻)　엉덩이
- ■ うで(腕)　팔
- ■ ひじ(肘)　팔꿈치
- ■ て(手)　손
- ■ てくび(手首)　손목
- ■ ゆび(指)　손가락
- ■ だいたい(大腿)　넙적다리
- ■ ひざ(膝)　무릎
- ■ あし(脚)　다리
- ■ しんけい(神経)　신경
- ■ ちすじ(血筋)　핏줄　¶=血管(けっかん)
- ■ しりょく(視力)　시력
- ■ ちょうりょく(聴力)　청력
- ■ きんし(近視)　근시　¶=近眼(きんがん)
- ■ えんし(遠視)　원시　¶=遠眼(えんがん)
- ■ らんし(乱視)　난시

6　　회사에서

- かいしゃ(会社)　회사
- しゅうしょく(就職)　취직
- かぶしきがいしゃ(株式会社)　주식 회사
- かぶぬしそうかい(株主総会)　주주 총회
- かいちょう(会長)　회장
- してんちょう(支店長)　지점장
- りじ(理事)　이사
- せんむ(専務)　전무
- じちょう(次長)　차장
- かかりちょう(係長)　계장
- けいり(経理)　경리
- ひしょ(秘書)　비서
- えいぎょうか(営業課)　영업과
- かんりしょく(管理職)　관리직
- ひらしゃいん(平社員)　평사원
- じゅうぎょういん(従業員)　종업원
- こうじょう(工場)　공장
- とくべつさいよう(特別採用)　특채
- しゃいんぼしゅう(社員募集)　사원 모집
- めんせつ(面接)　면접
- きゅうじんこうこく(求人広告)　구인 광고
- こよう(雇用)　고용
- けっさい(決裁)　결재
- こうぶんしょ(公文書)　공문서
- しゅっきん(出勤)　출근
- けっきん(欠勤)　결근
- きゅうか(休暇)　휴가
- げっきゅう(月給)　월급

- しょくば(職場)　직장
- りじかい(理事会)　이사회
- しゃちょう(社長)　사장
- じょうむ(常務)　상무
- ぶちょう(部長)　부장
- かちょう(課長)　과장
- だいり(代理)　대리
- そうむ(総務)　총무
- じんじか(人事課)　인사과
- ぎじゅつ(技術)　기술
- しゅっしん(出身)　출신
- しょるい(書類)　서류
- たいしょく(退職)　퇴직
- つうきん(通勤)　통근
- そうたい(早退)　조퇴
- しゅっちょう(出張)　출장
- ねんきん(年金)　연금

7 회의, 소개

- かいぎ(会議) 회의
- こちら 이분, 이쪽
- ともだち(友達) 친구
- せんぱい(先輩) 선배
- どうそうせい(同窓生) 동창생
- おんし(恩師) 은사
- しゅっせき(出席) 참석, 출석　¶＝参会(さんかい)
- ミーティング(meeting) 미팅
- パーティ(party) 파티
- かいかい(開会) 개회
- かんだん(歓談) 환담
- かんげいしき(歓迎式) 환영식
- そうべつかい(送別会) 송별회
- どうそうかい(同総会) 동창회
- けんきゅうかい(研究会) 연구회
- だんけつかい(団結会) 단합회
- こうえんかい(講演会) 강연회
- ゆうじょう(友情) 우정
- どうじょう(同情) 동정　¶＝思い遣り(おもいやり)
- おさなともだち(幼友達) 소꿉친구
- おたがいに(お互いに) 서로　¶＝共に(ともに)
- たすけ(助け) 도움　¶＝助力(じょりょく)
- つきあう(付き合う) 사귀다
- わだい(話題) 화제
- しゅだい(主題) 주제
- ぎちょう(議長) 의장
- かいいん(会員) 회원
- さんせい(賛成) 찬성

- しょうかい(紹介) 소개
- なまえ(名前) 이름
- どうりょう(同僚) 동료
- こうはい(後輩) 후배

- へいかい(閉会) 폐회
- かいしょく(会食) 회식

- しんみつ(親密) 친밀

- あつまる(集まる) 모이다
- ろんだい(論題) 논제
- かいちょう(会長) 회장
- そうだん(相談) 의논, 상담
- かいごう(会合) 회합
- はんたい(反対) 반대

8   계절, 날씨

- きせつ(季節) 계절
- はる(春) 봄
- あき(秋) 가을
- しゅんぶん(春分) 춘분
- とうじ(冬至) 동지
- しょか(初夏) 초여름
- ばんしゅう(晩秋) 늦가을
- まふゆ(真冬) 한겨울
- さんかんしおん(三寒四温) 삼한 사온
- てんきよほう(天気予報) 일기 예보
- かみなり(雷) 천둥
- もや(靄) 안개, 아지랭이 ¶=霧(きり)
- あめ(雨) 비
- しも(霜) 서리
- にわかあめ(俄雨) 소나기 ¶=ゆうだち
- こさめ(小雨) 가랑비
- そよかぜ(微風) 미풍
- ばくふう(曝風) 폭풍
- つゆ(露) 이슬
- きおん(気温) 기온
- くうき(空気) 공기
- くも(雲) 구름
- じしん(地震) 지진
- ひでり 가뭄
- はれる(晴れる) 개다
- あたたかい(暖かい) 따뜻하다
- あつい(暑い) 덥다
- すずしい(涼しい) 선선하다

- てんき(天気) 날씨
- なつ(夏) 여름
- ふゆ(冬) 겨울
- げし(夏至) 하지
- そうしゅん(早春) 초봄
- せいか(盛夏) 한여름
- しょとう(初冬) 초겨울
- にじ(虹) 무지개
- いなずま(稲妻) 번개
- ゆき(雪) 눈
- ひょう(雹) 우박
- きりさめ(霧雨) 이슬비
- たいふう(台風) 태풍
- ながあめ(長雨) 장마
- おんど(温度) 온도
- きこう(気候) 기후
- しっき(湿気) 습기
- かぜ(風) 바람
- こうずい(洪水) 홍수
- きよい(清い) 맑다
- くもる(曇る) 흐리다
- さむい(寒い) 춥다

9 공항에서

☑ **くうこう**(空港) 공항
☑ **こくさいせん**(国際線) 국제선
☑ **こくないせん**(国内線) 국내선
☑ **けんえき**(検疫) 검역
☑ **こうくうけん**(航空券) 항공권
☑ **がいこくじん**(外国人) 외국인
☑ **かんぜい**(関税) 관세
☑ **ききんぞく**(貴金属) 귀금속
☑ **サイン**(sign) 서명, 사인
☑ **ぜいかん**(税関) 세관
☑ **さけ**(酒) 술
☑ **てつづき**(手続き) 수속
☑ **たいりゅうきかん**(滞留期間) 체류 기간
☑ **とまる**(泊まる) 숙박하다
☑ **とまる**(留まる) 머물다
☑ **にゅうこくしんさ**(入国審査) 입국 심사
☑ **にもつのけんさ**(荷物の検査) 짐 검사
☑ **にちようひん**(日用品) 일용품
☑ **パスポート**(passport) 여권
☑ **ほうもんもくてき**(訪問目的) 방문 목적
☑ **ビジネス**(business) 비즈니스
☑ **ボディチェック**(body check) 몸 검사
☑ **めんぜいひん**(免税品) 면세품
☑ **もちこみきんしひん**(持込禁止品) 반입 금지품
☑ **トラベラーズ·チェック** 여행자 수표
☑ **そうじゅうし**(操縦士) 조종사 ¶＝パイロット(pilot)
☑ **こうろ**(航路) 항로
☑ **ちゃくりく**(着陸) 착륙

☑ **おみやげ**(お土産) 선물

☑ **こうすい**(香水) 향수
☑ **げんきん**(現金) 현금
  ¶＝署名(しょめい)
☑ **しんこく**(申告) 신고
☑ **とうちゃく**(到着) 도착
☑ **たいざい**(滞在) 체재

☑ **ビザ**(visa) 비자
☑ **てにもつ**(手荷物) 수화물

☑ **りりく**(離陸) 이륙
☑ **しゅっぱつ**(出発) 출발

10　　　호텔에서

- ■ ホテル(hotel)　호텔
- ■ おゆ(お湯)　뜨거운 물　　　　■ おひや(お冷)　찬물
- ■ エレベーター(elevator)　엘리베이터
- ■ かぎ(鍵)　열쇠　¶＝キー
- ■ きちょうひんあずかり(貴重品預かり)　귀중품 보관소
- ■ こくさいでんわ(国際電話)　국제 전화
- ■ かんじょうがき(勘定書)　계산서
- ■ グリル(grill)　간이 양식, 구운 고기
- ■ コーヒーショップ(coffee shop)　커피숍
- ■ ～ごうしつ(号室)　～호실　　■ シングル(single)　싱글
- ■ せんたくもの(洗濯物)　세탁물
- ■ サービスりょう(service料)　서비스료
- ■ しょくどう(食堂)　식당
- ■ スナックバー(snack bar)　스낵바
- ■ チェックイン(check in)　체크인
- ■ チェックアウト(check out)　체크아웃
- ■ ダブル(double)　더블　　　　■ だんぼう(暖房)　난방
- ■ チップ(tip)　팁　　　　　　　■ なまえ(名前)　이름
- ■ なまみず(生水)　생수　　　　■ フロント(front)　프런트
- ■ へやだい(部屋代)　방값　　　■ ベッド(bed)　침대
- ■ へやカード(部屋card)　숙박 카드
- ■ バスルーム(bathroom)　욕실
- ■ ひじょうぐち(非常口)　비상구
- ■ モーニングコール(morning call)　모닝콜
- ■ よやく(予約)　예약
- ■ やすいへや(安い部屋)　싼 방
- ■ ルーム(room)　룸(방)　　　　■ ロビー(lobby)　로비
- ■ ルームサービス(room service)　룸서비스

11 길에서

- ◪ おおどおり(大通り) 큰길
- ◪ あるく(歩く) 걷다
- ◪ ひがし(東) 동쪽
- ◪ みなみ(南) 남쪽
- ◪ がいろじゅ(街路樹) 가로수
- ◪ そとがわ(外側) 바깥쪽
- ◪ ほどう(歩道) 보도
- ◪ しんごうとう(信号灯) 신호등
- ◪ ちかどう(地下道) 지하도
- ◪ ちゅうしんがい(中心街) 중심가
- ◪ とおい(遠い) 멀다
- ◪ ちかい(近い) 가깝다
- ◪ ほどうきょう(歩道橋) 육교
- ◪ はし(橋) 다리
- ◪ とうちゃく(到着) 도착
- ◪ まがる(曲がる) 돌다
- ◪ まがりかど(曲がり角) 모퉁이 ¶=隅(すみ)
- ◪ まっすぐ 곧장
- ◪ ろじ(路地) 골목길
- ◪ ていりゅうじょ(停留所) 정류소
- ◪ えき(駅) 역, 정거장
- ◪ ガソリン・スタンド 주유소
- ◪ ちゅうしゃじょう(駐車場) 주차장
- ◪ まちあいしつ(待合室) 대합실
- ◪ いりぐち(入口) 입구
- ◪ うせつ(右折) 우회전 ¶=右回転(うかいてん)
- ◪ ちょくしん(直進) 직진
- ◪ こうしん(後進) 후진

- ◪ うちがわ(内側) 안쪽
- ◪ にし(西) 서쪽
- ◪ きた(北) 북쪽

- ◪ しゃどう(車道) 차도

- ◪ ひだりがわ(左側) 왼쪽
- ◪ ふみきり(踏切) 건널목
- ◪ へん(辺) 부근
- ◪ みぎがわ(右側) 오른쪽
- ◪ まち(街) 거리

- ◪ よつかど(四つ角) 네거리
- ◪ わたる(渡る) 건너다

- ◪ させつ(左折) 좌회전

- ◪ でぐち(出口) 출구

12   교 통

- ▨ こうつう(交通) 교통
- ▨ バス(bus) 버스
- ▨ ちかてつ(地下鉄) 지하철
- ▨ じてんしゃ(自転車) 자전거
- ▨ タクシー(taxi) 택시
- ▨ じどうしゃ(自動車) 자동차
- ▨ トラック(truck) 트럭
- ▨ オートバイ(autobike) 오토바이
- ▨ きしゃ(汽車) 기차   ▨ ゆき(行き) ～행
- ▨ のりば(乗り場) 타는 곳   ▨ きっぷ(切符) 표
- ▨ きっぷうりば(切符売り場) 표 파는 곳
- ▨ じょうしゃけん(乗車券) 승차권
- ▨ こうそくどうろ(高速道路) 고속도로
- ▨ こくどう(国道) 국도
- ▨ じゅうじろ(十字路) 교차로
- ▨ おうだんほどう(横断歩道) 횡단보도
- ▨ のりかえ(乗り換え) 갈아타기
- ▨ ていしゃ(停車) 정차
- ▨ とおる(通る) 통과하다   ▨ とまる(止まる) 멈추다
- ▨ しゅっぱつする(出発する) 출발하다
- ▨ つく(着く) 도착하다   ▨ せき(席) 자리
- ▨ まんいん(満員) 만원   ▨ のる(乗る) 타다
- ▨ おりる(降りる) 내리다
- ▨ こうつうひょうしき(交通標識) 교통 표지
- ▨ つうこうきんし(通行禁止) 통행 금지
- ▨ メーターりょうきん(meter料金) 미터 요금
- ▨ うんてんめんきょしょう(運転免許証) 운전면허증
- ▨ あんぜんベルト(安全belt) 안전 벨트

13 식 사

- ◪ **しょくじ**(食事) 식사
- ◪ **あさごはん**(朝御飯) 아침 식사
- ◪ **ひるごはん**(昼御飯) 점심 식사
- ◪ **ゆうはん**(夕飯) 저녁 식사　◪ **しょくどう**(食堂) 식당
- ◪ **おきゃくさん**(お客さん) 손님
- ◪ **ウェーター**(waiter) 웨이터　◪ **ちゅうもん**(注文) 주문
- ◪ **メニュー**(menu) 메뉴　◪ **スープ**(soup) 수프
- ◪ **ビーフステーキ**(beef steak) 비프 스테이크
- ◪ **ハンバーグステーキ**(hamburg steak) 함박 스테이크
- ◪ **トンカツ** 돈까스　◪ **ナイフ**(knife) 나이프
- ◪ **フォーク**(fork) 포크　◪ **ナプキン**(napkin) 냅킨
- ◪ **トースト**(toast) 토스트　◪ **パン** 빵
- ◪ **しょうゆ**(醤油) 간장　◪ **みそ**(味噌) 된장
- ◪ **みそしる**(味噌汁) 된장국　◪ **さしみ**(刺身) 생선회
- ◪ **さら**(皿) 접시　◪ **ごはん**(御飯) 밥
- ◪ **しる**(汁) 국　◪ **さかな**(魚) 생선
- ◪ **ぎゅうにく**(牛肉) 소고기　◪ **ぶたにく**(豚肉) 돼지고기
- ◪ **やさい**(野菜) 야채　◪ **そば**(蕎麦) 메밀국수
- ◪ **うどん**(饂飩) 가락국수　◪ **のりまき**(のり巻) 김초밥
- ◪ **す**(酢) 식초　◪ **こしょう**(胡椒) 후추
- ◪ **さとう**(砂糖) 설탕　◪ **しお**(塩) 소금
- ◪ **くだもの**(果物) 과일　◪ **おみず**(お水) 물
- ◪ **のみもの**(飲み物) 음료　◪ **おちゃ**(お茶) 차, 녹차
- ◪ **コーヒー**(coffee) 커피　◪ **おさけ**(お酒) 술
- ◪ **にほんしゅ**(日本酒) 정종　◪ **ビール**(beer) 맥주
- ◪ **ジュース**(juice) 주스, 즙　◪ **ワイン**(wine) 와인
- ◪ **シャンペン**(champagne) 샴페인
- ◪ **ウィスキー**(whisky) 위스키

14 관 광

- かんこう（観光）　관광
- あんないじょ（案内所）　안내소
- パンフレット（pamphlet）　팜플렛
- しないちず（市内地図）　시내 지도
- かんこうバス（観光bus）　관광 버스
- りょこう（旅行）　여행
- めいしょ（名所）　명소
- ゆうめい（有名）　유명
- こうえん（公園）　공원
- はくぶつかん（博物館）　박물관
- びじゅつかん（美術館）　미술관
- てんらんかい（展覧会）　전람회
- はくらんかい（博覧会）　박람회
- どうぶつえん（動物園）　동물원
- しょくぶつえん（植物園）　식물원
- ゆうえんち（遊園地）　유원지
- すいぞくかん（水族館）　수족관
- きっぷ（切符）　표
- しゃしん（写真）　사진
- にゅうじょうりょう（入場料）　입장료
- けしき（景色）　경치　　¶＝風景（ふうけい）
- カメラ（camera）　카메라
- フィルム（film）　필름
- しんこんりょこう（新婚旅行）　신혼 여행
- だんたいりょこう（団体旅行）　단체 여행
- かいがいりょこう（海外旅行）　해외 여행
- えんそく（遠足）　소풍
- はなみ（花見）　꽃놀이
- もみじがり（紅葉狩り）　단풍놀이
- のあそび（野遊び）　들놀이
- せかいいっしゅう（世界一周）　세계 일주
- かいがい（海外）　해외
- きねんひん（記念品）　기념품

15 쇼 핑

- ショッピング(shopping) 쇼핑
- しな(品) 물건, 상품   ¶ =品物(しなもの)
- ひんしつ(品質) 품질   - いくら 얼마
- やすいもの(安い物) 싼 것   - デザイン(design) 디자인
- かた(型) 형   - かたち(形) 모양
- りゅうこう(流行) 유행
- ほうそう(包装) 포장   - こぜに(小銭) 잔돈
- めんぜいひん(免税品) 면세품
- おくりもの(贈り物) 선물   ¶ =プレゼント(present)
- いちば(市場) 시장
- スーパーマーケット(supermarket) 슈퍼마켓
- デパート(department) 백화점
- かう(買う) 사다   - うる(売る) 팔다
- ねぎる(値切る) 깎다   - わりびき(割引) 할인
- いろ(色) 색깔   - しろ(白) 하양
- くろ(黒) 검정   - きいろ(黄色) 노랑
- あか(赤) 빨강   - あお(青) 파랑
- みどりいろ(緑色) 녹색   - ちゃいろ(茶色) 갈색
- こい(濃い) 진하다   - うすい(薄い) 연하다
- あかるいいろ(明るい色) 밝은 색
- くらいいろ(暗い色) 어두운 색
- おおきい(大きい) 크다   - ちいさい(小さい) 작다
- あつい(厚い) 두껍다   - うすい(薄い) 얇다
- かかく(価格) 가격, 값   ¶ =値段(ねだん)
- ていか(定価) 정가   - こうか(高価) 고가
- バーゲンセール(bargain sale) 바겐세일   ¶ =やすうり
- ぶったくられる 바가지 쓰다   ¶ =ぶったくる
- さいふ(財布) 돈지갑

16　　　　　　　　　전　화

- ◪ でんわ(電話)　전화
- ◪ でんわばんごう(電話番号)　전화 번호
- ◪ きょく(局)　국　　　　　　　◪ ばん(番)　번
- ◪ でんわちょう(電話帳)　전화 번호부
- ◪ じゅわき(受話器)　수화기　　¶↔送話器(そうわき)
- ◪ ダイヤル(dial)　다이얼　　　◪ リーンリーン　따르릉
- ◪ しがいでんわ(市外電話)　시외 전화
- ◪ ちいきばんごう(地域番号)　지역 번호
- ◪ こくさいでんわ(国際電話)　국제 전화
- ◪ こうかん(交換)　교환　　　　◪ ことづけ(言付け)　전할 말
- ◪ コレクトコール(collect call)　콜렉트 콜
- ◪ パーソナルコール(personal call)　퍼스널 콜
- ◪ こうしゅうでんわ(公衆電話)　공중 전화
- ◪ コイン(coin)　동전　¶=硬貨(こうか)
- ◪ でんわりょうきん(電話料金)　전화 요금
- ◪ もしもし　여보세요　　　　◪ こんせん(混線)　혼선
- ◪ つうわちゅう(通話中)　통화중
- ◪ るすちゅう(留守中)　부재중
- ◪ かける(掛ける)　(전화를) 걸다
- ◪ メッセージ(message)　메시지
- ◪ むせん(無線)　무선　¶↔有線(ゆうせん)
- ◪ しんせい(申請)　신청　¶=申し込み(もうしこみ)
- ◪ しんごう(信号)　신호　　　　◪ しきゅう(至急)　지급
- ◪ きゅうよう(急用)　급한 볼일
- ◪ とくそく(督促)　독촉　¶=催促(さいそく)
- ◪ こしょう(故障)　고장　　　　◪ れんらく(連絡)　연락
- ◪ しようりょう(使用料)　사용료
- ◪ まわす(回す)　돌리다　　　　◪ やくそく(約束)　약속

17 우체국

- ゆうびんきょく(郵便局)　우체국
- てがみ(手紙)　편지
- はがき(葉書)　엽서
- えはがき(絵葉書)　그림엽서
- でんぽう(電報)　전보
- ねんがじょう(年賀状)　연하장
- こづつみ(小包)　소포
- そくたつ(速達)　속달
- めかた(目方)　무게
- まどぐち(窓口)　창구
- うけとり(受取)　영수증　¶↔支払(しはらい)
- こうくうびん(航空便)　항공편
- ふなびん(船便)　배편
- ふつうびん(普通便)　보통편
- びんせん(便箋)　편지지
- きって(切手)　우표
- きねんきって(記念切手)　기념 우표
- はる(貼る)　(우표를) 붙이다
- じゅうしょ(住所)　주소
- ゆうびんばんごう(郵便番号)　우편 번호
- ゆうびんりょうきん(郵便料金)　우편 요금
- ポスト(post)　우체통
- つく(着く)　도착하다
- おそい(遅い)　늦다
- さしだしにん(差出人)　발신인
- つうじょうかわせ(通常為替)　통상환
- しょうがくかわせ(小額為替)　소액환
- けしいん(消印)　소인
- かきとめ(書留)　등기
- ほうそう(包装)　포장
- かさ(嵩)　부피
- なかみ(中身)　내용물
- ふうとう(封筒)　봉투
- たより(便り)　소식
- はやい(速い)　빠르다

18 아플 때

- ☑ そうごうびょういん (総合病院) 종합 병원
- ☑ こじんびょういん (個人病院) 개인 병원
- ☑ いしゃ (医者) 의사　　☑ やくざいし (薬剤師) 약제사
- ☑ かんごふ (看護婦) 간호사　¶ ＝看護員(かんごいん)
- ☑ たいおんけい (体温計) 체온계
- ☑ ちょうしんき (聴診器) 청진기
- ☑ きゅうきゅうしゃ (救急車) 구급차
- ☑ しんさつ (診察) 진찰　　☑ ちゅうしゃ (注射) 주사
- ☑ いたい (痛い) 아프다　　☑ ちょうざい (調剤) 조제
- ☑ じょうざい (錠剤) 정제　　☑ がんやく (丸薬) 알약
- ☑ こなぐすり (粉薬) 가루약　☑ みずぐすり (水薬) 물약
- ☑ もたれる 체하다　　　　　☑ はく (吐く) 토하다
- ☑ うずく (疼く) 쑤시다　　☑ かゆい (痒い) 가렵다
- ☑ つかれる (疲れる) 피로하다　☑ たいりょく (体力) 체력
- ☑ のみすぎ (飲み過ぎ) 과음　☑ くいすぎ (食い過ぎ) 과식
- ☑ ぐあい (具合) 컨디션　¶ ＝調子(ちょうし)
- ☑ よわい (弱い) 약하다　　☑ きゅうよう (休養) 휴양
- ☑ やすむ (休む) 쉬다　　　☑ あんせい (安静) 안정
- ☑ けんこう (健康) 건강　　☑ くすり (薬) 약
- ☑ やっきょく (薬局) 약국　¶ ＝薬屋(くすりや)
- ☑ かぜぐすり (風邪薬) 감기약
- ☑ アスピリン (aspirin) 아스피린
- ☑ しょうかざい (消化剤) 소화제
- ☑ ちんつうざい (鎮痛剤) 진통제
- ☑ ばんそうこう (絆創膏) 반창고
- ☑ だっしめん (脱脂綿) 탈지면　☑ ヨードチンキ 옥도정기
- ☑ いりょうほけんしょう (医療保険証) 의료 보험증
- ☑ しんたいけんさ (身体検査) 신체 검사

19   취 미

- ◪ しゅみ(趣味) 취미
- ◪ こうさく(工作) 공작
- ◪ しゃしん(写真) 사진
- ◪ ハイキング(hiking) 하이킹
- ◪ ぶしゅみ(無趣味) 무취미   ◪ げきじょう(劇場) 극장
- ◪ さんぽ(散歩) 산책
- ◪ ジョギング(jogging) 조깅   ¶＝ジョッギング
- ◪ こうげい(工芸) 공예   ◪ どくしょ(読書) 독서
- ◪ えいが(映画) 영화   ◪ おんがく(音楽) 음악
- ◪ しばい(芝居) 연극   ◪ しゅうしゅう(収集) 수집
- ◪ きって(切手) 우표
- ◪ マッチばこ(match箱) 성냥갑
- ◪ たまつき(玉突き) 당구   ◪ りょこう(旅行) 여행
- ◪ つり(釣) 낚시   ◪ りょうり(料理) 요리
- ◪ ボーリング(bowling) 볼링
- ◪ うんどう(運動) 운동
- ◪ とざん(登山) 등산   ¶＝山登り(やまのぼり)
- ◪ らくがき(落書き) 낙서   ◪ くうそう(空想) 공상
- ◪ え(絵) 그림   ◪ しょどう(書道) 서예
- ◪ いご(囲碁) 바둑
- ◪ はなふだ(花札) 화투
- ◪ トランプあそび(trump遊び) 카드 놀이
- ◪ マージャン(麻雀) 마작
- ◪ しょうぎ(将棋) 장기
- ◪ なわとび(縄跳び) 줄넘기
- ◪ もけいひこうき(模型飛行機) 모형비행기
- ◪ おもちゃ(玩具) 장난감
- ◪ いたずら(悪戯) 장난   ◪ ゲーム(game) 게임

20 운 동

- うんどう(運動) 운동
- スポーツ(sports) 스포츠
- そうごううんどうじょう(総合運動場) 종합운동장
- ぎょうじ(行事) 행사
- たいいくたいかい(体育大会) 체육 대회
- きょうぎ(競技) 경기
- かんきゃく(観客) 관객
- せかいきろく(世界記録) 세계 기록
- スピード(speed) 스피드, 속도
- グラウンド(ground) 그라운드, 운동장
- しあい(試合) 시합
- かつ(勝つ) 이기다
- しんぱん(審判) 심판
- せんしゅ(選手) 선수
- テクォンド 태권도
- ボクシング(boxing) 복싱
- レスリング(wrestling) 레슬링
- ボーリング(bowling) 볼링
- けんどう(剣道) 검도
- じゅうどう(柔道) 유도
- すもう(相撲) (일본) 씨름
- しゃげき(射撃) 사격
- やきゅう(野球) 야구
- サッカー(soccer) 축구　¶＝蹴球(しゅうきゅう)
- バレーボール(volley ball) 배구
- バスケットボール(basket ball) 농구
- ピンポン(ping-pong) 탁구
- すいきゅう(水球) 수구
- ラグビー(rugby football) 럭비
- テニス(tennis) 테니스
- ようきゅう(洋弓) 양궁
- りくじょうきょうぎ(陸上競技) 육상 경기
- すいえい(水泳) 수영　¶＝スイミング
- はしりたかとび(走り高跳び) 높이뛰기　¶＝ハイジャンプ
- はしりはばとび(走り幅跳び) 넓이뛰기
- ぼうたかとび(棒高跳び) 장대높이뛰기
- やりなげ(槍投げ) 투창
- マラソン(marathon) 마라톤　¶＝マラソンレース

21   가족, 친척

- **かぞく**(家族) 가족
- **しんせき**(親戚) 친척
- **おじいさん** 할아버지   ¶＝祖父(そふ)
- **おばあさん** 할머니   ¶＝祖母(そぼ)
- **おとうさん**(お父さん) 아버지   ¶＝ちち
- **おかあさん**(お母さん) 어머니   ¶＝はは
- **ちちおや**(父親) 부친   **ははおや**(母親) 모친
- **ふぼ**(父母) 부모   ¶＝両親(りょうしん)、ちちはは
- **おじ**(伯父、叔父) 삼촌, 고모부, 이모부
- **おば**(伯母、叔母) 아주머니, 이모, 고모
- **おっと**(夫) 남편
- **つま**(妻) 처, 아내   ¶＝家内(かない)
- **ふうふ**(夫婦) 부부
- **むすこ**(息子) 아들   **むすめ**(娘) 딸
- **こども**(子供) 자녀
- **あに**(兄) 형   ¶＝おにいさん(형님)
- **おとうと**(弟) 남동생
- **あね**(姉) 누나   ¶＝おねえさん(누님)
- **いもうと**(妹) 여동생   **きょうだい**(兄弟) 형제
- **しまい**(姉妹) 자매   **まご**(孫) 손자
- **いとこ**(従兄弟、従姉妹) 사촌
- **おい**(甥) 조카   **めい**(姪) 조카딸
- **しゅうと**(舅) 시아버지   **しゅうとめ**(姑) 시어머니
- **よめ**(嫁) 며느리
- **ちょうなん**(長男) 장남   **ちょうじょ**(長女) 장녀
- **じなん**(次男) 차남   **じじょ**(次女) 차녀
- **すえっこ**(末っ子) 막내   **ふたご**(双子) 쌍둥이
- **むこ**(婿) 신랑   **よめ**(嫁) 신부

22   잘 사용되는 부사

■ **そして** 그래서 ¶=そうして、それで

■ **それから** 그리고, 게다가 ¶=そして、また、それに

■ **しかし** 그러나 ¶=だが、けれど、されど

■ **ところで** 그런데 ¶=ところが、しかるに、さて

■ **それなら** 그러면 ¶=そんなら、してみると、すると

■ **だから** 그러므로   ■ **さらに** 더구나 ¶=しかも

■ **でも** 그렇지만 ¶=しかし、だけど、だけれど(も)

■ **ほかに**(他に) 그밖에, 뿐만 아니라

■ **つまり** 요컨대   ■ **すなわち** 즉

■ **いかに**(如何に) 어떻게 ¶=どんなに、どう

■ **みんな**(皆) 모두 ¶=みな、ぜんぶ、すべて

■ **たまに** 혹시 ¶=あるときに、ときたま

■ **あるいは** 혹(은) ¶=または

■ **つまり** 결국 ¶=結局(けっきょく)

■ **いっぽう**(一方) 한편 ¶=いっぺん

■ **あらゆる** 온갖, 모든 ¶=あるかぎりの、すべての

■ **すでに**(既に) 이미 ¶=もう、すんでに

■ **いいかえれば** 다시 말하면   ■ **ずっと** 죽, 계속

■ **すぐに** 즉시 ¶=早速(さっそく)、即時(そくじ)

■ **なぜなら** 왜냐하면 ¶=なんとなれば、いかんとなれば

■ **たいてい** 대개   ■ **おもに**(主に) 주로

■ **ずっと** 훨씬 ¶=はるかに   ■ **ずいぶん** 매우, 퍽

■ **わりに** 비교적   ■ **とにかく** 하여튼, 어쨌든

■ **やっと** 겨우   ■ **あいにく** 공교롭게도

■ **ぜひ** 꼭 ¶=ちょうど、きっと

■ **もちろん** 물론   ■ **めっきり** 부쩍

■ **やっぱり** 역시 ¶=やはり   ■ **まだ** 아직

■ **さきに**(先に) 먼저, 우선 ¶=まず

찾아보기

찾
아
보
기

【ㅇ】

【ㅊ】

著者 略歷
변은숙
● 祥明女子大學校 日語教育學科 卒業
● 現 專門出版 企劃 및 飜譯 作家
〈韓國女性新聞〉客員 記者
● 飜譯書 : 설득력(ICI), 2001년 비지니스맨 이 점이
다르다(혜진), 창조 마인드(말길) 등 다수

日本語
重要 VOCABULARY

인쇄일/ **1999년 4월** 20일 중판인쇄
발행일/ **1999년 4월** 25일 중판발행
등록일/1989. 12. 20. 등록번호 6-95

저 자/변 은 숙
발행인/朴 海 成
발행처/正進出版社

주 소/서울시 성북구 장위2동 66-6호
☎ 918-2789. 912-1461 FAX. 912-1461

정가 8000원